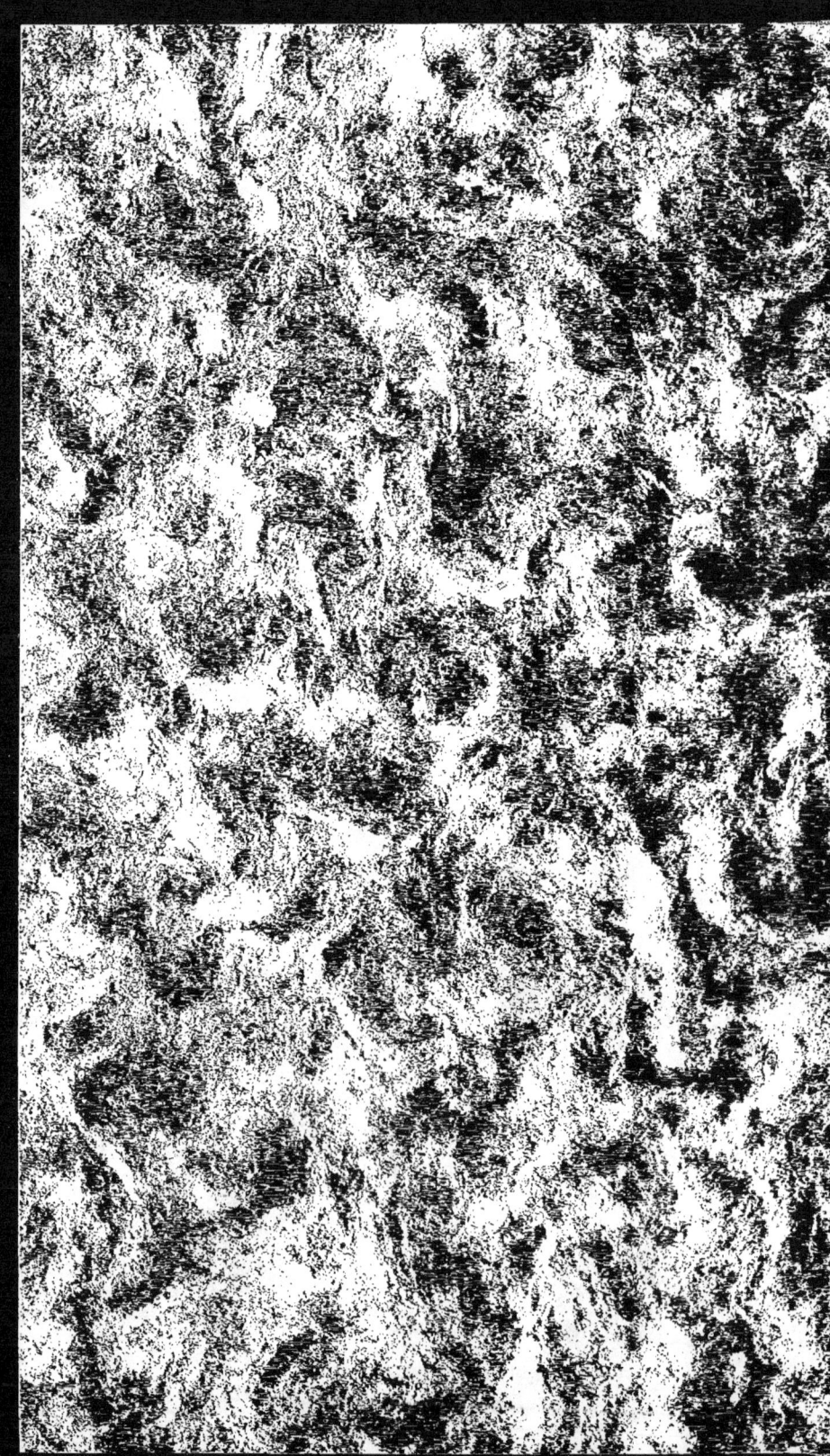

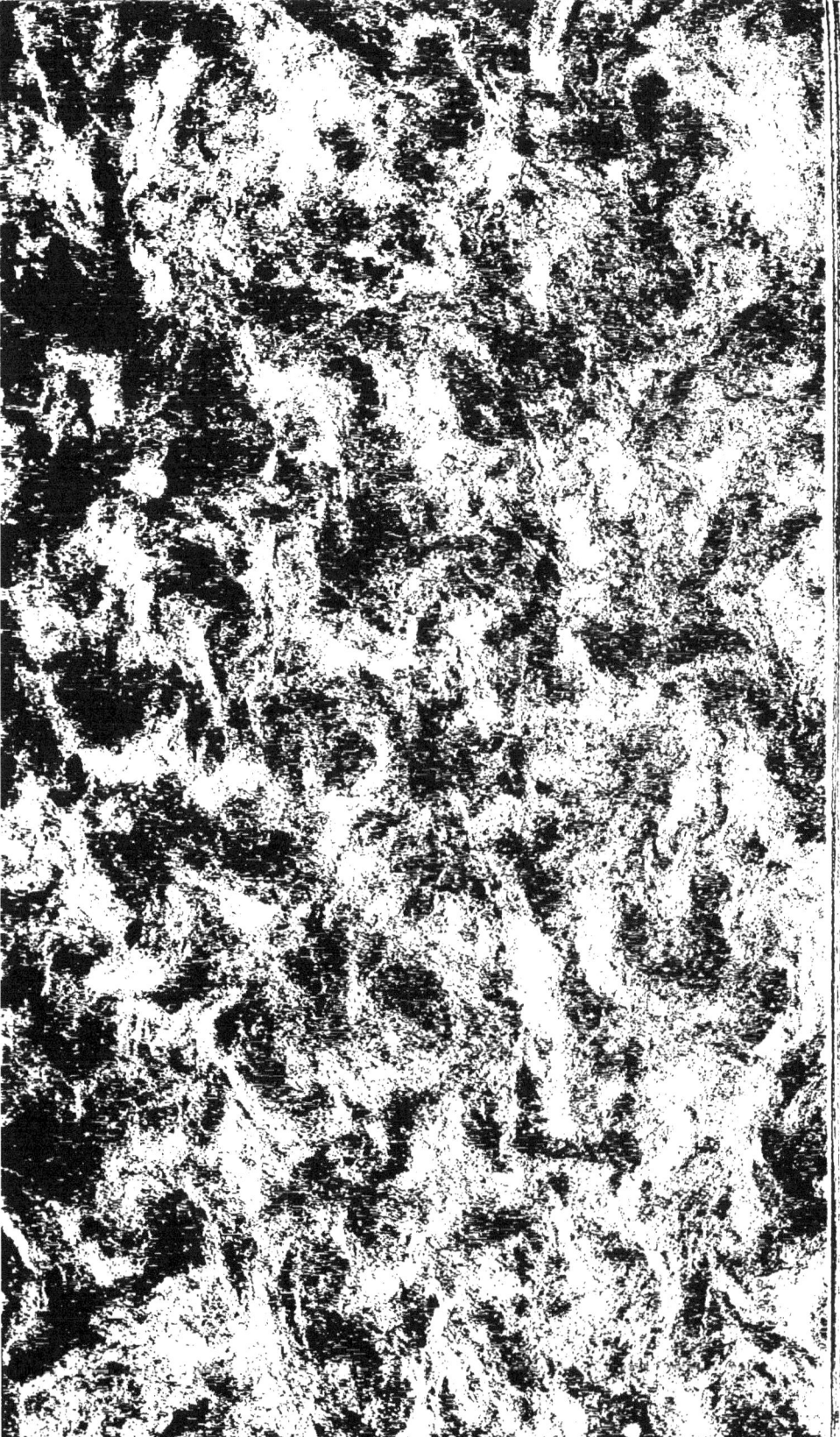

MOLINIE 1982

PUBLIÉ SOUS LA DIRECTION
DE LA
SECTION HISTORIQUE DE L'ÉTAT-MAJOR DE L'ARMÉE

GUERRE DE 1870-1871

ÉTAT NOMINATIF

PAR AFFAIRES ET PAR CORPS

DES

OFFICIERS TUÉS OU BLESSÉS

DANS LA DEUXIÈME PARTIE DE LA CAMPAGNE

(DU 15 SEPTEMBRE 1870 AU 12 FÉVRIER 1871)

Par A. MARTINIEN

1°   Armées de la défense de Paris.

ARMÉES DE PROVINCE

2° { Armée de la Loire.
     Troupes en Normandie.
     2ᵉ Armée de la Loire.

3° { Armée des Vosges
     1ʳᵉ Armée de l'Est.

4°   Armée du Nord.
5°   Défense des Places.

PARIS
Henri CHARLES-LAVAUZELLE
Éditeur militaire
10, Rue Danton, Boulevard Saint-Germain, 118
(MÊME MAISON A LIMOGES)

1906

DU MÊME AUTEUR

1. — Tableaux, par corps et par bataille, des officiers tués et blessés pendant les guerres du Premier Empire (1805-1815). (Editeur, Henri Charles-Lavauzelle.) — 1 fort vol. in-8°.................... 20 »
2. — Corps auxiliaires créés pendant la guerre 1870-1871. — Première partie : Garde nationale mobile. (Librairie militaire, Edm. Dubois.) — Brochure. 1 50
3. — Corps auxiliaires créés pendant la guerre 1870-1871. — Deuxième partie : Garde nationale mobilisée et corps-francs. (Librairie militaire, Edm. Dubois.) — Brochure........................ 1 50
4. — Les employés des Postes pendant la guerre d'Espagne 1808-1814. (Librairie militaire, Edm. Dubois). — Brochure (*Epuisée*).................. » 50
5. — Guerre de 1870-1871. — Etat nominatif, par affaire et par corps, des officiers tués ou blessés dans la première partie de la Campagne (du 25 juillet au 29 octobre). (Librairie militaire R. Chapelot et Cie)............................ 5 »
6. — Insurrection de la Commune de Paris. — Liste des officiers de l'armée de Versailles tués ou blessés du 18 mars au 28 mai 1871. (Publication de *la Plume et l'Épée.*)

EN PRÉPARATION :

1. — Organisation, mouvements et opérations des corps de troupe de toutes armes pendant la guerre de 1870-1871. (Cet ouvrage comprendra 2 volumes.)
2. — Etat nominatif, par campagne et par corps, des officiers tués et blessés de 1816 à 1870. (Cet ouvrage comprendra tous les officiers tués et blessés dans les insurrections ou émeutes.)

GUERRE DE 1870-1871

ÉTAT NOMINATIF

PAR AFFAIRES ET PAR CORPS

DES

OFFICIERS TUÉS OU BLESSÉS

DANS LA DEUXIÈME PARTIE DE LA CAMPAGNE

DOCUMENTS CONSULTÉS

Listes des pertes envoyées par les corps.
Dossiers des officiers.
Contrôles des officiers.
Feuilles de journées (4ᵉ *trimestre* 1870 — 1ᵉʳ *trimestre* 1871).
Dossiers de pensions.
Correspondance et Rapports des opérations.
Journaux de marche.
Historiques des corps de troupe.
Situations des armées.
Journal militaire (2ᵉ *semestre* 1870 — 1ᵉʳ *trimestre* 1871).
Journal militaire. — *Supplément.* — *Tours-Bordeaux,* 1870-1871.
Annuaires de l'Armée, 1870-1873.
Annuaires spéciaux (*Artillerie-Génie*) 1870-1872.
Annuaires de la Marine et des Colonies, 1870-1872.
Bulletin des lois, 1871-1872.

PUBLIÉ SOUS LA DIRECTION
DE LA
SECTION HISTORIQUE DE L'ÉTAT-MAJOR DE L'ARMÉE

GUERRE DE 1870-1871

ÉTAT NOMINATIF

PAR AFFAIRES ET PAR CORPS

DES

OFFICIERS TUÉS OU BLESSÉS

DANS LA DEUXIÈME PARTIE DE LA CAMPAGNE

(DU 15 SEPTEMBRE 1870 AU 12 FÉVRIER 1871)

Par A. MARTINIEN

1°   *Armées de la défense de Paris.*

ARMÉES DE PROVINCE

2° { *Armée de la Loire.*
    Troupes en Normandie.
    2ᵉ Armée de la Loire.

3° { *Armée des Vosges.*
    1ʳᵉ Armée de l'Est.

4°   *Armée du Nord.*

5°   *Défense des Places.*

PARIS

Henri CHARLES-LAVAUZELLE

Éditeur militaire

10, Rue Danton, Boulevard Saint-Germain, 118

MÊME MAISON A LIMOGES)

1906

AVERTISSEMENT

Ce volume, qui contient les noms des officiers tués ou blessés dans la deuxième partie de la campagne de 1870-1871, forme la suite et le complément d'un travail antérieur consacré aux officiers tués ou blessés depuis le 25 juillet jusqu'au 29 octobre 1870.

Le plan adopté est le même que précédemment : les noms ont été groupés par bataille et par corps; la méthode aussi est semblable : pour établir les listes d'officiers, nous avons procédé à un dépouillement complet, série par série, des Archives historiques et administratives de la guerre. Toutefois, même après des recherches longues et des vérifications minutieuses, nous ne saurions avoir la prétention de donner des listes exemptes de toute erreur, de toute omission.

S'il se rencontrait en effet, en petit nombre, croyons-nous, des fautes ou des lacunes que, malgré toutes nos recherches, nous n'eussions pu éviter, ces imperfections, encore que regrettables, s'expliqueraient suffisamment si, faisant un retour sur les événements de la guerre de 1870-1871, l'on voulait bien se rappeler le degré d'improvisation qui a caractérisé la constitution du cadre d'officiers dans la seconde partie de la campagne; le grand nombre et la diversité des corps de nouvelle formation; la complexité des opérations militaires; le fractionnement des armées et, enfin, le désarroi qui a marqué la dernière période de cette guerre malheureuse : tous ces faits sont à noter, car ils ont constitué autant d'obstacles à la tenue régulière et à la conservation entière des archives des états-majors et des corps de troupe.

Si nous réclamons quelque indulgence pour les lacunes inévitables de notre travail, du moins, avons-nous jugé utile de signaler quelques-unes de celles que nous avons constatées nous-même au cours de nos recherches.

C'est ainsi qu'à la fin du volume le lecteur trouvera une liste supplémentaire comprenant les noms d'un certain nombre d'officiers cités par des ouvrages imprimés ou par des documents d'une exactitude parfois sujette à caution, comme ayant été tués ou blessés dans le cours de cette deuxième partie de la campagne.

Cependant, soit que les noms de ces officiers n'aient pu être retrouvés sur les contrôles, feuilles de journées, extraits mortuaires et autres documents d'archives; soit que la mention de leur blessure ait fait défaut dans les mêmes documents; soit que ce double motif puisse être simultanément invoqué, il y a lieu, tout en reproduisant ces noms, de faire remarquer qu'ils ne sauraient être acceptés que sous toutes réserves.

I° ARMÉES DE LA DÉFENSE DE PARIS

1. — 17 septembre 1870. Combat de Montmesly.

INFANTERIE DE LIGNE

7ᵉ Régiment de marche (1).

Parisot (P.-M.)	Lieutenant, *blessé*.
Péguillan (R.-J.-M.)	S.-Lieutenant, *blessé*.

CAVALERIE

1ᵉʳ Régiment de chasseurs (2).

Cornélis (F.)	Lieutenant, *blessé*.

2. — 19 septembre 1870. Combat de Châtillon.

INFANTERIE DE LIGNE

15ᵉ Régiment de marche (3).

Goepp (N.-E.)	S.-Lieutenant, *blessé*.

16ᵉ Régiment de marche (4).

Lenglin (P.-Ch.)	S.-Lieutenant, *tué*.
Cœuré (P.)	Lieutenant, *blessé*.

17ᵉ Régiment de marche (5).

Patriarche (Ch.-V.)	Capitaine, *tué*.
Montaru (J.-S.)	Lieutenant-colonel, *blessé*.
Lalouette (L.-E.)	Capitaine, *blessé*.
Marvy (J.)	Capitaine, *blessé*.

---

(1) Formé du 4ᵉ bataillon des 20ᵉ, 22ᵉ et 25ᵉ de ligne.
(2) Composé des 1ᵉʳ, 4ᵉ, 5ᵉ et 6ᵉ escadrons.
(3) Formé du 4ᵉ bataillon des 10ᵉ, 11ᵉ et 26ᵉ de ligne.
(4) Formé du 4ᵉ bataillon des 35ᵉ, 38ᵉ et 39ᵉ de ligne.
(5) Formé du 4ᵉ bataillon des 42ᵉ, 46ᵉ et 68ᵉ de ligne.

18ᵉ Régiment de marche (1).

STOFFER (F.).......................... Capitaine, *blessé*, m. le 1ᵉʳ janvier 1871.

19ᵉ Régiment de marche (2).

DE COLASSEAU (H.-J.-V.)............ Lieutenant-colonel, *tué*.
FAUVEAU (G. V.).................... Capitaine adjudant-major, *tué*.
COLLIO (J.)........................ Chef de bataillon, *blessé*.
RITOURET (J.)...................... Capitaine, *blessé*.
NOËLL (F.-S.-J.)................... Lieutenant, *blessé*.
AMYOT (P.-E.-M.-Ch.-J.)............ Lieutenant, *blessé*.
BERTRANDY (M.-A.).................. Lieutenant, *blessé*.
COLLIN (A.-J.-E.).................. S.-Lieutenant, *blessé*.
DELANOIX (L.-A.-P.)................ S.-Lieutenant, *blessé*.
MICHAUD (V.-A.).................... S.-Lieutenant, *blessé*.

21ᵉ Régiment de marche (3).

CHINOUFFRE (J.-E.)................. Lieutenant, *blessé*.

22ᵉ Régiment de marche (4).

LACRONIQUE (S.-E.)................. Lieutenant, *blessé*.

CHASSEURS A PIED

3ᵉ Bataillon (7ᵉ compagnie).

IGNARD (P.-J.)..................... S.-Lieutenant, *blessé*.

Régiment de marche de zouaves (5).

CLÉMENT (F.-E.).................... S.-Lieutenant, *blessé*, mort le 18 oct.
UTÉZA (F.-J.-P.)................... Lieutenant, *blessé*.

CAVALERIE

1ᵉʳ Régiment de gendarmerie (6).

MARTENOT CHADELAS DE CORDOUX (Ch.-E.). Colonel, *blessé*.
ALLAVÈNE (C.-F.-H.)................ Lieutenant-colonel, *blessé*.
YVON (J.-B.)....................... Capitaine, *blessé*.
MARTIN (B.-M.)..................... Capitaine, *blessé*.

---

(1) Formé du 4ᵉ bataillon des 82ᵉ, 86ᵉ et 97ᵉ de ligne.
(2) Formé du 4ᵉ bataillon des 16ᵉ, 27ᵉ et 58ᵉ de ligne.
(3) Formé du 4ᵉ bataillon des 5ᵉ, 37ᵉ et 56ᵉ de ligne.
(4) Formé du 4ᵉ bataillon des 72ᵉ, 76ᵉ et 99ᵉ de ligne.
(5) Etait en formation et devait se composer d'un bataillon de chacun des trois régiments.
(6) Formé à 6 escadrons à l'aide d'emprunts aux légions de l'intérieur.

ARMÉES DE LA DÉFENSE DE PARIS

2ᵉ Régiment de marche de cuirassiers (1).

Matisse (R.-N.-F.-E.) .... S.-Lieutenant, *blessé.*

ARTILLERIE

3ᵉ Régiment (18ᵉ batterie).

Deport (J.-A.) .... Lieutenant, *blessé.*

11ᵉ Régiment (17ᵉ batterie).

Costa (J.-F.-S.) .... S.-Lieutenant, *blessé.*

19ᵉ Régiment (13ᵉ batterie).

Solet (F.-E.) .... Lieutenant, *blessé*, mort le 31 octobre.
Bécler (N.-S.) .... Capitaine, *blessé.*

3. — 19 septembre 1870. Reconnaissance sur Chevilly.

INFANTERIE DE LIGNE

12ᵉ Régiment de marche (2).

Benoit (J.-J.) .... Capitaine, *blessé*, mort le 26.

4. — 20 septembre 1870. Affaire de Bobigny.

64ᵉ Régiment d'infanterie de ligne (8ᵉ compagnie du 2ᵉ bataillon).

Remy (J.-M.-E.) .... Capitaine, *tué.*

5. — 22 septembre 1870. A Maisons-Alfort.

21ᵉ Régiment d'infanterie de ligne (8ᵉ compagnie du 2ᵉ bataillon).

Camuset (E.) .... S.-Lieutenant, *blessé.*

6. — 23 septembre 1870. Aux avant-postes du Bourget.

CORPS FRANCS

1ᵉʳ Régiment des Eclaireurs de la Seine (3).

Baget (A.) .... Lieutenant, *blessé.*

---

(1) Formé, le 1ᵉʳ escadron (des cent-gardes), les 2ᵉ et 3ᵉ escadrons (des carabiniers et cuirassiers de la Garde), le 4ᵉ escadron (du 1ᵉʳ cuirassiers).
(2) Formé ou 4ᵉ bataillon des 90ᵉ, 93ᵉ et 95ᵉ de ligne.
(3) Formé des 3ᵉ et 4ᵉ bataillons.

7. — 23 septembre 1870. Combat de Villejuif.

MARINE

Régiment d'artillerie (15ᵉ batterie).

CARIS (A.-M.).................	Capitaine, *blessé*.
OLIVIER (M.)..................	Lieutenant, *blessé*.

8. — 23 septembre 1870. A la redoute des Hautes-Bruyères.

INFANTERIE DE LIGNE

9ᵉ Régiment de marche (1).

ANDRÉ (B.-F.).................	S.-Lieutenant, *blessé*.

9. — 23 septembre 1870. Combat de Pierrefitte.

INFANTERIE DE LIGNE

28ᵉ Régiment de marche (2).

DUPUY (E.-A.-J.)..............	Lieutenant, *blessé*, mort le 4 octobre.
LE MAINS (J.-T.)..............	Lieutenant-colonel, *blessé*.
HOM (L.-M.-G.)................	Lieutenant, *blessé*.

10. — 30 septembre 1870. Aux avant-postes de Créteil.

INFANTERIE DE LIGNE

5ᵉ Régiment de marche (3).

REGNAULT (J.-A.-M.)...........	Capitaine, *blessé*.

CAVALERIE

1ᵉʳ Régiment de marche de lanciers (4).

DE LA CROIX DE CASTRIES (J.-B.-M.-F)	S.-Lieutenant, *blessé*, mort le 14 oct.
VÉRICEL (J.-F.)...............	Lieutenant, *blessé*.

---

(1) Formé du 4ᵉ bataillon des 51ᵉ, 54ᵉ et 59ᵉ de ligne.
(2) Formé des compagnies de dépôt des régiments d'infanterie de la Garde (7ᵉˢ Cⁱᵉˢ).
(3) Formé du 4ᵉ bataillon des 2ᵉ, 9ᵉ et 11ᵉ de ligne.
(4) Formé d'un escadron des 1ᵉʳ, 4ᵉ, 7ᵉ et 8ᵉ lanciers.

11. — 30 septembre 1870. Combat de Clamart.

INFANTERIE DE LIGNE

13ᵉ Régiment de marche (1).

Bouchu (Ch.)..................... S.-Lieutenant, *blessé*.

12. — 30 septembre 1870. Combat de Chevilly.

ÉTAT-MAJOR GÉNÉRAL

Guilhem (P.-V.).................. Général de brigade, *tué*.

INFANTERIE DE LIGNE

35ᵉ Régiment (2).

Rameaux (J.)..................... Capitaine, *tué*.
Laurent (J.)..................... Capitaine, *tué*.
Esbaupin (G.-A.)................. Lieutenant, *tué*.
Demouy (P.-P.)................... Lieutenant, *tué*.
Paulinier (F.-J.-J.)............. S.-Lieutenant, *tué*.
Chauvet (L.-H.).................. S.-Lieutenant, *tué*.
Laurent (Jules).................. Capitaine adj.-maj., *blessé*, m. le 5 oct.
Martin (C.-J.)................... Capitaine, *blessé*, mort le 1ᵉʳ octobre.
Court (I.-J.).................... Capitaine, *blessé*, mort le 3 octobre.
Mattei (J.-M.-Ch.-E.)............ Capitaine, *blessé*, m. le 1ᵉʳ fév. 1871.
Thirion (B.-A.) (3).............. Capitaine, *blessé*, m. le 10 octobre 1870.
Martinaud (A.-V.) (4)............ Chef de bataillon, *blessé*.
Algan (En.)...................... Chef de bataillon, *blessé*.
Carpentier (A.-Ch.).............. Capitaine adjudant-major, *blessé*.
Fournalez (J.-L.-C.)............. Capitaine, *blessé*.
Hennequin (M.-A.)................ Capitaine, *blessé*.
Marie (V.-C.).................... Lieutenant, *blessé*.
Baylac (J.-F.)................... Lieutenant, *blessé*.
Calvier (P.-M.-H.-C.)............ Lieutenant, *blessé*.
Johann (A.)...................... Lieutenant, *blessé*.
Bosonat (V.-J.).................. S.-Lieutenant, *blessé*.

---

(1) Formé du 4ᵉ bataillon des 28ᵉ, 32ᵉ et 49ᵉ de ligne.
(2) 1ᵉʳ, 2ᵉ et 3ᵉ bataillons.
(3) Avait été nommé chef de bataillon au 19ᵉ régiment de marche par décret du 7 octobre 1870.
(4) Mort à Brignoles le 17 septembre 1871, avait été nommé lieutenant-colonel par décret du 1ᵉʳ novembre 1870.

42ᵉ Régiment (1).

Marignier (L.-E.-G.)	Lieutenant, *blessé*, mort le 8 octobre.
Landrut (C.-M.-A.)	Chef de bataillon, *blessé*.
Saingt (J.-H.)	Capitaine adjudant-major, *blessé*.
Cahen (T.)	Capitaine, *blessé*.

CHASSEURS A PIED

8ᵉ Bataillon (7ᵉ compagnie).

Labrit (J.-M.)	Lieutenant, *tué*.
Carrère-Vandal (de) (J.-H.-G.)	Capitaine, *blessé*.

15ᵉ Bataillon (8ᵉ compagnie).

Caen (M.)	S.-Lieutenant, *tué*.
Voyot (T.-A.)	Capitaine, *blessé* (C.).

9ᵉ Régiment de marche (2).

Durand (E.)	Capitaine, *tué*.
Charrière (J.-E.)	Capitaine, *tué*.
Guiot (E.-S.)	Capitaine adjudant-major, *tué*.
Vincent (Ch.-L.)	S.-Lieutenant, *tué*.
Roussel (P.-E.)	S.-Lieutenant, *tué*.
Benedetti (A.-M.) (3)	Chef de bataillon, *blessé*, m. le 29 nov.
Aubry (A.-A.)	Chef de bataillon, *blessé*, m. le 17 nov.
Chamblant (E.-J.) (4)	Lieutenant, *blessé*, mort le 10 octobre.
Miquel de Riu (S.-M.-A.-L.)	Lieutenant-colonel, *blessé*.
Birot (P.-P.)	Capitaine, *blessé*.
Imbert (J.-B.)	Lieutenant, *blessé* (C.).
Lefebvre (J.-B.-J.)	Lieutenant, *blessé*.
Le Bozec du Quilio (E.-L.)	Lieutenant, *blessé*.
Parent (E.-R.-B.)	S.-Lieutenant, *blessé*.

10ᵉ Régiment de marche (5).

Tourné (L.-F.)	Lieutenant, *tué*.
Trougnon (P.)	S.-Lieutenant, *blessé*, m. le 8 octobre.
Schombourger (M.)	Capitaine, *blessé*.
Martin (J.-L.-A.-R.)	Lieutenant, *blessé*.
Escalier (J.-E.)	S.-Lieutenant, *blessé*.

---

(1) 1ᵉʳ, 2ᵉ et 3ᵉ bataillons.
(2) Les 9ᵉ et 10ᵉ régiments de marche, attaque de L'Hay.
(3) Nommé lieutenant-colonel avant son décès.
(4) Nommé capitaine au 35ᵉ de marche avant son décès.
(5) Formé du 4ᵉ bataillon des 69ᵉ, 70ᵉ et 71ᵉ de ligne.

ARMÉES DE LA DÉFENSE DE PARIS

11ᵉ Régiment de marche (1).

Desty (J.-N.)	Sous-Lieutenant, *tué*.
Delon (T.-J.)	Chef de bataillon, *blessé*, m. le 8 oct.
Romignon (C.-A.)	Capitaine, *blessé*.
Gillant (J.-N.)	Capitaine, *blessé*.
Bonnabel (H.-A.)	Lieutenant, *blessé*.
Weick (Ch.-A.)	S.-Lieutenant, *blessé*.
Séchan (J.)	S.-Lieutenant, *blessé*.

12ᵉ Régiment de marche (2).

Hicard (M.-F.-H.)	Lieutenant, *tué*.
Aubert (N.-L.-H.)	S.-Lieutenant, *tué*.
Faure (L.-J.-J.-A.-P.-F.-A.)	S.-Lieutenant, *tué*.
Festugière (L.-J.)	Capitaine, *blessé*, mort le 22 octobre.
Augier de La Jallet (M.-L.-A.)	Chef de bataillon, *blessé* (C).
Dehon-Dahlmann (G.-F.)	Capitaine, *blessé*.
Ricatte (J.-T.)	Capitaine, *blessé*.
Pauron (M.)	Capitaine, *blessé*.
Ragondet (J.)	Lieutenant, *blessé*.
Sicard (J.-M.-E)	S.-Lieutenant, *blessé*.
Darmezin (A.-A.-H.)	S.-Lieutenant, *blessé*.
Pons (F.)	S.-Lieutenant, *blessé*.
Fournel (J.-E.)	S.-Lieutenant, *blessé*.

CAVALERIE

9ᵉ Régiment de chasseurs (3).

Vallée (M.-L.-C.)	Chef d'escadrons, *blessé*.
Lejeal (F.-J.)	Capitaine, *blessé*.

1ᵉʳ Régiment de spahis (4).

Abdel-Kader Ould Bel Kassem	Lieutenant, *blessé*.

GARDE NATIONALE MOBILE

10ᵉ Régiment provisoire (Côte-d'Or) (5).

Gagneur (P.-A.)	Lieutenant adjudant-major, *tué*.
Bonhomme (A.-H.)	Capitaine, *blessé*.

---

(1) Formé du 4ᵉ bataillon des 75ᵉ, 81ᵉ et 86ᵉ de ligne.
(2) Combat de Thiais.
(3) Formé des 3ᵉ, 4ᵉ, 5ᵉ et 6ᵉ escadrons.
(4) L'escadron détaché à Paris était formé d'une division des 3 régiments.
(5) 1ᵉʳ, 2ᵉ, 3ᵉ et 4ᵉ bataillons.

DERRY (Ch.-D.-S.).................. Capitaine, *blessé.*
IMBAULT (P.-A.)..................... Lieutenant, *blessé.*
GUILLEMINOT (P.-F.).............. S.-Lieutenant, *blessé.*
VILLEDIEU DE TORCY (A.)........... S.-Lieutenant, *blessé.*
RATHEAU (J.-B.-A.)................. S.-Lieutenant, *blessé.*
ATTAULT P.-A.).................... S.-Lieutenant, *blessé.*

35ᵉ Régiment provisoire (Vendée) (1).

SÉGUIN (P.-J.)..................... Capitaine, *blessé.*

13. — 30 septembre 1870. Combat de Notre-Dame-des-Mèches.

ÉTAT-MAJOR

BRIOIS (G.-J.)..................... Capitaine. *blessé.*

14. — 30 septembre 1870. Au Moulin-Saquet.

ARTILLERIE

6ᵉ Régiment.

DELCROS (J.-J.-E.)................. Chef d'escadron, *blessé* (C.).

15. — 1ᵉʳ octobre 1870. Aux avant-postes de Drancy.

CORPS FRANCS

Francs-tireurs des Lilas.

LEBESLEY .... S.-Lieutenant, *blessé.*

16. — 6 octobre 1870. Aux avant-postes en avant de Bondy.

CORPS FRANCS

Francs-tireurs des Lilas.

MASCRET (L.-A.)................... Lieutenant, *tué.*

---

(1) 1ᵉʳ, 2ᵉ et 3ᵉ bataillons.

ARMÉES DE LA DÉFENSE DE PARIS

17. — 7 octobre 1870. Aux avant-postes de Villetaneuse et de Bezons.

GARDE NATIONALE MOBILE

INFANTERIE

5ᵉ Régiment provisoire (Seine) (1).

DE GAULLE (H.-C.-A) (2)............ S.-Lieutenant, *blessé.*

GARDE NATIONALE DE LA SEINE

Eclaireurs de la Garde nationale.

LANDRIEUX (3)..................... Lieutenant, *blessé.*

18. — 8 octobre 1870. En avant du fort de Vanves.

GARDE NATIONALE MOBILE

3ᵉ Régiment provisoire (Seine) (4).

D'ANTHOINE (J.-G.)................ Lieutenant, *blessé.*

CORPS FRANCS

Carabiniers parisiens.

ROBERT (C.-E.).................... S.-Lieutenant, *blessé.*

19. — 10 octobre 1870. Reconnaissance sur la Malmaison.

GARDE NATIONALE MOBILE

3ᵉ Régiment provisoire (Seine)

TAILHAN.......................... Aumônier volontaire, *blessé.*

20. — 11 octobre 1870. Aux avant-postes de Stains.

GARDE NATIONALE MOBILE

6ᵉ Régiment provisoire (Seine) (5)

MANGIN (A.)...................... S.-Lieutenant, *blessé.*

---

(1) 13ᵉ, 14ᵉ et 15ᵉ bataillons.
(2) Devant Villetaneuse.
(3) Près de Bezons.
(4) 7ᵉ, 8ᵉ et 9ᵉ bataillons.
(5) 16ᵉ, 17ᵉ et 18ᵉ bataillons.

21. — 13 octobre 1870. Attaque de Châtillon.

INFANTERIE DE LIGNE

13ᵉ Régiment de marche.

WOELKER (F.-J.)	Capitaine, *blessé*.

14ᵉ Régiment de marche (1).

ARNAUD (E.-F.)	Capitaine, *blessé*, mort le 24.
SEYBEL (F.)	S.-Lieutenant, *blessé*, mort le 25.
VANCHE (P.-A.-E.)	Lieutenant-colonel, *blessé*
PALLU (P.-A.)	Lieutenant, *blessé*.
BOUGAUD (F.)	Lieutenant, *blessé*.

22. — 13 octobre 1870. Aux avant-postes de Fontenay-sous-Bois.

GARDE NATIONALE MOBILE

52ᵉ Régiment provisoire (Somme) (2).

ROBILLARD (A.)	S.-Lieutenant, *tué*.

23. — 13 octobre 1870. Combat de Bagneux.

ÉTAT-MAJOR GÉNÉRAL

SUSBIELLE (B.)	Général de brigade, *blessé*.

INFANTERIE DE LIGNE

35ᵉ Régiment.

LEBLAN (J.-J.)	Lieutenant, *tué*.

50ᵉ Régiment.

MERCIER (J.-B.) (3)	Lieutenant, *blessé*.

9ᵉ Régiment de marche.

DUPUIS (J.-E.)	Lieutenant, *blessé*.

---

(1) Formé du 4ᵉ bataillon des 55ᵉ, 67ᵉ et 100ᵉ de ligne.
(2) 1ᵉʳ, 2ᵉ et 5ᵉ bataillons.
(3) Détaché de son dépôt. — 4ᵉ bataillon et dépôt du 50ᵉ de ligne à Langres.

ARMÉES DE LA DÉFENSE DE PARIS

19ᵉ Bataillon de chasseurs à pied (8ᵉ compagnie).

Kœhler (F.-E.).................... S.-Lieutenant, *blessé*.

ARTILLERIE

6ᵉ Régiment (3ᵉ batterie).

Juvenel (E.-L.)................... S.-Lieutenant, *blessé*.

GÉNIE

2ᵉ Régiment (1ʳᵉ compagnie de sapeurs).

Coville (H.-J.-T.).................. Capitaine, *blessé*.

GARDE NATIONALE MOBILE

10ᵉ Régiment provisoire (Côte-d'Or).

Blandin (J.-J.).................... Capitaine, *blessé*.

59ᵉ Régiment provisoire (Aube) (1).

De Dampierre (A.-M.-A.) Picot..... Chef de bataillon, *tué*.
André (G.-M.)..................... Capitaine, *blessé*.

CORPS DE POLICE

Bataillon de gardiens de la paix.

Lherminier........................ S.-Lieutenant, *tué*.
Dufour............................ Capitaine, *blessé*.

24. — 15 octobre 1870. Aux avant-postes du Raincy.

CORPS FRANCS

1ᵉʳ Régiment des Éclaireurs de la Seine (2).

Burtin............................ Capitaine, *tué*.

25. — 18 octobre 1870. Aux avant-postes de Bondy.

CORPS FRANCS

Compagnie des Éclaireurs du 2ᵉ arrondissement de Paris.

Valet (C.-E.)..................... Capitaine, *blessé*.

---

(1) 1ᵉʳ, 2ᵉ et 3ᵉ bataillons.
(2) Composé des 3ᵉ et 4ᵉ bataillons.
 Etat nominatif.

26. — 21 octobre 1870. Combat de la Malmaison.

INFANTERIE DE LIGNE

19ᵉ Régiment de marche.

RONDET (J.-F.).................... Capitaine, *blessé*, mort le 27.

20ᵉ Régiment de marche (1).

DIDIO (J.-R.)...................... S.-Lieutenant, *tué*.

21ᵉ Régiment de marche.

GOUDMANT (A.).................... Lieutenant, *blessé*.

24ᵉ Régiment de marche (2).

GLUCK (V.-L.).................... Capitaine, *blessé*.

25ᵉ Régiment de marche (3).

RISBOURG (H.-P.-CH.-B.)............ Capitaine, *blessé*.

26ᵉ Régiment de marche (4).

CHAPUIS (C.-J.) (5)................ Capitaine, *tué*.

36ᵉ Régiment de marche (6).

DE BOYSSON (M.-CH.-R.) .... Capitaine adjud.-maj., *disparu*.
COUVEZ (H.)....................... Capitaine, *disparu*.
CAPDÉCOUME (D.)................... Capitaine, *blessé*.
DELAPIERREGROSSE (J.-M.-J.-J.)..... Capitaine, *blessé*.
LAFFORGUE (J.-P.-M.-H.)........... Capitaine, *blessé*.
DESCHAMPS (P.-F.)................. Lieutenant, *blessé*.
GRASSE (J.-N.-E.)................. S.-Lieutenant, *blessé*.
LEFAIVRE (J.-M.).................. S.-Lieutenant, *blessé*

39ᵉ Régiment de marche (7).

TOURNADE (H.-M.-L.-J.)............. S.-Lieutenant, *blessé*.
PARDES (P)........................ S.-Lieutenant, *blessé*.

---

(1) Formé du 4ᵉ bataillon des 73ᵉ, 83ᵉ et 87ᵉ de ligne.
(2) Formé du 4ᵉ bataillon des 30ᵉ, 31ᵉ et 34ᵉ de ligne.
(3) Formé du 4ᵉ bataillon des 47ᵉ, 48ᵉ et 61ᵉ de ligne.
(4) Formé du 4ᵉ bataillon des 66ᵉ, 89ᵉ et 98ᵉ de ligne.
(5) Tué devant La Jonclère.
(6) Formé avec la 8ᵉ compagnie du 2ᵉ bataillon des 1ᵉʳ, 2ᵉ, 8ᵉ, 10ᵉ, 13ᵉ, 17ᵉ, 28ᵉ, 30ᵉ, 34ᵉ, 35ᵉ, 37ᵉ, 39ᵉ, 49ᵉ, 51ᵉ, 53ᵉ et 58ᵉ de ligne.
(7) Formé avec la 8ᵉ compagnie du 2ᵉ bataillon des 3ᵉ, 12ᵉ, 14ᵉ, 21ᵉ, 25ᵉ, 27ᵉ, 36ᵉ, 42ᵉ, 47ᵉ, 48ᵉ, 62ᵉ, 67ᵉ, 76ᵉ, 88ᵉ, 89ᵉ, 94ᵉ et 98ᵉ de ligne.

CHASSEURS A PIED

4ᵉ bataillon (8ᵉ compagnie).

GARRIER (P.-A.).................... Capitaine, *blessé.*

6ᵉ Bataillon (7ᵉ compagnie).

BOUFFÉ (A.-A.).................... Lieutenant, *blessé.*

9ᵉ Bataillon (7ᵉ compagnie).

BRUN (M.)........................ Capitaine, *blessé.*

12ᵉ Bataillon (7ᵉ compagnie).

SCHMITT (J.-A.).................... S.-Lieutenant, *blessé.*

Régiment de marche de zouaves.

JACQUOT (CH.-A.).................. Chef de bataillon, *tué.*
COLLIN (J.)....................... Capitaine, *tué.*
DUCOS (M.-H.).................... Capitaine, *blessé.*
LANTELME (M.-O.-J.).............. Lieutenant, *blessé.*
GRÉMAUD (J.-B.).................. S. Lieutenant, *blessé.*

ARTILLERIE

2ᵉ Régiment (17ᵉ batterie).

DAROLLES (F.).................... Lieutenant, *blessé.*

GÉNIE

2ᵉ Régiment (16ᵉ compagnie de sapeurs).

ROTHMANN (L.-H.)................ Capitaine, *blessé.*

GARDE NATIONALE MOBILE

3ᵉ Régiment provisoire (Seine).

TAILHAN......................... Aumônier, *blessé.*

31ᵉ Régiment provisoire (Morbihan) (1).

PENHOET (G.-J.-M)............... Lieutenant, *blessé.*
PENDU (F.-M.)................... S.-Lieutenant, *blessé.*

(1. 1ᵉʳ, 2ᵉ et 5ᵉ bataillons.

38ᵉ Régiment provisoire (Seine-et-Marne) (1).

GARNIER (J.-T.-C.).................. Capitaine, *tué.*
MOISANT (A.-V.-A.)................. Lieutenant, *blessé*, mort le 1ᵉʳ nov.

CORPS FRANCS

Francs-tireurs de Paris.

DESCOURS........................ Lieutenant, *tué.*

Régiment des Éclaireurs de la Seine (4ᵉ bataillon).

ROUMILHAC....................... S.-Lieutenant, *tué.*

27. — 21 octobre 1870. Aux avant-postes de **Champigny.**

INFANTERIE DE LIGNE

5ᵉ Régiment de marche.

SILVESTRE (G.-L.-A)............... Lieutenant, *blessé.*

GARDE NATIONALE MOBILE

36ᵉ Régiment provisoire (Vienne) (2).

LAURENCE DE LA BESGE (E)......... Capitaine, *blessé.*

28. — 21 octobre 1870. Défense du **Moulin-Cachan.**

GARDE NATIONALE MOBILE

1ᵉʳ bataillon (Puy-de-Dôme).

LEPAIN (F.)....................... Capitaine, *blessé.*

29. — 21 octobre 1870. Devant **Maisons-Alfort.**

CAVALERIE

1ᵉʳ Régiment mixte (3).

PHILOCHE (J.-P.-J.)................ Lieutenant, *tué.*

---

(1) 1ᵉʳ, 2ᵉ, 3ᵉ et 4ᵉ bataillons.
(2) 1ᵉʳ, 2ᵉ et 3ᵉ bataillons.
(3) Formé du 1ᵉʳ escadron de dragons, du 1ᵉʳ escadron de lanciers, du 6ᵉ escadron de chasseurs et du 6ᵉ escadron de guides. (Régiments de cavalerie de l'ex-Garde.)

30. — 24 octobre 1870. Aux avant-postes de Bondy.

GARDE NATIONALE MOBILE

20ᵉ Régiment provisoire (Côtes-du-Nord) (1).

Benoit (J.-F.-G.).................. Lieutenant, *blessé*.

31. — 30 octobre 1870. Aux avant-postes de la plâtrière de Vitry.

INFANTERIE DE LIGNE

11ᵉ Régiment de marche.

Despinoy (A.-Ch.).................. S.-Lieutenant, *blessé*.

32. — 30 octobre 1870. Combat du Bourget.

ÉTAT-MAJOR

Hanrion (L.-L-A.).................. S.-Lieutenant, *tué*.

INFANTERIE DE LIGNE

28ᵉ Régiment de marche.

Mougeot (J.-J.)..................... Capitaine, *tué*.
Jauge (A.-H)....................... Capitaine, *disparu*.
Verluyten (F.-B.).................. Capitaine, *blessé*, mort le 16 nov.
Grisez (Ch.-V.).................... Lieutenant, *blessé*, m. le même jour.
Brasseur (J.-E.)................... Chef de bataillon, *blessé*.
Grandineau (F.-L.)................. Lieutenant, *blessé*.
Lemercier (F.-J.).................. Lieutenant, *blessé*.

GARDE NATIONALE MOBILE

4ᵉ Régiment provisoire (Seine) (2).

Baroche (E.)....................... Chef de bataillon, *tué*.
Ain (G.-P.)........................ Capitaine, *tué*.
Cavellini (J.-R.).................. Capitaine, *blessé*, mort le 12 novembre.
Blin de Belin (A.)................. Capitaine, *blessé*.
Carrey (C.-A.)..................... Lieutenant, *blessé*.
Lamon (R.)......................... Lieutenant, *blessé* (C.).

---

(1) 1ᵉʳ, 2ᵉ, 3ᵉ et 4ᵉ bataillons.
(2) Formé des 10ᵉ, 11ᵉ et 12ᵉ bataillons.

De Chatillon (J.-A.).............. S.-Lieutenant, *blessé*.
Siat (F.)......................... S.-Lieutenant, *blessé*.

5ᵉ Régiment provisoire (Seine).

Bellocq (J.)..................... Capitaine adjudant-major, *blessé*.
Scaglia (B.)..................... Lieutenant, *blessé*.
Girard de Cailleux (M.-A.-J.)..... Lieutenant, *blessé*.
Duchemin-Descepeaux (R.-L.)...... S.-Lieutenant, *blessé*.

CORPS FRANCS

Bataillon des Francs-tireurs de la Presse.

Dumonteil........................ Capitaine, *tué*.
Roulat........................... Capitaine, *tué*.
Jourdet.......................... Capitaine adjud.-maj., *présumé tué*.
Lemarchand (E.).................. Capitaine, *blessé*.
Charenton........................ Lieutenant, *blessé*.

GUÉRILLA DE L'ILE-DE-FRANCE

Pétron (J.-B.)................... Lieutenant, *blessé*, mort le 8 novembre.

33. — 3 novembre 1870. En avant du fort de Nogent.

GARDE NATIONALE MOBILE

51ᵉ Régiment provisoire (Seine-et-Oise) (1).

Richard (P.)..................... Capitaine, *blessé*, mort le 18 décembre.

34. — 9 novembre 1870. Aux avant-postes d'Arcueil-Cachan.

GARDE NATIONALE MOBILE

40ᵉ Régiment provisoire (Ain) (2).

Tétafort (M.).................... Lieutenant, *blessé*.

35. — 15 novembre 1870. A la barricade de Vitry.

GARDE NATIONALE MOBILISÉE

71ᵉ Bataillon (Seine).

Laville.......................... Lieutenant, *blessé*.

---

(1) Formé des 4ᵉ, 5ᵉ et 6ᵉ bataillons.
(2) Formé des 2ᵉ, 3ᵉ et 4ᵉ bataillons.

36. — 16 novembre 1870.
En avant de la Varenne-Saint-Hilaire.

INFANTERIE DE LIGNE
108ᵉ Régiment (1).

Gros (L.)........................ Lieutenant, *blessé*.

37. — 19 novembre 1870. Au Petit-Brie (Seine).

GARDE NATIONALE MOBILISÉE

Prud'homme (P.-Ch.-J.)............ S.-Lieutenant, *blessé*, m. le 11 décemb.

38. — 20 novembre 1870. Au fort de Nogent.

ÉTAT-MAJOR GÉNÉRAL

Pelissier (P.-X.).................. Général de brigade, *blessé* (2).

GARDE NATIONALE MOBILE
7ᵉ Régiment provisoire (Tarn).

Gardes (J.-C.) (3).................. Capitaine, *blessé* le 21, mort le 8 déc.

39. — 24 novembre 1870. Aux avant-postes de Bondy.

MARINE (4)
ÉQUIPAGES DE LA FLOTTE
4ᵉ Bataillon (Rochefort).

Massiou (G.-D.-V. de P.)............ Capitaine de frégate, *blessé*.

40. — 25 novembre 1870.
Affaire de la barricade du pont de Sèvres.

INFANTERIE DE LIGNE
123ᵉ Régiment (5).

Briot (E.-H.-M.).................. S.-Lieutenant, *tué*.

---

(1) Formé du 4ᵉ bataillon des 29ᵉ, 41ᵉ et 43ᵉ de ligne.
(2) Général d'artillerie de marine.
(3) Blessé dans une reconnaissance route de Choisy-le-Roi.
(4) La marine à Paris comprenait : 12 bataillons, 2ᵉ (Cherbourg); 3ᵉ (Brest); 4ᵉ (Rochefort); 5ᵉ (Toulon); 6ᵉ (Brest); 7 (Rochefort); 8ᵉ (Brest); 9ᵉ (Lorient); 10ᵉ (Cherbourg); 11ᵉ formé de 8 compagnies du *Louis-XIV*; 12ᵉ (Toulon); 13ᵉ (Brest).
(5) Formé du 4ᵉ bataillon des 3ᵉ, 13ᵉ et 21ᵉ de ligne.

GARDE NATIONALE MOBILE

59ᵉ Régiment provisoire (Aube) (1).

VERROLLOT (M.-M.)............... S.-Lieutenant, *blessé*.

11. — 29 novembre 1870. Combat de L'Hay.

INFANTERIE DE LIGNE

110ᵉ Régiment.

CRISTIANI DE RAVARAN (L.-A.).......	Chef de bataillon, *tué*.
FABRE (L.-H.)....................	Capitaine, *tué*.
PÉRENNÈS (H.-Ch.-Y.-M.)...........	Capitaine, *tué*.
HUET (B.).......................	Lieutenant, *tué*.
RAYNAUD (A.)....................	Lieutenant, *tué*.
NAVELET (A.-Ch.)	Capitaine, *blessé*, m. le 29 décembre.
PERRENET (J.-A.).................	Lieutenant, *blessé*, m. le 3 décembre.
VALLET (P.-J.-A.)................	S.-Lieutenant, *blessé*, m. le 1ᵉʳ décembre.
MIMEREL (A.-H.).................	Lieutenant-colonel, *blessé*.
LANG (L.-J.-B.)..................	Lieutenant, *blessé*.
VIELLA-ABADIE (U.)	Lieutenant, *blessé*.
VERNHET DE LAUMIÈRE (A.-C.-M.) ...	Lieutenant, *blessé*.
RENAUD (J.).....................	S.-Lieutenant, *blessé*.
LECOMTE (E.)....................	S.-Lieutenant, *blessé*.
CHEVÉ (F.-T.)....................	S.-Lieutenant, *blessé*.
BAILLET (J.-B.)..................	S.-Lieutenant, *blessé*.
DU SAUSSOIS DU JONC (Ed. R.-M.)....	S.-Lieutenant, *blessé*.

112ᵉ Régiment.

BACH (F.).......................	Capitaine, *tué*.
BOUTEILLIER (L.-J.)..............	S.-Lieutenant, *blessé*, m. le 19 fév. 1871.
NOEL (V.-M.-A.).................	Lieutenant, *blessé*,
FRANCESCHI (D.-F.)..............	S.-Lieutenant, *blessé*.

ARTILLERIE

14ᵉ Régiment (16ᵉ batterie).

PÉRIER (A.)........ .... S.-Lieutenant, *blessé* (2).

---

(1) Formé des 1ᵉʳ, 2ᵉ et 3ᵉ bataillons.
(2) Sous-lieutenant auxiliaire.

GARDE NATIONALE MOBILE

23ᵉ Régiment provisoire (Finistère) (1).

DE GOESBRIAND (J.)...............	Capitaine, *tué*.
MIORCEC DE KERDANET (Ch.-M.).....	Lieutenant, *tué*.
BOSCALS DE RÉALS (C.-M.-F.)........	Chef de bataillon, *blessé*.
DULONG DE ROSNAY (H.-P.-J.).......	Capitaine, *blessé*.
ANTHONY (A.-M.-L.)...............	Capitaine, *blessé*.
SALSAC (H.-F.)....................	Lieutenant, *blessé*.

42. — Nuit du 29 au 30 novembre 1870.
Défense de la barricade de la route de Choisy.

GARDE NATIONALE MOBILE

61ᵉ Régiment provisoire (Somme et Marne) (2).

PANNET (L.-F.)....................	Capitaine, *blessé* (C.).

43. — 30 novembre 1870. Combat d'Epinay

INFANTERIE DE LIGNE

135ᵉ Régiment (3).

LEMOINE (J.-B.)...................	Lieutenant, *tué*.
ALLUÔME (G.-E.)..................	S.-lieutenant, *tué*.
ANCEAUX (J.-A.)..................	Capitaine, *blessé*, mort le 12 janv. 1871.
TERSON DE PALLEVILLE (G.)........	Chef de bataillon, *blessé*.
DAUPLAT (E.).....................	Capitaine, *blessé*.
SOLANT (V.-J.)...................	Capitaine, *blessé*.
THIÉBAUT (C.-H.-J.)..............	Lieutenant, *blessé*.
MICHEL (F.)......................	S.-Lieutenant, *blessé*.
FAVRE (F.).......................	S.-Lieutenant, *blessé*.
DUTHOIT (R.).....................	S.-Lieutenant, *blessé*.

138ᵉ Régiment.

LAVERAN (E.-H.-A.)..............	Lieutenant, *blessé*.

GARDE NATIONALE MOBILE

1ᵉʳ Régiment provisoire (Seine) (4).

PIÉTRI (P.-A.)....................	Colonel, *blessé*, (C.).

---

(1) 2ᵉ, 4ᵉ et 5ᵉ bataillons.
(2) 3ᵉ, 6ᵉ bataillons Somme et 1ᵉʳ bataillon Marne.
(3) Formé de la 8ᵉ compagnie du 2ᵉ bataillon des 55ᵉ, 64ᵉ, 65ᵉ, 68ᵉ, 69, 73ᵉ, 75ᵉ, 83ᵉ, 87ᵉ, 91ᵉ, 93ᵉ, 97ᵉ et 99ᵉ de ligne.
(4) 1ᵉʳ, 2ᵉ et 3ᵉ bataillons.

SAILLARD (E.).................... Chef de bataill., *blessé*, mort le 13 déc.
CAMBOGI (Ch.-J.).................. Capitaine, *blessé*.
GIRARD (J.)....................... Capitaine, *blessé*.
GONTIER (Ch.).................... Capitaine, *blessé*.
ORSE (A.-F. J.)................... Capitaine, *blessé*.
BALAY (H.-G.)..................... Capitaine, *blessé*.
SQUIVET (V.)...................... Capitaine, *blessé*.
FUCHS (F.)........................ Lieutenant, *blessé*.
NOUVEL (A.)....................... Lieutenant, *blessé*.
TRIQUET (L.-F.)................... Lieutenant, *blessé*.
PROUST (E.)....................... S.-Lieutenant, *blessé*.

4ᵉ Régiment provisoire (Seine).

SAVRY (Ch.-E.).................... Lieutenant, *blessé*, mort le 28 déc.

MARINE

ÉQUIPAGES DE LA FLOTTE

11ᵉ Bataillon de marins (Brest et Lorient).

GLON-VILLENEUVE (E.)............. Lieutenant de vaisseau, *blessé*.

44. — 30 novembre 1870. Combat de Montmesly.

ÉTAT-MAJOR GÉNÉRAL

LADREIT DE LA CHARRIÈRE (J.-M.).... Général de brigade, *blessé*, m. le 3 déc.

INFANTERIE DE LIGNE

115ᵉ Régiment.

BILLAUD (J.)...................... Capitaine, *blessé*, mort le 6 décembre.
SUTTER (H.)....................... Lieutenant, *blessé*, mort le 24 décembre.
ANGAMARRE (A.).................... Chef de bataillon, *blessé*.
BERTRAND (J.-E.-J.-A.)............ Capitaine adjudant-major, *blessé*.
TARIGO (J.-B.-A.)................. Capitaine adjudant-major, *blessé*.
GAURIN .... Capitaine, *blessé*.
GARDIEN (F.)...................... Capitaine, *blessé*.
ROUGET (S.-F.).................... Lieutenant, *blessé*.
CROS (J.-E.)...................... Lieutenant, *blessé*.
DOMBRET (E.-A.-L.)................ Lieutenant, *blessé*.
BIGO (X.)......................... Lieutenant, *blessé*.
DE LA PERSONNE (A.-G.)............ S.-Lieutenant, *blessé*.
LEMAIRE (Ch.-H.).................. S.-Lieutenant, *blessé*.

ARMÉES DE LA DÉFENSE DE PARIS

116ᵉ Régiment.

De Chatillon (F.-J. H.)	Capitaine, *blessé*.
Barrety (N. L.-B.)	Capitaine, *blessé*.
Moritz (A.-V.)	Lieutenant, *blessé*.
Cazal (D.-G.-P.-M.-R.)	Lieutenant, *blessé*.
Holger (E.)	S.-Lieutenant, *blessé*.
Cœuré (P.)	Lieutenant, *blessé*.
De Bigault de Granrut (E.-P.)	S.-Lieutenant, *blessé*.
Marion (P.)	S.-Lieutenant, *blessé*.
Darfis (L.)	S.-Lieutenant, *blessé*.

117ᵉ Régiment.

Gaultier (G.)	Lieutenant, *tué*.
Daguet (J.-P.-A.-M.)	Capitaine, *blessé*, mort le 7 févr. 1871.
Papillon (P.-J.-D)	Capitaine, *blessé*, mort le 26 déc.
Lepôt (A.-D.-L.)	Lieutenant, *blessé*, mort le 16 déc.
Defoix (P.-H.)	Lieutenant, *blessé*, mort le 2 déc.
Perrot (F.-P.)	S.-lieutenant, *blessé*, m. le 22 janv. 1871.
Passé (E.-N.)	Chef de bataillon, *blessé*.
Lalouette (L.-E.)	Capitaine, *blessé*.
Crotier (A.-J.)	Capitaine, *blessé*.
Paquié (E.)	Capitaine, *blessé*.
Paul-Blanchot (L.)	Capitaine, *blessé*.
Casalta (H.)	Capitaine, *blessé*.
Mangin (L.-M.-N.)	Capitaine, *blessé*.
Verique (L.-A.)	Lieutenant, *blessé*.
De Morin (A.-H.)	S.-Lieutenant, *blessé*.

118ᵉ Régiment.

Hanet (L.-F.)	Lieutenant, *tué*.
Bouché (A.-H.)	Lieutenant, *disparu*.
Coiffé (L.-V.)	Lieutenant, *blessé*, mort le 2 déc.
Bérenger (A.-J.-B.)	Capitaine, *blessé*.
Fouragnan (B.)	Capitaine, *blessé*.
Pélizza (A.-S)	Capitaine, *blessé*.
Villers (P.-M.)	Capitaine, *blessé*.
Heislitz (F.-G.)	Lieutenant, *blessé*.
Le Senin	Lieutenant, *blessé*.
Cacan (H.-G.)	Lieutenant, *blessé*.
Lusseau (Ch.-G.)	Lieutenant, *blessé*.
Ledeuil (Ed.-Ch.-A.)	Lieutenant, *blessé*.
Charnotet (L.)	S.-Lieutenant, *blessé*.
Lefebvre (E.-J.)	S.-Lieutenant, *blessé*.

ARTILLERIE

21ᵉ Régiment (8ᵉ batterie).

Renouard de Bussière (A.-E.)..... S.-Lieutenant, *blessé*, mort le 4 déc.

45. — 30 novembre 1870. Reconnaissance sur Choisy-le-Roi.

GARDE NATIONALE MOBILE

64ᵉ Régiment provisoire (Aisne, Indre, Puy-de-Dôme) (1).

Bramand-Boucheron (J.-B.-A.)..... Lieutenant, *blessé*, mort le 7 décembre.
Bernardeau (J.)................. S.-Lieutenant, *blessé*, m. le 3 décembre.

MARINE
ÉQUIPAGES DE LA FLOTTE

10ᵉ Bataillon de marins (Cherbourg).

Desprez (M.-M.-E.)................ Capitaine de frégate, *tué*.

46. — 30 novembre 1870. Combat de la Gare aux Bœufs.

MARINE

2ᵉ Bataillon de marche d'infanterie (2).

Darré (L.-P.)..................... Chef de bataillon, *blessé*.

BATAILLES DE LA MARNE

47. — 30 novembre 1870. Bataille de Villiers.

ÉTAT-MAJOR GÉNÉRAL

Renault (P.-H.-P.) (3)............. Général de division, *blessé*, m. le 6 déc.
Ducrot (A.-A.) (4)................. Général de division, *blessé* (C.).
Frébault (Ch.-V.) (5).............. Général de division, *blessé*.

ÉTAT-MAJOR

Michel (V. C.)..................... Lieutenant, *blessé*.

---

(1) 1ᵉʳ bataillon (Aisne), 1ᵉʳ bataillon (Indre) et 1ᵉʳ bataillon (Puy-de-Dôme).
(2) Bataillon de marche du 2ᵉ régiment, compagnies A. B. C. D.
(3) Commandant le 2ᵉ corps de la 2ᵉ armée.
(4) Commandant en chef la 2ᵉ armée.
(5) Général d'artillerie de marine, commandant l'artillerie de la 2ᵉ armée.

SERVICE DE SANTÉ

ALBERT (P.)	Médecin-major, *blessé*.

INFANTERIE DE LIGNE

35ᵉ Régiment (1).

PROAL (H. M.-A.)	Capit. adj.-maj., *blessé*, m. le 2 déc.
RAMEAUX (L.)	Capitaine, *blessé*, m. le 14 décembre.
CASSAN (A.-L.-C.)	Lieutenant, *blessé*, m. le 26 décembre.
LOURDE-LAPLACE (Ch.-L.-A.)	Lieutenant-colonel, *blessé*.
DAVID (A.-L.-M.)	Capitaine, *blessé*.
DANFLOUS (J.-M.-M.)	Lieutenant, *blessé*.
CHANCENOTTE (J.-B.)	S.-Lieutenant, *blessé*
PERNET (C.-A.)	S.-Lieutenant, *blessé*.
BAUL (P.-N.-A.)	S.-Lieutenant, *blessé*.

42ᵉ Régiment (1).

PRÉVAULT (A.)	Lieutenant-colonel, *tué*.
PADOVANI (P.-J.)	Capitaine, *tué*.
TATIN (P.-L.)	Capitaine, *tué*.
CHAUSSE (P.)	Lieutenant, *tué*.
RUMÈBE *dit* CAIUNAU (J.-B.)	Lieutenant, *tué*.
CAPRIATA (F.-A.-J.-J.)	S.-Lieutenant, *tué*.
BOURSON (A.-G.) (2)	Capitaine, *blessé*, m. le 25 décembre.
CHION (J.-F.)	Lieutenant, *blessé*, m. le 10 janv. 1871.
RINCK (C.-L.)	S.-Lieutenant, *blessé*, mort le 3 déc.
D'ILE (P.-L.)	S.-Lieutenant, *blessé*, mort le 20 déc.
CHOLVY (L.-R.-F.)	S.-Lieutenant, *blessé*, mort.
PUYON DE POUVOURVILLE (R.)	Capitaine, *blessé*.
BRUNETTI (J.-D.)	Capitaine, *blessé*.
MANGEOT (G.)	Capitaine, *blessé*.
ROCHÉ (E.-T.-A.)	Capitaine, *blessé*.
LOGEROT (E.)	Capitaine, *blessé*.
NOYELLE (J.-E.)	Capitaine, *blessé*.
JARDIN (P.)	Capitaine, *blessé*.
DUROUX (A.-R.)	Capitaine, *blessé*.
PLANTEAU-MAROUSSEM (R.-J.-A.)	Capitaine, *blessé*.
BUFFAULT (E.)	Capitaine, *blessé*.

---

(1) Attaque du plateau de Cœuilly.
(2) M. Bourson, nommé capitaine au 106ᵉ régiment d'infanterie de ligne le 29 novembre, ne put rejoindre son nouveau corps : il fut mortellement blessé le 30, dans les rangs du 42ᵉ.

Chazottes (A.-A.-B.).............. Capitaine, *blessé*.
Didry (L.-A.)..................... Lieutenant, *blessé*.
De Lagarde (H.-A.-M.)............. Lieutenant, *blessé*.
Frogé (R.-L.)..................... S.-Lieutenant, *blessé*.
Rougé (G.)........................ S.-Lieutenant, *blessé*.
Bertrand (P. A.-G.)............... S.-Lieutenant, *blessé*.
Poirot (F.)....................... S.-Lieutenant, *blessé*.
Edelga (V.-N.).................... S.-Lieutenant, *blessé*.

113ᵉ Régiment.

De Margeot (P.-A.-M.)............. Capitaine, *tué*.
De Trécesson (A.-A. G.)........... Capitaine, *tué*.
Bossu (V.-E.)..................... S.-Lieutenant, *tué*.
Vaissière (J.-L.)................. Capitaine, *blessé*.
Lenoir (J.-A.).................... Lieutenant, *blessé*.
Daniel (J.-M.).................... Lieutenant, *blessé*.

114ᵉ Régiment (1)

Pallu (P.-A.)..................... Capitaine, *tué*.
Mowat dit Bedfort (R.)............ Chef de bataillon, *blessé*, mort le 2 déc.
Besnus (H.-G.).................... Capitaine, *blessé*, mort le 9 décembre.
Diem (J.)......................... Capitaine, *blessé*, mort le 14 déc.
Faurite (F.-F.)................... Capitaine, *blessé*, mort le 20 décembre.
Jécoudez (A.-F.-M.)............... Lieutenant, *blessé*, mort le   déc.
Cazal (J.-E.)..................... Lieutenant, *blessé*, mort le 2 décembre.
Leclercq (F.-D.).................. Lieutenant, *disparu*.
Armand (J.)....................... S.-Lieutenant, *blessé*, mort le 3 déc.
Boulanger (G.-E.-J.-M.)........... Lieutenant-colonel, *blessé*.
Dumont (J.-A.).................... Capitaine adjud.-maj., *blessé*.
Marcel (P.-V.).................... Capitaine adjud.-maj., *blessé*.
Charpentier (J.-A.)............... Capitaine, *blessé*.
Bougaud (F.)...................... Capitaine, *blessé*.
Isnardon (L.-M.).................. Capitaine, *blessé*.
Gerriet (P.-E.)................... Capitaine, *blessé*.
Noëll (L.-S.-M.).................. Capitaine, *blessé*.
Alliey (J.-B.).................... Capitaine, *blessé*.
Lapière (J.-B.)................... Capitaine, *blessé*.
Barbier (F.-T.)................... Lieutenant, *blessé*.
Bléton (O.-F.-J.)................. Lieutenant, *blessé*.
Soudée (F.)....................... Lieutenant, *blessé*.
Rogier (J.-Ch.)................... Lieutenant, *blessé*.
Dulphy (P.-A.).................... Lieutenant, *blessé*.

---

(1) Attaque du plateau de Cœuilly.

ARMÉES DE LA DÉFENSE DE PARIS

Ferry (J.-B.-A.)	S.-Lieutenant, *blessé*.
Lion (B.)	S.-Lieutenant, *blessé*.
Millot (F.)	S.-Lieutenant, *blessé*.

119ᵉ Régiment.

Plancq ((F.-V.-M.)	S.-Lieutenant, *blessé*, mort le 8 déc.
Bauzil (A.-H.)	Chef de bataillon, *blessé*.
Canu (J.-A.)	Capitaine, *blessé*.
Oddo (E.-E.)	Capitaine, *blessé*.
Delannoix (L.-A.-P.)	S.-Lieutenant, *blessé*.
Maratuech (J.-B.)	S.-Lieutenant, *blessé*.
Kieffer (J.)	S.-Lieutenant, *blessé*.

121ᵉ Régiment.

Erminj (A.)	S.-Lieutenant, *blessé*, m. le 2 janv. 1871.

122ᵉ Régiment.

Lacronique (S.-E.)	Capitaine, *blessé*.

123ᵉ Régiment.

Dupuy de Podio (M.-F.-L.-A.)	Lieutenant-colonel, *blessé*, mort le 6.
Lahille (F.-J.)	Capitaine adjud.-maj., *blessé*.
Albert (P.)	Médecin-major, *blessé*.
Grand (L.-J.)	Capitaine, *blessé*.
Tabard (A.-L.)	Capitaine, *blessé*.
Bouchard (E.)	Capitaine, *blessé*.
De Schreiber-Desvaux de Saint-Maurice (Ch.-L.)	Lieutenant, *blessé*.
Sebire (L.-H.)	Lieutenant, *blessé*.
Fournier	Lieutenant, *blessé*.
Robert (P.-A.)	S.-Lieutenant, *blessé*.

124ᵉ Régiment.

Sanguinetti (F.)	Lieutenant-colonel, *tué*.
Gascoin (R.-M.-C.)	Lieutenant, *tué*.
Reynaud (E.-J.-C.)	S.-Lieutenant, *tué*.
Masson (V.)	Lieutenant, *blessé*, mort le 15 déc.
Gallan (S.)	Lieutenant, *blessé*, mort le 10 déc.
Chauvin (A.)	Lieutenant, *blessé*, mort le 4 déc.
Poupier (P.-J.)	S.-Lieut., *blessé*, m. le 3 mars 1871.
Pécoud (M.)	Chef de bataillon, *blessé* (C.)
Mirey (L.-A.)	Capitaine, *blessé*.
Thomas (T.-A.)	Capitaine, *blessé*.
Raynaud (H.-V.)	Capitaine, *blessé*.

LOUBARIE (E.).................... Capitaine, *blessé*.
GLEIZES DE RAFFIN (Ch.-M.)......... Lieutenant, *blessé*.
FOURNIER (L.-E.).................. Lieutenant, *blessé*.
CHAPUIS (J.-B.-N.)................ Lieutenant, *blessé*.
DANJOU (E.-L.-F.)................. Lieutenant, *blessé*.
KREBS (L.-V.)..................... Lieutenant, *blessé*.
DURANDOT (P.)..................... Lieutenant, *blessé*.
ROGÉ (F.-A.)...................... S.-Lieutenant, *blessé*.
PUYO (P.-A.-F.-A.)................ S.-Lieutenant, *blessé*.
THOMAS (L.-M.).................... S.-Lieutenant, *blessé*.

125ᵉ Régiment.

BOTREAU-ROUSSEL-BONNETERRE (J.-A.)... Capitaine, *tué*.
BERTHAUD (P.-J.).................. Capitaine, *tué*.
THIÉBAULT (A.-G.)................. Lieutenant, *tué*.
DE GIDROL (M.-J.-P.-L.)........... S.-Lieutenant, *tué*.
DEGEILH (J.-D.)................... S.-Lieutenant, *tué*.
GÉRIN (E.-L.)..................... Lieutenant, *blessé*, mort le 14 déc.
JUBAULT (V.)...................... Lieutenant, *blessé*, mort le 2 déc.
DEMANDRE (J.-P.).................. S.-Lieutenant, *blessé*, mort le 11 déc.
JOURDAIN (J.-A.).................. Lieutenant-colonel, *blessé*.
LEROY (A.-L.)..................... Lieutenant, *blessé*.

126ᵉ Régiment.

THÉVENIN (J.-H.).................. Lieutenant, *blessé*.

136ᵉ Régiment.

PRADIER (G.-E.)................... Lieutenant *blessé*, mort le 14 janv. 1871.
RANG (L.-A.)...................... Capitaine, *blessé*.
PINCHON (N.)...................... Capitaine, *blessé*.
CALMET (H.)....................... Capitaine, *blessé*,
GUILLAUME (A.-A.)................. Capitaine, *blessé*.
OURY (J.-P.)...................... Lieutenant, *blessé*.

4ᵉ Régiment de zouaves (1).

LEROUX (C.-E.-H.)................. Lieutenant, *tué*.
MARTERER (J.)..................... Lieutenant, *tué*.
PRIMAT (J.-F.).................... Lieutenant, *tué*.
HOUËL (S.-V.)..................... S.-Lieutenant, *tué*.
DE PODENAS (L.-Ch.)............... Capitaine, *blessé*, mort le 6 décembre.
SOUDÉE (P.)....................... Capitaine, *blessé*, mort le 16 déc.

---

(1) Devant Villiers.

SAUTRAN (J.-B.-M.).................. Lieutenant, *blessé*, mort le 17 déc.
BRESSOLLES (M.-A.)................. Lieutenant, *blessé*, m. le 1ᵉʳ janv. 1871.
NOELLAT (V.) .... Chef de bataillon, *blessé*.
MERCIER (P.-C.-J.).................. Capitaine adjud.-maj., *blessé*.
BEZY (J.-G.)........................ Capitaine, *blessé*.
GALANGAU (E.-E.) .... Capitaine, *blessé*.
GONZALEZ (I.-J.-C.)................. Capitaine, *blessé*.
MÈGE (J.-M.)....................... Capitaine, *blessé*.
RAMBAUD (D.-A.-M.)................. Lieutenant, *blessé*.
LÉVECQUE (E.)...................... Lieutenant, *blessé*.
BRACCINI (U. DE St-HILAIREMONT).... Lieutenant, *blessé*.
TAVERNIER (H.-E.).................. S.-Lieutenant, *blessé*.
GUERNE (A.)........................ S.-Lieutenant, *blessé*.
BERTHOLET (T.)..................... S.-Lieutenant, *blessé*.
BOSSELER (E.)...................... S.-Lieutenant, *blessé*.
CHATEAU (L.-C.).................... S.-Lieutenant, *blessé*.

CAVALERIE

12ᵉ Régiment de cuirassiers

DE NEVERLÉE (F.-R.-G.) (1)......... Capitaine, *tué*.

13ᵉ Régiment de dragons (2)

DE BERTIER (R.-A.-A.) (3).......... Capitaine, *blessé*.

ARTILLERIE

ÉTAT-MAJOR PARTICULIER

VILLIERS (E.-H.-A.)................ Colonel, *blessé*.
HARTUNG (F.-C.-L.)................. Chef d'escadron, *blessé*.
VIEL (L.-P.)....................... Capitaine, *blessé*.

6ᵉ Régiment (4ᵉ batterie).

TRIBOURDAUX (A.-A.)................ S.-Lieutenant, *blessé*.

8ᵉ Régiment (16ᵉ batterie).

BENECH (L.-R.)..................... S.-Lieutenant, *tué*.

9ᵉ Régiment (3ᵉ et 16ᵉ batteries).

LOURDEL HÉNAUT (C. A.)............. Capitaine, *blessé* (C.).

---

(1) Commandant les éclaireurs du quartier général.
(2) Formé d'un escadron des 1ᵉʳ, 3ᵉ, 9ᵉ et 10ᵉ dragons.
(3) Officier d'ordonnance du général commandant en chef l'artillerie de la 2ᵉ armée.

ALIS (V.-J.) .... S.-Lieutenant, *blessé*.
THOYOT (J.) .... S.-Lieutenant, *blessé*.

11ᵉ Régiment (17ᵉ batterie).

TRÉMOULET (L.-E.) .... Capitaine, *tué*.
CHEVALIER (P.-J.-J.) .... S.-Lieutenant, *blessé*, m. le 3 déc.
BOVERAT (M.-C.) (1) .... Lieutenant, *blessé*.

13ᵉ Régiment (3ᵉ batterie).

TORTERUE DE SAZILLY (M.-A.) .... Capitaine, *tué*.

14ᵉ Régiment (3ᵉ, 4ᵉ et 16ᵉ batteries).

FAVRE (S.) .... S.-Lieutenant, *blessé*, mort le 10 déc.
MALHERBE (J.-E.) .... Capitaine, *blessé*.
SOLIER (A.-J.-A.) .... Capitaine, *blessé*.
REY (J.) .... S.-Lieutenant, *blessé*.
BOURGOIN (J.-V.) .... S.-Lieutenant, *blessé*.

21ᵉ Régiment (4ᵉ et 10ᵉ batteries).

MARC (L.-A.-L.) .... Capitaine, *blessé*, m. le 10 fév. 1871.
JAMMET (J.-R.) .... S.-Lieutenant, *blessé*.
RIHM (J.-B.) .... S.-Lieutenant, *blessé*.

22ᵉ Régiment (7ᵉ batterie).

PARIS (M.-P.-E.) .... Capitaine, *blessé*.
PETIT (J.-B.-E.-F.) .... S.-Lieutenant, *blessé*.

GÉNIE

ÉTAT-MAJOR PARTICULIER

PERRIN (P.-E.) .... Chef de bataillon, *blessé*.
SOULÉ (C.-X.) .... Capitaine, *blessé*.

3ᵉ Régiment (15ᵉ et 16ᵉ compagnies de sapeurs).

CRIGNON DE MONTIGNY (A.-G.-G.) ..... Lieutenant, *blessé*.
MONTÈS (P.-F.-I.) .... S.-Lieutenant, *blessé*.

GARDE NATIONALE MOBILE

OFFICIERS HORS CADRES

BAYLE (M.-P.-J.) .... Capitaine, *blessé*.
DE GASTON .... Capitaine, *blessé*.

---

(1) Adjoint à l'état-major de l'artillerie de la 2ᵉ armée.

INFANTERIE

26ᵉ Régiment provisoire (Ille-et-Vilaine) (1).

ROBIN DE LA VIEUVILLE.............	S.-Lieutenant, *blessé*.

31ᵉ Régiment provisoire (Morbihan).

GERSANT (A.-B.-M.).................	Lieutenant, *blessé*.
ROBERT...........................	Lieutenant, *blessé*.

35ᵉ Régiment provisoire (Vendée).

GRÉGOIRE (M.-A.)..................	Chef de bataillon, *tué*.
MOUILLEBERT (H.-L.-E. DE).........	Capitaine, *tué*.
BELAUD (J.).......................	Capitaine, *tué*.
QUERRION (E.-L.)..................	Capitaine, *tué*.
TENDIL (L.-Ch.)...................	Lieutenant, *tué*.
DE CHASTEIGNÉ (L.)................	Lieutenant, *tué*.
VRIGNAUD (E.-J.-M.)...............	Lieutenant, *tué*.
DEHERGNE (Ch.-P.-M.)..............	Lieutenant, *tué*.
LABBÉ (P.)........................	S.-Lieutenant, *tué*.
BUET (E.).........................	Lieutenant, *disparu*.
DE SAINT-ESTÈVE (P.-G.)...........	S.-Lieutenant, *blessé*, mort le 2 déc.
AUBRY (N.)........................	Lieutenant-colonel, *blessé*.
DE LA BOUTETIÈRE (L.-J.) (2)......	Chef de bataillon, *blessé*.
DE BÉJARRY (A.-P.-A.).............	Capitaine adjudant-major, *blessé*.
RICHARD (C.-R.-F.)................	Capitaine, *blessé*.
TRASTOUR (J.-C.)..................	Capitaine, *blessé*.
MARSAIS (G.)......................	Capitaine, *blessé*.
SÉGUIN (P.-J.)....................	Capitaine, *blessé*.
GILBERT (C. E.)...................	Capitaine, *blessé*.
NORMAND (H.)......................	Lieutenant, *blessé*.
LEROY DE LA BRIÈRE (N.)...........	Lieutenant, *blessé*.
AUGUSTIN (E.).....................	Lieutenant, *blessé*.
HURTAUD (E.-J)....................	Lieutenant, *blessé*.
DEBERGNE (Ed.-B.-M.)..............	S.-Lieutenant, *blessé*.

37ᵉ Régiment provisoire (Loiret) (3).

BOULLIER (P.-J.-A)................	Chef de bataillon, *tué*.
GESTAT (P.-M.)....................	Lieutenant, *tué*.
LAMBERT DE CAMBRAY (H.-Ch. S.)...	S.-Lieutenant, *blessé*, m. le 18 déc.

---

(1) 1ᵉʳ, 2ᵉ et 4ᵉ bataillons.
(2) Prévost de la Boutetière.
(3) 2ᵉ, 3ᵉ et 4ᵉ bataillons.

DE LA TOUANNE.................... Chef de bataillon, *blessé*.
BRÉCHEMIER (P.-F.-A.)............. Capitaine, *blessé*.
SÉDILLOT (R.)..................... Lieutenant, *blessé*.
MARCUEYZ (N.-F.-A.)............... S.-Lieutenant, *blessé*.
MARTIN (P.-V.).................... S.-Lieutenant, *blessé*.

38ᵉ Régiment provisoire (Seine-et-Marne).

GABET (E.-J.)..................... Lieutenant, *tué*.

50ᵉ Régiment provisoire (Seine-Inférieure) (1).

GOSSET DE LA ROUSSERIE (G.-F.) .... Capitaine, *blessé*, mort le 9 décembre.
MALARTIC (M.-A.-G. de) .... Capitaine, *blessé*, m. le 4 janvier 1871.
BOISSEL (E.)...................... Lieutenant, *blessé*, mort le 7 décembre.
AMYOT DU MESNIL-GAILLARD (M.-L.-A.) Chef de bataillon, *blessé*.
CAUDRON DE COQUERÉAUMONT (H.-M.-G) Capitaine adjudant-major, *blessé*.
TELLIER (Ch.-S.).................. Capitaine, *blessé* (C.).
JOURNAULT (F.-A.)................. Capitaine, *blessé*.
RIBAUDEAU (Gatien)................ Capitaine, *blessé*.
CALIPPE (G.-E.) .... Lieutenant, *blessé*.
D'EUDEVILLE (G.-L.)............... Lieutenant, *blessé*.
GUÉRILLON (L.-E.)................. Lieutenant, *blessé*.
DELARUÉ (Ch.-F.-L.)............... Lieutenant, *blessé*.
DUFOUR (P.)....................... S.-Lieutenant, *blessé*.
MURE (E.)......................... S.-Lieutenant, *blessé*.
VAUSSARD (E.-P.-A.) .... S.-Lieutenant, *blessé*.
SATO (J.-N.)...................... S.-Lieutenant, *blessé*.
BERT (L.-M.-L.)................... S.-Lieutenant, *blessé*.
FOIX .... Médecin aide-major, *blessé*.

CORPS FRANCS

Eclaireurs à cheval de la Seine.

FRANCHETTI (L.)................... Chef d'escadrons, *blessé*, mort le 6 déc.

Légion des Amis de la France.

ZIMMER (F.)....................... Capitaine, *blessé*.

MARINE

Equipages de la flotte.

RIEUNIER (A.-B.-L.) (2)........... Capitaine de frégate, *blessé*.

---

(1) 1ᵉʳ 4ᵉ et 5ᵉ bataillons.
(2) Attaque d'Avron.

ARMÉES DE LA DÉFENSE DE PARIS 37

Régiment d'artillerie (1re et 12e batteries).

LEHERLE (E.) (1)...............	Capitaine, *blessé.*
PLONQUET (P.-C.)...............	Lieutenant, *blessé*, m. le 25 août 1871.
HERVIEU (E.-O.)...............	Lieutenant, *blessé.*
PÉRISSÉ (J.-J.-P.)...............	Lieutenant, *blessé.*
JOYAU (V.).......................	S.-Lieutenant, *blessé.*

48. — 2 décembre 1870. Bataille de Champigny.

ÉTAT-MAJOR GÉNÉRAL

PATUREL (F.-J.)................	Général de brigade, *blessé.*
BOISSONNET (E.-L.) (2).........	Général de brigade, *blessé.*

ÉTAT-MAJOR

FAYET (C.-A.-L.)	Capitaine, *blessé.*
REICHERT (A.-Ch.-T.)...........	Lieutenant, *blessé.*

INFANTERIE DE LIGNE

35e Régiment.

RAGUET (V.).....................	Lieutenant, *blessé.*

42e Régiment.

GIROUEN (F.-E.).................	Capitaine adjudant-major, *tué.*
SAINGT (J.-M.)..................	Capitaine adjudant-major, *tué.*
LANDRY (A.).....................	Chef de bataillon, *blessé*, mort le soir.
GODARD (O.)....................	Lieutenant, *blessé*, mort le 12.
CAHEN (T.)......................	Chef de bataillon, *blessé* (C.).
COMBES (A.)....................	Capitaine adjudant-major, *blessé.*
DORISON (A.-V.)................	Capitaine, *blessé.*
GROSCOLAS (G.).................	S.-Lieutenant, *blessé.*

107e Régiment.

PARISOT (P.-M.).................	Capitaine, *tué.*
VERNHIER (Ch.-L.)..............	Capitaine adjudant-major, *blessé.*
FOUQUES (L.-F.)................	Capitaine, *blessé.*
MORISAUT (A.-A.)...............	Capitaine, *blessé.*
MARTEL (S.-F.),.................	Lieutenant, *blessé.*
MILLYET (L.)....................	Lieutenant, *blessé.*
DE RIEUX (E.-M.)...............	Lieutenant, *blessé.*

---

(1) Adjoint à l'état-major du général Frébault.
(2) Général d'artillerie.

VILLEMIN (M.-A.).................. Lieutenant, *blessé*.
THÉRON (J.-Ch.) .... Lieutenant, *blessé*.
WEISSLER (G.) .... Lieutenant, *blessé*.
LIÉBARD (T.)...................... Lieutenant, *blessé*.
TAGNON (S.-N.).................... Lieutenant, *blessé*.

108ᵉ Régiment.

LESAULNIER (A.-J.-M.)............. Capitaine-adjudant-major, *tué*.
LABAYLE (Ch. *dit* TAMBOURG)....... Lieutenant, *tué*.
MAURIÈS (F.-F.)................... Capitaine, *blessé*, mort le 8.
TRUBERT (M.-J.)................... Chef de bataillon, *blessé*.
PICHOIS (E.)...................... Capitaine, *blessé*.
ROMARY (F.-A.-C.)................. S.-Lieutenant, *blessé*.

113ᵉ Régiment.

FOUESNEL (A.-L.-J.)............... Capitaine, *blessé*.
PITEL (V.-J.-E.).................. Capitaine, *blessé*.
CHAUSSON (J.-F.-E.)............... Capitaine, *blessé*.
ALRIC (J.-L.-V.).................. Capitaine, *blessé*.
PLANCHUT (A.-F.-L.)............... Lieutenant, *blessé*.
BUREL (J.-F.)..................... S.-Lieutenant, *blessé*.
GIROD DE MISEREY (L.-J.-O.)....... Médecin-major, *blessé* le 3.

115ᵉ Régiment.

ANDEMAR (R. *dit* Th.)............ S.-Lieutenant, *blessé*, mort le 6.
RICHAUD (A.-L.-A.)................ Capitaine, *blessé*.
THIÉNOT (M.-J.-A.)................ Capitaine adjudant-major, *blessé*.
BAILLE (J.-B.).................... Lieutenant, *blessé*.

116ᵉ Régiment.

DELACHAISE (J.)................... Capitaine adjudant-major, *tué*.
PRAX (F.-M.)...................... Capitaine, *blessé*.
GUIDASCI (H.-T.-L.)............... Lieutenant, *blessé*.

120ᵉ Régiment.

BOURDILLE (J.-F.)................. Capitaine, *tué*.
PARISOT (J.-F.) .... Capitaine, *blessé*.

121ᵉ Régiment.

DÉJEAN (H.)....................... Capitaine, *tué*.
VEYRUNES (J.-B.-C.)............... Capitaine, *tué*.
DROUHOT (H.-M.-E.-A.)............. Capitaine, *tué*.
MAINSON (L.-A.)................... Capitaine, *tué*.
MASSEI (J.-T.).................... Lieutenant, *tué*.

ARMÉES DE LA DÉFENSE DE PARIS

WILEMAINT (Ch.)	Lieutenant, *tué*.
DE FROMONT DE BOUAILLE (H.-M.-R.)	S.-Lieutenant, *tué*.
MAUPOINT DE VANDEUL (L.-T.-E.)	Lieutenant-colonel, *blessé*, mort le 24.
LAGROUA (G.-M.)	Capitaine, *blessé*, mort le 28.
JOURDAIN (Ch.-F.)	Lieutenant, *blessé*, mort le 13.
LECLERC (J.)	Lieutenant, *blessé*, mort le 30.
JACQUARD (Ch.)	S.-Lieutenant, *blessé*, mort le 4.
LECLAIRE (M.-J.-B.-F.-A.)	Chef de bataillon, *blessé*.
AUBRY (L.-A.-F.)	Capitaine, *blessé*.
SELLIÈS (J.-H.-A.)	Capitaine, *blessé*.
PROVOST (F.-D.)	Capitaine, *blessé*.
LACOMBE (J.-P.-C.)	Lieutenant, *blessé*.
CAHEN (M.)	Lieutenant, *blessé*.
ETIENNE (G.-A.-L.)	Lieutenant, *blessé*.
CRÉPEAUX (M.-F.-L.)	S.-Lieutenant, *blessé*.
JEANGUILLAUME (E.)	S.-Lieutenant, *blessé*.

122ᵉ Régiment.

PASSANO (A.-N.)	Capitaine, *tué*.
APATYE (J.-P.)	Lieutenant, *tué*.
FOREST-DEFAYE (L.)	Capitaine adjudant-major, *disparu*.
COLSON (R.-A.)	Lieutenant, *disparu*.
DE LA MONNERAYE (A.-M.)	Lieutenant-colonel, *blessé*, mort le 7.
SPITZ (G.)	Capitaine adjud.-major, *blessé*, m. le 29.
GRÉGOIRE (E.)	Lieutenant, *blessé*, mort le 10.
PIÉTRI (J.)	Lieutenant, *blessé*, m. le 2 janv. 1871
DRIOUX (P.)	Lieutenant, *blessé*, mort le 27.
ROY-ROUX (A.-J.-H.-A.)	Chef de bataillon, *blessé*.
AILLERY (F.-H.)	Chef de bataillon, *blessé*.
DÉTIEUX (Ch.)	Capitaine adjudant-major, *blessé*.
FLAMIN (N.-R.)	Capitaine, *blessé*.
BILLION-BOURBON (F.-F.)	Capitaine, *blessé*.
CHARROUEN (J.-P.)	Capitaine, *blessé*.
QUEVAL (E.-F.-A.)	Capitaine, *blessé*.
VARACHE (J.)	Capttaine, *blessé*.
SABOURÉ (G.-A.-L.)	Lieutenant, *blessé*.
DESJARDINS (J.-F.)	Lieutenant, *blessé*.
BUIS (G.-A.-A.-J.-A.)	S.-Lieutenant, *blessé*.
MARIN (B.)	S.-Lieutenant, *blessé*.
KEIFLIN (I.)	S.-Lieutenant, *blessé*.

123ᵉ Régiment.

ROLLAND (A.-M.-.G)	Lieutenant, *blessé*.
GALY (B.-Ch.-I.)	S.-Lieutenant, *blessé*.

125ᵉ Régiment.

De Béon (J.-M.-C.-Ch.)	Capitaine, *tué*.
Maigne (H.-J.-B.)	Capitaine adjud.-major, *blessé*, m. le 19.
Bassas (F.-F.)	Lieutenant, *blessé*, mort le 28.
Lainé (E.-M.-F.)	Chef de bataillon, *blessé*.
Warnod (F.-C.)	Capitaine adjudant-major, *blessé*.
Casanova (S.-A.)	Capitaine, *blessé*.
Risbourg (H.-P.-C.-B.)	Capitaine, *blessé*.
De Nuchèze (E.-M.-J.)	Lieutenant, *blessé*.
Compagnon (L.-A)	Lieutenant, *blessé*.
Olivier (M.)	Lieutenant, *blessé*.
Weill (H.-S.)	Lieutenant, *blessé*.
Géraud (J.-L.)	Lieutenant, *blessé*.

126ᵉ Régiment.

Gillant (C.-R.-F.)	Chef de bataillon, *tué*.
Perrin (A.-F.-L.)	Capitaine, *tué*.
Favier (J.)	S.-Lieutenant, *tué*.
Neltner (Ch. T.) (1)	Lieut.-colon., *blessé*, m. le 13 jan. 1871.
Fellens (E.-H.)	Capitaine adj.-major, *blessé*, mort le 18.
Denier (Ch. E.-I.)	S.-Lieutenant, *blessé*, mort le 3.
Boniface-Meda (A. Ch.)	Chef de bataillon, *blessé*.
Foussadier (A. Ch.)	Capitaine, *blessé*.
Roullier (T.-E.)	Capitaine, *blessé*.
Riber (J.-B.-H.)	Capitaine, *blessé*.
Gaté (G.)	Capitaine, *blessé*.
Vaganay (H.-F. Ch.)	Capitaine, *blessé*.
Clément (Ch.)	Lieutenant, *blessé*.
Cornac (F.-J.-P.)	Lieutenant, *blessé*.
Ciavaldini (O.-F.)	S.-Lieutenant, *blessé*.
Pradel (J.)	S.-Lieutenant, *blessé*.

4ᵉ Régiment de zouaves.

Revin (E.-J.-J.-B.)	Capitaine, *blessé*.

ARTILLERIE

ÉTAT-MAJOR PARTICULIER

Cavalier (E.-M.)	Chef d'escadron, *blessé*.

---

(1) Nommé colonel avant son décès.

2ᵉ Régiment (16ᵉ batterie).

MALFROY (E.-A.).................... Capitaine, *blessé*.

6ᵉ Régiment (4ᵉ batterie).

JACQUEMART (P.-A.-F.)............. Sous-Lieutenant, *blessé*, le 3.

10ᵉ Régiment (16ᵉ batterie).

DELPORTE (J.-V.).................... S.-Lieutenant, *blessé*.
BRONGNIART (P.-F.)................. S.-Lieutenant, *blessé* (C.).

11ᵉ Régiment (15ᵉ et 17ᵉ batteries).

MATHIS (I.-A.-A.)................... Lieutenant, *blessé*.
VIÉVILLE (A.)....................... S.-Lieutenant, *blessé*.
DE ROUJOUX (J.-C.)................. S.-Lieutenant, *blessé* (C.).

21ᵉ Régiment (4ᵉ batterie).

MAUNOURY (M.-J.).................. S.-Lieutenant, *blessé*.

22ᵉ Régiment (4ᵉ et 5ᵉ batteries).

COURTOIS (J.-B.).................... Capitaine, *blessé*.
AMOUREL (M.-F.-G.-T.)............. Lieutenant, *blessé*.
PELLETIER (E.-A.)................... Lieutenant, *blessé*.

9ᵉ Compagnie d'ouvriers.

PIERRUGUES (H.-J.-B.)............. S.-Lieutenant, *blessé*.

GÉNIE

ÉTAT-MAJOR PARTICULIER

GUYOT (E.-M.-P.)................... Chef de bataillon, *blessé*, mort le 10.

2ᵉ Régiment (1ʳᵉ et 16ᵉ compagnies de sapeurs).

LIGNEAU (A.-O.).................... Capitaine, *blessé*
PERSEVAL (M.) (1).................. Lieutenant, *blessé*, tué le 3.
AZIBERT (F.-E.)..................... Lieutenant, *blessé*.

3ᵉ Régiment (15ᵉ compagnie de sapeurs).

DE LA TAILLE (G.-G.).............. Capitaine, *blessé*.

---

(1) Tué le 3 dans le clocher de Champigny.

GUERRE DE 1870-1871

GARDE NATIONALE MOBILE

OFFICIERS HORS CADRES

D'Irisson d'Hérisson (M.)............ Capitaine, *blessé*.

INFANTERIE

10ᵉ Régiment provisoire (Côte-d'Or).

De Mandat de Grancey (E.-A.)..... Colonel, *tué*.
Pacaut (E.)......................... Lieutenant, *tué*.
Steinger (F.)....................... Lieutenant, *tué*.
Sorlin (F.-J.-E.)................... Lieutenant, *tué*.
Jacob (F.) .... S.-Lieutenant, *blessé*, mort le 19.
Bordet (A.)......................... Capitaine, *blessé*.
De Guitaut (A.-C.-F.).............. Capitaine, *blessé*.
Gougeau de Mareuil (P.) (1)........ S.-Lieutenant, *blessé*.
Fontaine (J.)....................... S.-Lieutenant, *blessé*.
Benoist (P.)........................ S.-Lieutenant, *blessé*.
Villedieu de Torcy (A.)............ S.-Lieutenant, *blessé*.

26ᵉ Régiment (Ille-et-Vilaine).

De la Moussays (E.)................ Capitaine, *tué*.
Delamaire (E.-J.-M.-M.)............ Lieutenant, *tué*.
Le Comte (A.)...................... S.-Lieutenant, *tué*.
Piederier (J.-L.) .... S.-Lieutenant, *tué*.
Gourden (R.-Ch.)................... S.-Lieutenant, *tué*.
Hervé (A.)......................... Capitaine, *blessé*, mort le 31.
Magon de la Vieuxville (A.)........ Lieutenant, *blessé*, mort le 3.
Audrouin (E.)...................... Lieutenant, *blessé*, m. le 29 janv. 1871.
Brune (A.-L.-M.)................... Lieutenant, *blessé*, m. le 4 janv. 1871.
Macé (J.).......................... S.-Lieutenant, *blessé*, mort le 12.
Gouelloux (O.)..................... S. Lieutenant, *blessé*, mort le 4.
De Vigneral (M.-C.)................ Colonel, *blessé*.
Du Dézerseul (G.).................. Chef de bataillon, *blessé*.
Le Mintier de Saint-André (A.-H.).. Chef de bataillon, *blessé*.
Le Gonidec (T.-G.-M.).............. Chef de bataillon, *blessé*.
Le Roy (A.)........................ Capitaine, *blessé*.
De Talhouet (M.-J.)................ Capitaine, *blessé*.
Du Pontavice (R.).................. Lieutenant, *blessé*.
Martin-Métairie (G.)............... Lieutenant, *blessé*.
Denis (C).......................... Lieutenant, *blessé*.

---

(1) D'après les contrôles, Goujon de Marcille.

ARMÉES DE LA DÉFENSE DE PARIS

LABBÉ (J.-P.-M.)................. Lieutenant, *blessé*.
DU PONTAVICE (E.)............... S.-Lieutenant, *blessé*.
ROBIN.......................... S.-Lieutenant, *blessé*.
DE RENVERGÉ (A.)................ S.-Lieutenant, *blessé*.
VANGRU (P.-M.).................. S.-Lieutenant, *blessé*.

31ᵉ Régiment (Morbihan).

CARADEC (A.-V.).................. Lieutenant, *blessé*.

50ᵉ Régiment (Seine-Inférieure).

DE JANZÉ (A.-H.)................. Capitaine, *blessé*.
NIEL (J.-B.-G.).................. S.-Lieutenant, *blessé*.
BOUTARD........................ Médecin aide-major, *blessé*.

MARINE

Équipages de la flotte.

VERSCHNEIDER (M.-C.-L.) (1)........ Enseigne de vaisseau, *tué*.

49. — 2 décembre 1870. Aux avant-postes de Montmesly.

INFANTERIE DE LIGNE

117ᵉ Régiment.

MENNESSON (Ch.-N.).............. Capitaine, *blessé*.

50. — 6 décembre 1870. Affaire de la ferme du Tremblay.

GARDE NATIONALE MOBILE

36ᵉ Régiment provisoire (Vienne).

TEXIER D'ARNOULT (E.-A.).......... Lieutenant, *blessé*, mort le 8.

51. — 18 décembre 1870. Aux avant-postes de la Folie-Nanterre.

GARDE NATIONALE MOBILE

61ᵉ Régiment provisoire (Somme et Marne).

ROGER........................... Lieutenant, *blessé*.

---

(1) Officier d'ordonnance du vice-amiral de La Roncière le Noury.

52. — 19 décembre 1870. Aux avant-postes du Bourget et de Montrouge.

INFANTERIE DE LIGNE

134ᵉ Régiment.

Lapierre (D.) (1).................. Capitaine, *blessé*.

GARDE NATIONALE MOBILE

52ᵉ Régiment provisoire (Somme).

Taillefert (H.-A.-E.) (2)........... Lieutenant, *tué*.

53. — 21 décembre 1870. Combat du Bourget.

ETAT-MAJOR GÉNÉRAL

Lavoignet (J.-B.).................. Général de brigade, *blessé*.

INFANTERIE DE LIGNE

116ᵉ Régiment.

Aubert (T.) (3).................... S.-Lieutenant, *blessé*.

134ᵉ Régiment (4).

Belbezet (A.-E.)................... Lieutenant, *tué*.
Huchet (A.-L.-F.).................. Lieutenant, *blessé*, mort le 27.
Bouquet de Jolinière (L.-F.-H.).... Chef de bataillon, *blessé*.
Barbusse (E.-F.)................... Capitaine, *blessé*.
Lachau (J.-A.-A.).................. Capitaine, *blessé*.
Isnard (B.)........................ Capitaine, *blessé*.
Rungs (C.-P.-H.)................... Capitaine, *blessé*.
Alif (J.-B.-P.).................... S.-Lieutenant, *blessé*.

138ᵉ Régiment (5).

Charpentier (A.-A.-D.-H.).......... Lieutenant, *tué*.
Le Saulnier de St-Jouan (J.-M.).... Lieutenant, *blessé*, mort le 30.
Seguin (Ch.-A.).................... S.-Lieutenant, *blessé*, mort le 27.

---

(1) Aux avant-postes du Bourget.
(2) Aux avant-postes de Montrouge.
(3) Au village de Drancy.
(4) Formé avec la 8ᵉ compagnie du 2ᵉ bataillon des 5ᵉ, 11ᵉ, 16ᵉ, 19ᵉ, 20ᵉ, 24ᵉ, 25ᵉ, 33ᵉ, 41ᵉ, 43ᵉ, 46ᵉ et 54ᵉ de ligne.
(5) Formé avec la 8ᵉ compagnie du 2ᵉ bataillon des 4ᵉ, 7ᵉ, 9ᵉ, 23ᵉ, 31ᵉ, 32ᵉ, 56ᵉ, 61ᵉ, 62ᵉ, 70ᵉ, 71ᵉ, 72ᵉ, 77ᵉ, 81ᵉ, 90ᵉ et 95ᵉ de ligne.

ARMÉES DE LA DÉFENSE DE PARIS

Devaux (J.-M.-J.).................. Capitaine, *blessé*.
Guillot (A.)....................... Capitaine, *blessé*.
Montlouis (N.-E.).................. Capitaine, *blessé*.
Bergès (N.)........................ Lieutenant, *blessé*.
Barrault (F.-G.)................... S.-Lieutenant, *blessé*.

ARTILLERIE

Etat-major particulier.

Lapaque (F..)...................... Chef d'escadron, *blessé*.

21ᵉ Régiment (9ᵉ batterie).

Dassonville (E.-F.-D.)............. Capitaine, *blessé*, mort le 23.

22ᵉ Régiment (7ᵉ batterie).

Petit (J.-B.-E.-F.)................ S.-Lieutenant, *blessé*.

GARDE NATIONALE MOBILE

4ᵉ Régiment provisoire (Seine) (1).

Jenny (A.)......................... Chef de bataillon, *tué*.
Pernolet (E.-F.)................... Lieutenant, *tué*.
Huot de Neuvier (Ch.-M.-A.-B.)..... Chef de bataillon, *blessé*.
Lebel (E.-J.-J.)................... Capitaine adjud.-maj., *blessé*.
Jeantrelle (J.-N.)................. Capitaine, *blessé*.
Figeac (L.-M.-N.).................. Capitaine, *blessé*.
Jogneaux (J.-B.)................... Capitaine, *blessé*.
Cardeur (G.-Ch.)................... Lieutenant, *blessé*.
Villette (A.)...................... Lieutenant, *blessé*.
Berteau (A.-L.).................... S.-Lieutenant, *blessé* (C.)
Terrasse (J.-E.)................... S.-Lieutenant, *blessé*.
Galabert (Ch.-A.).................. S.-Lieutenant, *blessé*.

5ᵉ Régiment provisoire (Seine).

Gilon (A.-E.)...................... Lieutenant, *blessé*.

31ᵉ Régiment provisoire (Morbihan).

Tillet (M.-P.)..................... Lieutenant-colonel, *blessé*.
Marquet............................ Capitaine, *blessé*.
Jullien (F.)....................... Lieutenant, *blessé*.

---

(1) Attaque du village de Stains.

CORPS FRANCS

Francs-tireurs de la Presse (4 compagnies).

FOURNIER (F.) (1)....................	Capitaine, *tué*.
COLLIN................................	Lieutenant, *tué*.
AUDOUNNE............................	S.-Lieutenant, *tué*.
LANDOUZY (A.)......................	Capitaine, *blessé*, mort le 20 janvier.
ROLLAND.............................	Chef de bataillon, *blessé*.
LEMARCHAND........................	Capitaine, *blessé*.
FLEURY..............................	Capitaine, *blessé*.

GARDE NATIONALE DE LA SEINE

Etat-major.

DURUY (A.)...........................	Chef d'escadron, *blessé*.

MARINE

Equipages de la flotte (3ᵉ bataillon de fusiliers marins) (2).

MORAND (A.-L.)......................	Lieutenant de vaisseau, *tué*.
PELTEREAU (G.-F.)..................	Lieutenant de vaisseau, *tué*.
LABORDE (J.-M.-A.).................	Lieutenant de vaisseau, *tué*.
DU QUESNE (M.-A.-A.-M.)..........	Enseigne de vaisseau, *tué*.
WYTS (C.-V.-A.).....................	Enseigne de vaisseau, *tué*.
BOUISSET (J.-F.-D.) (3).............	Lieutenant de vaisseau, *blessé*, mort le 22.
PATIN (N.-M.-E.)....................	Enseigne de vaisseau, *blessé*, mort le même jour.
CAILLARD (L.-A.)....................	Enseigne de vaisseau, *blessé*.

54. — 21 décembre 1870. Combat du Moulin-Saquet.

INFANTERIE DE LIGNE

111ᵉ Régiment.

BRÉCHOU (J.)........................	Capitaine, *blessé*.
OMBREDANNE (J.)..................	Capitaine, *blessé*.
LALLEMAND (J.).....................	S.-Lieutenant, *blessé*.

---

(1) Capitaine de gendarmerie en retraite.
(2) A la date du 21 décembre 1870, les équipages de la flotte, à Paris, comprenait 8 bataillons de marins et 3 bataillons de fusiliers-marins, 1 bataillons et 72 compagnies.
(3) Officier d'ordonnance du commandant Lamothe-Tenet (capitaine de frégate).

ARMÉES DE LA DÉFENSE DE PARIS

55. — 21 décembre 1870. Combat de Ville-Evrard.

ÉTAT-MAJOR GÉNÉRAL

BLAISE (N.-J.-H.)....................	Général de brigade, *blessé,* mort le 22.
FAVÉ (Ildephonse) (1)...............	Général de brigade, *blessé.*

INFANTERIE DE LIGNE

112ᵉ Régiment.

LANNE (P.-J.-E.)....................	Lieutenant, *blessé* le 20.
SALEMBIER (H.-Ch.)................	S.-Lieutenant, *blessé.*

ARTILLERIE

11ᵉ Régiment (21ᵉ batterie).

BRESSIN (C.-L.-A.).................	S.-Lieutenant, *blessé* le 22.

56. — 21 et 22 décembre 1870. Aux avant-postes de l'Ile-du-Chiard (Nanterre).

GÉNIE

Etat-major particulier.

FAURE (B.-A.)......................	Chef de bataillon, *blessé* le 22.

CORPS FRANCS

Francs-tireurs de Paris.

HASSE (G.-J.)......................	Capitaine, *tué* le 21.

57. — 22 décembre 1870. Au parc de Maison-Blanche.

MARINE

Equipages de la flotte (2ᵉ bataillon de marins).

LENÉRU (A.-F.)....................	Lieutenant de vaisseau, *blessé.*

---

(1) Général d'artillerie.

58. — 22 décembre 1870. Aux avant-postes à Clamart.

GARDE NATIONALE MOBILE

2ᵉ Régiment provisoire (Seine) (1).

Guyonnet-Colville (J.-B.-L.)............ Capitaine, *blessé*, mort le 25.

59. — 26 décembre 1870. Affaire de la Maison-Blanche.

GARDE NATIONALE MOBILE

3ᵉ Régiment provisoire (Seine).

Lecomte (L.).................... Lieutenant, *blessé* (C.).

62ᵉ Régiment provisoire (Ille-et-Vilaine, Finistère) (2).

Hovius (L.)..................... Lieutenant, *blessé*, m. le 17 janv. 1871.

60. — 27 décembre 1870. Aux avant-postes de Vitry.

GARDE NATIONALE MOBILISÉE

10ᵉ Régiment de Paris (3).

Bringuiboul..................... Lieutenant, *blessé*.

61. — 27 décembre 1870. Aux avant-postes de Meudon.

GARDE NATIONALE MOBILE

2ᵉ Régiment provisoire (Seine).

Plaisance (H.).................. Lieutenant, *blessé*.

62. — Décembre 1870. Bombardement du plateau d'Avron.

INFANTERIE DE LIGNE

137ᵉ Régiment (4).

Manoha (Z.-A.).................. Médecin-major, *blessé* le 22.

---

(1) 4ᵉ, 5ᵉ et 6ᵉ bataillons.
(2) 3ᵉ, 5ᵉ bataillons (Ille-et-Vilaine) et 1ᵉʳ bataillon (Finistère).
(3) 18ᵉ, 19ᵉ, 83ᵉ et 85ᵉ bataillons.
(4) Formé avec 12 compagnies de marche des 7ᵉ, 15ᵉ et 18ᵉ bataillons de chasseurs et d'une compagnie des 38ᵉ, 66ᵉ, 82ᵉ, 86ᵉ et 100ᵉ de ligne (8ᵉˢ compagnies des 2ᵉ bataillons).

ARMÉES DE LA DÉFENSE DE PARIS

GARDE NATIONALE MOBILE

Officiers hors cadres.

COLLONNIER (E.)	Lieut., *blessé* le 29, m. le 2 janv. 1871.

2ᵉ Régiment provisoire (Seine).

HEINTZLER (J.)	Chef de bataillon, *tué* le 27.
BERTIER (L.)	Capitaine, *tué* le 27.
DUFOUC (A.-A.)	Capitaine, *tué* le 27.
BURY (X.)	S.-Lieutenant, *tué* le 27.
GROS	Aumônier, *tué* le 27.
FOURCADE-VIGNÉ (J.-D.)	Lieutenant, *blessé* le 27.

3ᵉ Régiment provisoire (Seine).

DE VENEL (M.-H.)	Capitaine, *blessé* le 28.
FINOT (J.-E.)	Lieutenant adjudant-major, *blessé* le 28.
BONJEAN (G.-M.-J.)	Lieutenant, *blessé* le 28.

4ᵉ Bataillon (Vendée).

COLLINEAU (J.-C.)	Capitaine, *blessé* le 22, mort le 25.
RONDENET (A.)	Capitaine, *blessé* le 27.
BOYER (A.-F.)	Capitaine, *blessé* le 27.

GARDE NATIONALE MOBILISÉE

24ᵉ Régiment de Paris (1).

LIOUVILLE (E.)	Capitaine, *tué* le 29.
LECLERC	S.-Lieutenant, *blessé* le 28.

CORPS FRANCS

Corps d'artillerie des mitrailleuses (3ᵉ batterie).

RAVANIÈRE	Capitaine, *blessé* le 27.

MARINE

2ᵉ Bataillon de marche d'infanterie.

GILLOT (G.)	Capit., *blessé* le 27, m. le 9 janv. 1871.
ROTGUIÉ DE LA VALETTE	S.-Lieutenant, *blessé* le 21.

---

(1) 32ᵉ, 124ᵉ, 166ᵉ et 223ᵉ bataillons.
Etat nominatif.

3ᵉ Bataillon de marche d'infanterie (1)

Dupuy....................................	Capitaine, *blessé* le 28.
Lamanille (E.-R.)...................	S.-Lieutenant, *blessé* le 27.

4ᵉ Bataillon de marche d'infanterie (2).

Kelland (P.-J.-B.-E.)...............	Capit., *blessé* le 27, m. le 6 janv. 1871.
Escande (P.)...........................	Capitaine, *blessé* le 27.
Giraud...................................	S.-Lieutenant, *blessé* le 28.

Equipages de la flotte (3).

Ardisson (L.).........................	Lieutenant de vaisseau, *blessé* le 27, mort quelques jours après.
Labarthe (J.).........................	Lieutenant de vaisseau, *blessé* le 27.
Touboulic (P.-V.)..................	Lieutenant de vaisseau, *blessé* le 28.
De la Huppe de Larturière (G.-J.-M.)	Enseigne de vaisseau, *blessé* le 27.
Gelly (B.)...............................	Enseigne de vaisseau, *blessé* le 27.
De Carné-Marcein (O.-M.).....	Enseigne de vaisseau, *blessé* le 27.
D'Infreville (E.-G.-M. Rozée)...	Enseigne de vaisseau, *blessé* le 28.
Feyseau (P.-M.)....................	Enseigne de vaisseau, *blessé* le 28.
De Ghaisne de Bourmont (L.-A.-V.-C.-A.)	Enseigne de vaisseau, *blessé* le 28.

63. — 28 décembre 1870. Défense du fort de Rosny.

MARINE

ÉQUIPAGES DE LA FLOTTE

5ᵉ Bataillon de marins (Toulon).

Bionne (H.-M.)......................	Lieutenant de vaisseau, *blessé*.

64. — 29 décembre 1870. Défense du fort de Nogent.

MARINE

ÉQUIPAGES DE LA FLOTTE

5ᵉ Bataillon de marins (Toulon).

Berbinau (G.-H.)...................	Lieutenant de vaisseau, *blessé*.

---

(1) Bataillon de marche du 3ᵉ régiment. — Compagnies A. B. C. D.
(2) Bataillon de marche du 4ᵉ régiment. — Compagnies A. B. C. D.
(3) 2ᵉ, 4ᵉ et 5ᵉ bataillons de marins (Cherbourg-Rochefort-Toulon).

GARDE NATIONALE MOBILE

51ᵉ Régiment provisoire (Seine-et-Oise).

De Liencourt (M.-A.-A.)............ Lieutenant, *blessé*.

65. — 29 décembre 1870. Affaire de Bondy.

GARDE RÉPUBLICAINE. — INFANTERIE

Boixède-Danglade (M.-D.-J.-C.)..... Capitaine adjudant-major, *blessé*.

66. — 1ᵉʳ janvier 1871. Aux avant-postes en avant de Rueil.

CORPS FRANCS

Francs-tireurs de l'Aisne.

Dollé (M.)....................... Capitaine, *tué*.

67. — 3 janvier 1871. Aux avant-postes de la Folie-Nanterre.

CORPS FRANCS

1ᵉʳ Régiment des éclaireurs de la Seine (1).

Ruel............................ Lieutenant, *blessé*, mort le 6.

68. — 5 janvier 1871. Aux avant-postes de Boulogne.

GARDE NATIONALE MOBILE

59ᵉ Régiment provisoire (Aube).

Mutel (P.)....................... Chef de bataillon, *blessé*.

69. — 5 janvier 1871. Aux avant-postes de Villejuif.

GARDE NATIONALE MOBILE

23ᵉ Régiment provisoire (Finistère).

De Cambourg (J.-A.).............. Capitaine, *blessé*.

---

(1) 3ᵉ bataillon.

70. — 5 janvier 1871. Aux Hautes-Bruyères.

INFANTERIE DE LIGNE

110ᵉ Régiment.

Ferru (J.-J.-J.-O.).................. Capitaine, *tué*.

GARDE NATIONALE MOBILE

Officiers hors cadres.

Deflandre....................... Lieutenant, *blessé*.

71. — Du 5 au 22 janvier 1871. Défense du fort de Vanves.

ARTILLERIE

4ᵉ Régiment.

Sorel (H.-E.)...................... Sous-Lieutenant, *blessé* le 15.

15ᵉ Régiment (13ᵉ batterie).

De Tessières (Ch.-P.).............. Capitaine, *tué* le 22.

22ᵉ Régiment (1ʳᵉ batterie).

Wilbert (P.-J.-A.)................. Capitaine, *blessé* le 5, mort le 6.
Gayet (J.-E.)...................... S.-Lieutenant, *blessé* le 17, m. le 4 fév.

GÉNIE

3ᵉ Régiment (18ᵉ compagnie de sapeurs).

Prévôt (J.)....................... S.-Lieutenant, *blessé* (C.), le 5.

SERVICE DE SANTÉ

Parot............................ Médecin aide-major, *blessé* le 5, m. le 11.

MARINE

Régiment d'artillerie.

Denis (H.)........................ Chef d'escadron, *blessé* le 12.
Gustave (P.-J.-A.)................ Capitaine, *blessé* le 8.

ARMÉES DE LA DÉFENSE DE PARIS

72. — 5 janvier 1871. Aux avant-postes de Noisy.

GARDE NATIONALE MOBILISÉE

25ᵉ Régiment de Paris (1).

BAYLE (A.).................... S.-Lieutenant, *tué*.

73. — 6 janvier 1871. Aux avant-postes du Bas-Meudon.

GARDE NATIONALE MOBILE

5ᵉ Régiment provisoire (Seine).

CAMUS (J.)..................... S.-Lieutenant, *blessé*.

74. — Du 7 au 27 janvier 1871. Défense du fort d'Issy.

ARTILLERIE

10ᵉ Régiment (15ᵉ batterie).

BEAURET (A.-E.).................... S.-Lieutenant, *blessé* le 27.

GÉNIE

ÉTAT-MAJOR PARTICULIER

CUGNIN (E.-A.)..................... Capitaine, *blessé* le 7.

75. — 7 janvier 1871. Défense de Paris (Lycée de Vanves).

CORPS FRANCS

Chasseurs de Neuilly.

NOURY-ROGER (F.-L.)............... Chef de bataillon, *blessé*.

76. — 7 janvier 1871. Défense de Paris (courtine 68-69).

ARTILLERIE

7ᵉ Régiment (13ᵉ batterie).

LEMERCIER (J.-J.-G.-L.-M.).......... S.-Lieutenant, *blessé*.

---

(1) 96ᵉ, 144ᵉ, 145ᵉ et 223ᵉ bataillons.

77. — 10 janvier 1871. Au Moulin-de-Pierre.

POLICE DE PARIS

Bataillon de gardiens de la paix.

PICON (J.-P.-L.)..................... Capitaine, *blessé*.

78. — 11 janvier 1871. Défense de Saint-Denis (batterie de la Courneuve).

ARTILLERIE

21ᵉ Régiment (12ᵉ batterie).

BOULANGER (E.-L.-J.) (1)............ Capitaine, *blessé*.

79. — 12 janvier 1871. Aux avant-postes de Créteil.

GARDE NATIONALE MOBILISÉE

51ᵉ Régiment de Paris (2).

ETIENNE......................... Lieutenant, *tué*.

80. — 12 janvier 1871. Dans la redoute de la Boissière.

INFANTERIE DE LIGNE

136ᵉ Régiment.

ODIARDI (E.-D.).................... Chef de bataillon, *tué*.
RANG (L.-A.)....................... Capitaine adjud.-major, *blessé*, m. le 13.

MARINE

ÉQUIPAGES DE LA FLOTTE

4ᵉ Bataillon de marins (Rochefort).

ARNAUD (F.-A.-L.-M.).............. Ens. de vaiss., *blessé*, m. le même jour.

---

(1) Capitaine d'artillerie de marine.
(2) 53ᵉ, 150ᵉ, 182ᵉ et 227ᵉ bataillons.

ARMÉES DE LA DÉFENSE DE PARIS

81. — 13 janvier 1871. Coup de main sur le Moulin-de-Pierre.

ÉTAT-MAJOR GÉNÉRAL

Javain (J.-A.) (1)................ Général de brigade, *blessé* (C.).

MARINE
ÉQUIPAGES DE LA FLOTTE

1ᵉʳ Bataillon de fusiliers marins (Brest).

De la Cour (G.-H.)............... Enseigne de vaisseau, *blessé*.

82. — 16 janvier 1871. Défense de Paris (bastion 65).

GARDE NATIONALE MOBILE

1ᵉʳ Régiment provisoire d'artillerie (6ᵉ batterie) (Seine).

Vuillermoz (J.-A.)................ Capitaine, *blessé*.

83. — Du 8 au 19 janvier 1871.
Bombardement du fort de Montrouge.

MARINE
ÉQUIPAGES DE LA FLOTTE

7ᵉ et 12ᵉ bataillons de marins (Rochefort-Toulon).

Kiessel (A.)...................... Cap. de frég., *blessé* le 16, m. le m. jour.
De Saisset (L.-M.-E.)............. Lieutenant de vaisseau, *tué* le 16.
Carvès (E.-R.).................... Lieut. de vaisseau, *blessé* le 10, m. le 13.
Vidal (G.-E.-J.).................. Capitaine de frégate, *blessé* le 19.
Brousset (H.-A.).................. Lieut. de vaisseau, *blessé* les 13 et 16.
Santelli (S.)..................... Lieut. de vaisseau, *blessé* les 13 et 15.
Dorlodot des Essarts (F.-J.)...... Lieutenant de vaisseau, *blessé* le 19.
Bellanger (P.-H.-E.-A.)........... Lieutenant de vaisseau, *blessé* le 22.
Loro (G.)......................... Médecin-major, *blessé* le 8.

84. — 17 janvier 1871. A Arcueil-Cachan.

ARTILLERIE

11ᵉ Régiment (18ᵉ batterie).

Tavernier (L.-C.-A. de)........... S.-Lieutenant, *blessé*.

---

(1) Général du génie.

85. — **18 janvier 1871. Défense de Paris (bastion 67).**

GARDE NATIONALE MOBILE

1ᵉʳ Régiment provisoire d'artillerie (5ᵉ batterie) (Seine).

Lahr (P.-V.-E.).................... Capitaine, *blessé.*

86. — **19 janvier 1871. Bataille de Buzenval.**

ÉTAT-MAJOR GÉNÉRAL

Avril de l'Enclos (J.-M.-D.)....... Général de brigade, *blessé.*

ÉTAT-MAJOR

De Langle de Cary (F.-L.-A.-M.)... Lieutenant, *blessé.*

INFANTERIE DE LIGNE

35ᵉ Régiment.

Barbier (A)....................... Capitaine, *blessé*, mort le 21.

109ᵉ Régiment.

Chièze (E.-M.-A.)................. Lieutenant, *tué.*
Péranier (F.-C.).................. Lieutenant, *tué.*
Hardel (F.-J.).................... Capitaine, *disparu.*
De Richoufftz (J.-A).............. S.-Lieutenant, *blessé*, mort le 21.
Valandru (J.-A.).................. S.-Lieutenant, *blessé*, mort le 21 mai.
Landrut (C.-M.-A.)................ Lieutenant-colonel, *blessé.*
Daguillon (F.-A.-F.-L.)........... Chef de bataillon, *blessé.*
Malignon (J.-A.).................. Capitaine, *blessé.*
Santa-Maria (A.-L.)............... Capitaine, *blessé.*
De Morin (A.)..................... Lieutenant, *blessé.*
Boitel (E.)....................... S.-Lieutenant, *blessé.*
Pellé (C.-M.)..................... S.-Lieutenant, *blessé.*
Grimal (P.-C.-H.)................. S.-Lieutenant, *blessé.*

110ᵉ Régiment.

Vernhet de Laumière (A.-C.-M.)... Capitaine, *tué.*
Mangin (A.-E.).................... Capitaine, *disparu.*
Casson (B.)....................... Capitaine, *disparu.*
Bernard (A.)...................... Chef de bataillon, *blessé*, mort le 26.
Brun d'Aubignosc (M.-E.).......... Capitaine, *blessé.*
Delmotte (L.-J.).................. S.-Lieutenant, *blessé.*
Dupuy (A.-J.-E.).................. S.-Lieutenant, *blessé.*

119ᵉ Régiment.

GÉRODIAS (A.-F.)	Capitaine, *tué*.
CANU (J.-A.)	Capitaine, *tué*.
GOUTIN (J.-B.-J.)	Lieutenant, *tué*.
MINDA (Ch.-A.-L.)	Capitaine, *blessé*, mort le 18 février.
MURY (E.-A.)	Capitaine, *blessé*, mort le 28 janvier.

120ᵉ Régiment.

MONTEIL (J.-P.-L.)	Capitaine, *tué*.
LE BONNOIT (V.)	Capitaine, *tué*.
BONNAFFÉ (P.)	Lieutenant, *tué*.
DE MILHAU-CARLAT (F.)	Capitaine adjudant-major, *blessé*.
MERCIER (J.-D.)	Capitaine, *blessé*.
CHANET (E.-A.)	S.-Lieutenant, *blessé*.

123ᵉ Régiment.

FRÈRE (P.-E.)	Capitaine, *blessé*.

124ᵉ Régiment.

DUFFUAS (P.)	Capitaine, *blessé*, mort le 6 février.
POUPIER (J.-P.)	S.-Lieutenant, *blessé*, mort le 3 mars.
KOCHLY (L.-A.)	S.-Lieutenant, *blessé*, mort le 23.
GLUCK (V.-L.)	Capitaine, *blessé*.
DODE (J.-M.-A.)	Capitaine, *blessé*.
RAYNAUD (H.-V.)	Capitaine, *blessé*.

125ᵉ Régiment.

GÉRAUD (J.-L.)	Lieutenant, *blessé*.

126ᵉ Régiment.

LÉCUYER (L.-E.)	Chef de bataillon, *blessé*.

135ᵉ Régiment.

DUVERGIER DE CUY (I.-V.-F.)	Capitaine, *blessé*.
THIERRY (J.-P.)	Lieutenant, *blessé*.
PRÉVOST (1)	S.-Lieutenant, *blessé*.

136ᵉ Régiment.

ROUTIER DE GRANVAL (Ch.)	S.-Lieutenant, *tué*.
SUILLIOT (Ch.-L.-U.)	Chef de bataillon, *blessé*, mort le 20.
GERMAIN (E.-G.)	Lieutenant, *blessé*, mort le 5 février.

---

(1) Officier d'ordonnance du général Hanrion.

PASSEMARD (A.)............................ Lieutenant, *blessé*, mort le 23.
MASSON (L.).................................. S.-Lieutenant, *blessé*, mort le 31.
ORSINI (P.-J.-C.)............................ S.-Lieutenant, *blessé*, mort le 11 fév.
BLANC (S.-H.)............................... Chef de bataillon, *blessé*.

4° Régiment de zouaves.

ABDEL-KADER (Ch.-E.-F.-M.-J.)...... Capitaine, *tué*.
DARRIBÈRE (R.-C.)......................... Capitaine, *tué*.
GAILLAC (P.).................................. Capitaine, *tué*.
PITHOIS (L.-P.)............................... Capitaine, *tué*.
MONTEILLE (E.-J.).......................... Lieutenant, *tué*.
BOUISSOUNOUSE (J.-A.).................. S.-Lieutenant, *tué*.
GALANGAU (E.-E.)......................... Capitaine, *blessé*, mort le 7 février.
BALLUE (A.-E.-A.).......................... Chef de bataillon, *blessé*.
PAQUIN (J.)................................... Capitaine, *blessé*.
DARNAUD (H.-L.-E.-E.)................... Capitaine, *blessé*.
REVIN (E.-J.-J.-B.)........................... Capitaine, *blessé*.
COURIOL (J.-M.)............................. Lieutenant, *blessé*.
TAVERNIER (H.-E.)......................... Lieutenant, *blessé*.
LARCHER (J.-D.)............................. Lieutenant, *blessé*.

ARTILLERIE

4° Régiment (18° batterie).

FOILLARD (1)................................. Capitaine, *tué*.

6° Régiment (4° batterie).

LA RIVIÈRE (J.-B.-V.-G.)................. S.-Lieutenant, *blessé*.

9° Régiment (3° batterie).

THOYOT (J.)................................... S.-Lieutenant, *blessé*.

14° Régiment (3° batterie).

DE SAXCÉ (J.-F.)............................. Lieutenant, *blessé*.

GÉNIE

ÉTAT-MAJOR PARTICULIER

DE FOUCAULT (C.-J.-L.-A.)............. Lieutenant-colonel, *blessé*.

---

(1) Enseigne de vaisseau, détaché comme capitaine en 2° à la 18° batterie du 4° régiment.

ARMÉES DE LA DÉFENSE DE PARIS 59

2ᵉ Régiment (17ᵉ compagnie de sapeurs).

LENCLOS (A.-E.).................... Capitaine, *blessé*.

3ᵉ Régiment (17ᵉ compagnie de sapeurs et 2ᵉ compagnie de mineurs).

BEAU (J.-H.)....................... Lieutenant, *tué*.
BUISSON (F.)....................... Lieutenant, *blessé* le 20 dans la redoute de Montretout.

GARDE NATIONALE MOBILE

OFFICIERS HORS CADRES

DE LESSEPS (V.) (1)................ Lieutenant, *blessé*.

4ᵉ Régiment provisoire (Seine).

BOURBONNAS (N.-H.)................. Capitaine adjudant-major, *blessé*.
BASTOUIL (A.-J.-P.)................ Capitaine, *blessé*.
LEBEL (L.-Ch.)..................... Capitaine, *blessé*.
AUROUSSEAUX (J.)................... Lieutenant, *blessé*.
GÉRARD .... S.-Lieutenant, *blessé*.
NOEL (V.-P.-A.).................... S.-Lieutenant, *blessé*.
PORCHEZ (E.)....................... S.-Lieutenant, *blessé* (C.).
BARBIER (P.-L.).................... S.-Lieutenant, *blessé*.

20ᵉ Régiment provisoire (Côtes-du-Nord).

VIET (A.).......................... S.-Lieutenant, *tué*.
HÉDAL (E.-Y.-A.)................... Capitaine, *blessé*.
CONNAN (L.-M.-L.).................. Capitaine, *blessé*.
DE FOUCAUD (R.-A.-A.-M.)........... Lieutenant, *blessé* (C.).
DE KERANFLECH (Ch.-J.-G.-M.)....... Lieutenant, *blessé*.
DARTOIS (J.-B.).................... S.-Lieutenant, *blessé*.

26ᵉ Régiment provisoire (Ille-et-Vilaine).

DU BOURG .... Lieutenant, *blessé*.

28ᵉ Régiment provisoire (Loire-Inférieure) (2).

BROSSARD (L.-E.-P.)................ Lieutenant, *blessé*.

35ᵉ Régiment provisoire (Vendée).

VALETTE (A.)....................... Lieutenant, *blessé*, mort le 21.
DE BÉJARRY (A.).................... Chef de bataillon, *blessé*.
LORIOT (M.-L.)..................... Capitaine adjudant-major, *blessé*.

---

(1) Officier d'ordonnance du général Ducrot.
(2) 3ᵉ, 4ᵉ et 5ᵉ bataillons.

POUPONNEAU (M.-M.-F.)............ Lieutenant, *blessé.*
COUTHUIS (A.)..................... S.-Lieutenant, *blessé.*
GROLLEAU (J.-B.).................. Lieutenant, *blessé.*

37ᵉ Régiment provisoire (Loiret).

DE GEFFRIER (G.).................. S.-Lieutenant, *tué.*
CONQUÈRE DE MONTBRISON(A.-S.-A.-P.) Colonel, *blessé,* mort le 21.
DE MURAT (G.) (1)................. Capitaine, *blessé,* mort le 9 février.
DELQUIÉ (F.-B.-H.)................ Capitaine, *blessé.*
TASSIN DE CHARSONVILLE (E.-A.-G.).. Capitaine, *blessé.*
LESOURD (R.-L.-J.)................ Lieutenant, *blessé.*
ROULLIER (M.-H.-A.)............... Lieutenant, *blessé.*
PILON (L.)........................ Lieutenant, *blessé.*
IMBAUT (L.-E.).................... S.-Lieutenant, *blessé.*

38ᵉ Régiment provisoire (Seine-et-Marne).

ROGER (G.-J.)..................... Lieutenant, *tué.*
GOUTANT (G.)...................... Lieutenant, *blessé,* mort le 23 février.
LANSIAUX (A.)..................... Capitaine, *blessé.*
RICARDIE (B.)..................... Lieutenant, *blessé.*
JEANMAIRE (E.).................... Lieutenant, *blessé.*
COMBE (G.)........................ S.-Lieutenant, *blessé.*
BOUDIER........................... S.-Lieutenant, *blessé.*
DE PEMBROKE DE MONTGOMERY (H.-A.). S.-Lieutenant, *blessé.*
JENTIN (P.)....................... S.-Lieutenant, *blessé.*

50ᵉ Régiment provisoire (Seine-Inférieure).

DELARUE (Ch.-F.-L.)............... Capitaine, *blessé.*

2ᵉ Bataillon de la Drôme.

PELOUX (A.-F.).................... Capitaine, *tué.*
MICHEL (L.-J.).................... S.-Lieutenant, *tué.*

GARDE NATIONALE MOBILISÉE

2ᵉ Régiment de Paris (2).

GUERRIER (E.)..................... S.-Lieutenant, *tué.*
CASTÈRES (G.-E.-S.)............... S.-Lieutenant, *blessé,* mort le 2 février.
LAUDERS........................... Capitaine, *blessé.*

---

(1) Murat de Létang (G. de).
(2) 6ᵉ, 7ᵉ, 34, 36ᵉ bataillons et compagnies de marche du 116ᵉ bataillon.

4ᵉ Régiment de Paris (1).

MAUGAS	Capitaine, *blessé*.
LECERF	Lieutenant, *blessé*.
GÉRARD	S.-Lieutenant, *blessé*.

5ᵉ Régiment de Paris (2).

HUVET (B.-J.)	Capitaine adjudant-major, *tué*.
BROCHARD	Capitaine, *tué*.
MORLANE	S.-Lieutenant, *tué*.
TASSEUR	Chef de bataillon, *blessé*.
BESLAND	Capitaine, *blessé*.
TABOUROT	Capitaine, *blessé*.
PEUSSOT	Capitaine, *blessé*.
DOISY (E.-Ch.)	Lieutenant, *blessé*.
CHAMPEAUX (C.)	Lieutenant, *blessé*.
THERMES	Médecin-major, *blessé*.

6ᵉ Régiment de Paris (3).

CHAZOT	Lieutenant, *blessé*.

9ᵉ Régiment de Paris (4).

D'ESTOURNEL	S.-Lieutenant, *tué*.
TRESCH	Lieutenant, *blessé*.
COPIN (E.)	Lieutenant, *blessé*.
GAMOND	S.-Lieutenant, *blessé*.
LECOMBE	S.-Lieutenant, *blessé*.

10ᵉ Régiment de Paris (5).

N	Lieutenant, *blessé*.

11ᵉ Régiment de Paris (6).

DUBOSCQ	Lieutenant, *tué*.
BOUDIN	Chef de bataillon, *blessé*.

12ᵉ Régiment de Paris (7).

BURTEAU (L.-P.)	S.-Lieutenant, *blessé*.

---

(1) 9ᵉ, 128ᵉ, 137ᵉ bataillons et compagnies de marche de Versailles et Saint-Cloud.
(2) 5ᵉ, 11ᵉ, 58ᵉ et 86ᵉ bataillons.
(3) 12ᵉ, 13ᵉ, 111ᵉ et 113ᵉ bataillons.
(4) 17ᵉ, 82ᵉ, 105ᵉ et 127ᵉ bataillons.
(5) 18ᵉ, 19ᵉ, 83ᵉ et 85ᵉ bataillons.
(6) 24ᵉ, 94ᵉ, 107ᵉ et 183ᵉ bataillons.
(7) 37ᵉ, 39ᵉ, 138ᵉ, 158ᵉ bataillons.

14ᵉ Régiment de Paris (1).

Mouquet (C.-D.)	Capitaine, *tué*.
Marin	Capitaine, *blessé*.
Gerbaulet	Capitaine, *blessé*.
Granger	Lieutenant, *blessé*.

16ᵉ Régiment de Paris (2).

Couchot (V.-S.)	Capitaine, *tué*.
Touraille (T.-A.)	Capitaine, *tué*.
Jundt (J.-G.)	Lieutenant, *tué*.
Buy (J.-S.)	S.-Lieutenant, *tué*.
Hersant (A.-E.-A.)	Capitaine, *blessé*, mort le 31.
Sarra (E.-H.-A.)	Lieutenant, *blessé*, mort le 20.
Piron	Médecin aide-major, *blessé*, mort.
Saugé	Chef de bataillon, *blessé*.
Lacomme	Capitaine adjudant-major, *blessé*.
Moussard (A.-B.)	Capitaine, *blessé*.
Caron	Lieutenant, *blessé*.

17ᵉ Régiment de Paris (3).

Bonlaron (J.-N.)	Chef de bataillon, *tué*.
Pétion (A.-A.)	S.-lieutenant, *tué*.
Martin (A.-P.)	Capitaine, *blessé*, mort le 9 février.
Bègue	Capitaine, *blessé*.
Decujis	Médecin-major, *blessé*.

18ᵉ Régiment de Paris (4).

Faivre	Capitaine, *tué*.
Goeb	Capitaine, *tué*.
Ambacher (J.)	Lieutenant, *tué*.
Debacker	Lieutenant, *tué*.
Mandemant	S.-Lieutenant, *tué*.
Armand (J.-B.)	Capitaine, *blessé*, mort le 6 février.
Jourdain (J.-B.)	S.-Lieutenant, *blessé*, mort le 8 fév.
Langlois (J.-A.)	Lieutenant-colonel, *blessé*.
Savignol	Chef de bataillon, *blessé*.
Baldinveck	Capitaine, *blessé*.
Guillaume	Lieutenant, *blessé*.

---

(1) 50ᵉ, 51ᵉ, 52ᵉ, 200ᵉ bataillons.
(2) 69ᵉ, 71ᵉ, 72ᵉ, 78ᵉ bataillons.
(3) 43ᵉ, 106ᵉ, 136ᵉ, 193ᵉ et compagnies du 44ᵉ bataillon.
(4) 35ᵉ, 116ᵉ, 211ᵉ et 212ᵉ bataillons.

ARMÉES DE LA DÉFENSE DE PARIS

DE SCHRYVER....................	Lieutenant, *blessé*.
COSSIAUX.........................	S.-Lieutenant, *blessé*.
VERSINI...........................	S.-Lieutenant, *blessé*.
CHAMEIL..........................	S.-Lieutenant, *blessé*.

19° Régiment de Paris (1).

DE ROCHEBRUNE (M.-F.) (2)........	Lieutenant-colonel, *tué*.
SOURDON........................	Capitaine, *tué*.
PIZANI...........................	Lieutenant, *blessé*.
MERLET..........................	S.-Lieutenant, *blessé*.
ROUSSEAU.......................	S.-Lieutenant, *blessé*.
JACQUOT (M.-E.-J.-S.)............	S.-Lieutenant, *blessé*.

23° Régiment de Paris (3).

BAYLE (A.).......................	S.-Lieutenant, *tué*.

25° Régiment de Paris (4).

TEISSIÈRE........................	S.-Lieutenant, *blessé*.

42° Régiment de Paris (5).

GÉRARD (G.-P.)..................	S.-Lieutenant, *blessé*.
N...............................	S.-Lieutenant, *blessé*.
N...............................	S.-Lieutenant, *blessé*.

161° bataillon.

DENAX (E.-P.-A.).................	Chef de bataillon, *blessé*.

GARDE NATIONALE (sans indication de corps).

PAGEON (J.-C.)...................	S.-Lieutenant, *tué*.
BARBIER (J.-F.)..................	S.-Lieutenant, *blessé*.
TALLAR..........................	Capitaine, *blessé*, mort le 28.

CORPS FRANCS

Carabiniers parisiens.

PERRELLI (J.)....................	Chef de bataillon, *blessé*, mort le 25.
SEVESTRE........................	Lieutenant, *blessé*, mort le 31.
CULIÉ DE LA CRESSONNIÈRE (L.)......	Capitaine, *blessé*.

---

(1) 48°, 140°, 190° et 214° bataillons.
(2) Rochebrune (M.-F.-H. Rochebrun *dit*), ex-sergent au 7° léger.
(3) 91°, 157°, 107° et 222° bataillons.
(4) 96°, 144°, 145° et 228° bataillons.
(5) 84°, 97°, 98° bataillons.

Francs-tireurs des Ternes.

JUNEMANN (E. DE)................	Capitaine, *tué*.
GUILLON (J.)....................	Lieutenant, *tué*.
GIROUX (L.-A.)..................	Lieutenant, *blessé*, mort le 24.
CATALAN.........................	Capitaine, *blessé*.

MARINE

ÉQUIPAGES DE LA FLOTTE

6ᵉ Bataillon de marins (Brest).

LAMBERT.........................	Lieutenant de vaisseau, *tué*.
FOURNIER (Ch.)..................	Lieutenant de vaisseau, *blessé*.

Régiment d'artillerie.

DENIS (H.) (1)..................	Chef d'escadron, *blessé*.

87. — 19 janvier 1871. Aux Hautes-Bruyères.

MARINE

ÉQUIPAGES DE LA FLOTTE

9ᵉ Bataillon de marins (Brest).

PÉRODEAUD (C.-A.)...............	Enseigne de vaisseau, *blessé*, mort peu de jours après.

88. — 20 janvier 1871. Devant le Bourget.

GARDE NATIONALE MOBILE

6ᵉ Régiment provisoire (Seine).

DE CHATILLON (J.-A.)............	S.-Lieutenant, *blessé*.

89. — 21 janvier 1871. Bombardement de Paris.

ARTILLERIE

9ᵉ Régiment (13ᵉ batterie).

LAIR (E.-H.)....................	S.-Lieutenant, *blessé*.

---

(1) Blessé à la batterie du Moulin-des-Gibets (Nanterre).

ARMÉES DE LA DÉFENSE DE PARIS 65

GARDE NATIONALE MOBILISÉE

31ᵉ Régiment de Paris (1).

ABADIE (J.-M.).................... S.-Lieutenant, *tué*.

32ᵉ Régiment de Paris (2).

PISSONNET DE BELLEFONDS (G.-E.).... Capitaine, noyé dans une écluse près d'Ivry.

90. — 21 janvier 1871. Défense du fort de l'Est.

GARDE NATIONALE MOBILE

5ᵉ Régiment provisoire (Seine).

ROUSSEL (T.)...................... Capitaine, *blessé*.

91. — 22 janvier 1871. Bombardement de Paris.

SERVICE DE SANTÉ

COINDET (L.-A.-H.)................ Médecin principal, *blessé*, mort le 24.

92. — 22 janvier 1871. A l'Hôtel de Ville.

GARDE NATIONALE MOBILE

23ᵉ Régiment provisoire (Finistère).

BERNARD (E.-N.)................... Capitaine adjudant-major, *blessé*.

93. — 23 janvier 1871. Aux avant-postes du Bas-Meudon.

GARDE NATIONALE MOBILE

5ᵉ Régiment provisoire (Seine).

CAMUS (J.)........................ S.-Lieutenant, *blessé*, m. le 2 fév. 1871.

94. — 24 janvier 1871. Bombardement de Paris.

ARTILLERIE

2ᵉ Régiment (13ᵉ batterie).

HUGUENEL (Ch.).................... S.-Lieutenant, *blessé*.

---

(1) 26ᵉ, 28ᵉ, 233ᵉ bataillons.
(2) 33ᵉ, 77ᵉ, 154ᵉ et 220ᵉ bataillons.
   Etat nominatif.

GUERRE DE 1870-1871

95. — 25 janvier 1871. Défense du fort de l'Est.

GARDE NATIONALE MOBILE

1ᵉʳ Régiment provisoire d'artillerie (Seine) (1).

Barbier (P.-L.).................... Lieutenant, *blessé*.

96. — Du 21 au 26 janvier 1871. Bombardement de Saint-Denis.

ÉTAT-MAJOR DES PLACES

Zéler (J.-Ch.) (2).................. Chef de bataillon, *blessé* le 21.

INFANTERIE DE LIGNE

135ᵉ Régiment.

Moulin (M.)....................... Lieutenant, *tué* le 23.
Seboul (X.)....................... Capitaine, *blessé* le 25.

138ᵉ Régiment.

Poupelin (M.-V.).................. S.-Lieutenant, *blessé* le 21.

ARTILLERIE

11ᵉ Régiment.

Livache du Plan (J.-H.).......... Chef d'escadron, *blessé* le 22 (C).

22ᵉ Régiment.

Mathieu (J.-J.-A.)................ Chef d'escadron, *blessé* le 24.

MARINE

Régiment d'artillerie (11ᵉ batterie bis et 23ᵉ batterie).

Mendousse (3)..................... S.-Lieutenant, *tué* le 22.
Petiot (J.-F.-A.).................. Lieutenant, *blessé* le 23.
Verrier (L.))..................... Lieutenant, *blessé* le 23.
Le Tallec (A.).................... S.-Lieutenant, *blessé* le 23.
Humbert (P.-M.-G.)................ S.-Lieutenant, *blessé* le 26.

---

(1) 4ᵉ batterie.
(2) Commandant de la Double-Couronne.
(3) Défense de la Double-Conronne.

ÉQUIPAGES DE LA FLOTTE

11ᵉ Bataillon de marins (Brest-Lorient).

GLON-VILLENEUVE (E.) (1).......... Lieutenant de vaisseau, *blessé* le 25.

CORPS FRANCS

Corps d'artillerie des mitrailleuses (4ᵉ batterie).

BERTIER (1)...................... Lieutenant, *blessé* le 25.

97. — 26 janvier 1871. Devant la Courneuve.

GARDE NATIONALE MOBILE

6ᵉ Régiment provisoire (Seine).

CHEMET (L.-N.-J.)................. Capitaine adjudant-major, *blessé*.

---

(1) Défense du fort Labriche.

II° ARMÉES DE PROVINCE

ARMÉE DE LA LOIRE
CORPS DE TROUPE EN NORMANDIE
2ᵉ ARMÉE DE LA LOIRE

---

1. — 23 septembre 1870.
Reconnaissance sur Chilleurs-aux-Bois (Loiret).

CAVALERIE

6ᵉ Régiment de hussards (1).

Bros de Beuchredon (H.-F.)........ S.-Lieutenant, *blessé.*

2. — 24 septembre 1870.
Engagement de Crouy-en-Thelle (Oise).

GARDE NATIONALE SÉDENTAIRE

Garde nationale de Chambly.

Gary (N.-R.)....................... Capitaine, *blessé*, mort le 25.

3. — 26 septembre 1870. Affaire de la Croix-Briquet (Loiret).

CAVALERIE

6ᵉ Régiment de dragons (2).

Petit (M.-H.-A.).................... Lieutenant, *blessé.*
De La Guesnerie (M.-R.-M.)........ S.-Lieutenant, *blessé.*

---

(1) 3ᵉ, 4ᵉ, 5ᵉ et 6ᵉ escadrons.
(2) 1ᵉʳ, 2ᵉ, 4ᵉ et 5ᵉ escadrons.

4. — 30 septembre 1870.
Escarmouche des Alluets (Seine-et-Oise).

CORPS FRANCS

1ᵉʳ Régiment des Eclaireurs de la Seine.

LAMONTA .... Capitaine, *blessé.*

5. — 1ᵉʳ octobre 1870.
Dans le clocher de Neuville-sous-Bois (Loiret).

INFANTERIE DE LIGNE

29ᵉ Régiment de marche (1).

GOUBLET (V.-J.).................. Capitaine, *blessé.*

6. — 4 octobre 1870. Affaire d'Epernon (Eure-et-Loir).

GARDE NATIONALE MOBILE

63ᵉ Régiment provisoire (Eure-et-Loir) (2).

LECOMTE (M.-F.-H.)............... Chef de bataillon, *tué.*

GARDE NATIONALE SÉDENTAIRE

Garde nationale d'Eure-et-Loir (Droue).

MARTIN (L.-D.)................... S.-Lieutenant, *tué.*

7. — 5 octobre 1870. Combat de Toury (Eure-et-Loir).

ARTILLERIE

Régiment monté ex-Garde (14ᵉ batterie).

DERENNES (E.-R.-F.).............. Lieutenant, *blessé.*

CAVALERIE

6ᵉ Régiment de hussards.

LOYSEL (E.-M.) (3)............... Chef d'escadrons, *blessé,* mort le 16.
DE BOURGOING (M.-H.-P.-A.)....... Lieutenant, *blessé.*

---

(1) Formé de 2 compagnies de marche des 29ᵉ et 59ᵉ et d'une compagnie de marche des 1ᵉʳ, 7ᵉ, 8ᵉ, 9ᵉ, 10ᵉ, 11ᵉ, 12ᵉ, 14ᵉ, 20ᵉ, 23ᵉ, 38ᵉ, 55ᵉ, 61ᵉ, 71ᵉ, 77ᵉ, 83ᵉ et 90ᵉ de ligne.
(2) 1ᵉʳ, 2ᵉ et 3ᵉ bataillons.
(3) Nommé lieutenant-colonel le 14 octobre.

8. — 8 octobre 1870.
Affaire de Fontaine-la-Rivière, au sud d'Etampes (Seine-et-Oise)

CORPS FRANCS

Eclaireurs de la Seine (section d'Orléans) (1).

Amy .... Lieutenant, *blessé*.

9. — 10 octobre 1870. Combat d'Artenay (Loiret).

CHASSEURS A PIED

4ᵉ Bataillon de marche (2).

Olry (F.-E.)........................ Capitaine, *blessé*.
Michon (E.)....................... Lieutenant, *blessé*.
Terris (P.-L.-M.-M.)............... S.-Lieutenant, *blessé*.

Régiment de marche de tirailleurs algériens.

Matra (A.-L.)..................... S.-Lieutenant, *blessé*, mort le 2 nov.
Abdel-Kader-ben-Sabeur......... S.-Lieutenant, *blessé*, mort le 4 nov.

CAVALERIE

2ᵉ Régiment de lanciers (3).

Escher (J.-F.-E.).................. Lieutenant, *blessé*.

ARTILLERIE

10ᵉ Régiment (18ᵉ batterie).

Coffinières de Nordeck (L.-G.).... Lieutenant, *blessé*.

GARDE NATIONALE MOBILE

12ᵉ Régiment provisoire (Nièvre) (4).

De Couvelaire de Rougeville (E.-E.-E.) Lieutenant, *tué*.
De Noury (Ch.-F.-A.).............. Capitaine, *blessé*.
Chartenet (E.-A.-H.)............... Capitaine, *blessé*.
De Saint-Vallier (Ch.-J.).......... Capitaine, *blessé*.

---

(1) 2 compagnies. — Capitaines Tholin et Rabutôt.
(2) Formé d'une compagnie des 3ᵉ, 8ᵉ, 9ᵉ et 19ᵉ bataillons.
(3) Formé des 1ᵉʳ, 2ᵉ, 3ᵉ et 5ᵉ escadrons.
(4) 1ᵉʳ, 2ᵉ, 3ᵉ bataillons.

10. — 11 octobre 1870. Combat d'Orléans.

INFANTERIE

39ᵉ Régiment de ligne (1).

Saglio (F.-L.)	Capitaine, *tué*.
Grech (L.-F.)	Capitaine, *blessé*, mort le 12.
Daget (N.-A.)	Lieutenant, *blessé*, mort le 15.
Gaillard (A.-M.-L.)	Capitaine, *blessé*.
De Mibielle (H.-F.-L.)	Lieutenant, *blessé*.

5ᵉ Bataillon étranger (2).

Arago (V.-J.)	Chef de bataillon, *tué*.
Charnaux (M.-J.-F.)	Capitaine, *tué*.
Kaczkowski (S.)	S.-Lieutenant, *tué*.
Fay (H.-J.)	S.-Lieutenant, *tué*.
Yung de Cristofeu	S.-Lieutenant, *tué*.
Kurnewitch	S.-Lieutenant, *tué*.
Béchet (E.-J.)	Capitaine, *blessé*.
Potesta (H.)	Capitaine, *blessé*.
De Venel (F.-M.-J.-B.)	Capitaine, *blessé*.
Verdun (B.-F.)	Capitaine, *blessé*.
Lamirault (F.)	Lieutenant, *blessé*.
Jacob (E.-A.)	Lieutenant, *blessé*.
Swietorzeski (B.)	S.-Lieutenant, *blessé*.

27ᵉ Régiment de marche (3).

Costa (J.)	Capitaine, *tué*.
Murville (G.-A.)	Chef de bataillon, *blessé*, mort le 25.
Wambergue (P.-A.-J.-J.)	Lieutenant, *blessé*.

33ᵉ Régiment de marche (4).

Adam (J.-F.)	Capitaine, *blessé*.
Vitali (P.)	Capitaine, *blessé*.
Schuster (E.-A.)	Lieutenant, *blessé*.
Drot (L.)	Lieutenant, *blessé*.
Castres (P.)	S.-Lieutenant, *blessé*.

---

(1) 1ᵉʳ, 2ᵉ, 3ᵉ bataillons.
(2) Formé à Tours avec des volontaires étrangers.
(3) Formé du 4ᵉ bataillon des 17ᵉ, 52ᵉ et 53ᵉ de ligne.
(4) Formé d'une compagnie des 47ᵉ, 72ᵉ, 46ᵉ, 68ᵉ, 52ᵉ, 45ᵉ, 56ᵉ, 40ᵉ, 6ᵉ, 53ᵉ, 49ᵉ, 32ᵉ, 67ᵉ, 48ᵉ, 91ᵉ, 50ᵉ, 58ᵉ et 65ᵉ de ligne,

ARMÉES DE PROVINCE

34ᵉ Régiment de marche (1).

SAUPIQUE (J.)	Chef de bataillon, *tué*.
RICKE (P.-Ch.)	Capitaine, *tué*.
BERGÈS (J.-J.-M.)	Capitaine, *blessé*.
DONNÉ (L.)	Lieutenant, *blessé*.
THÉVENELLE (G.)	Lieutenant, *blessé*.
BONFILS (V.-L.-A.)	Lieutenant, *blessé*.

CHASSEURS A PIED

5ᵉ Bataillon de marche (2).

DE BOISSIEU (G.-V.-G.-M.)	Capitaine, *tué*.
VIDAL (P.-H.-A.)	Capitaine, *blessé*.
BRUN (J.-B.)	S. Lieutenant, *blessé*.
HENRIET (A.-T.)	S.-Lieutenant, *blessé*.

8ᵉ Bataillon de marche (3).

ANTONINI (E.-R.)	Chef de bataillon, *blessé*.
MERCIER (J.)	Capitaine, *blessé*.
FOUINEAU (E.)	Capitaine, *blessé*.
LEFÈVRE (H.-Z.)	S.-Lieutenant, *blessé*.

GARDE NATIONALE MOBILE

12ᵉ Régiment provisoire (Nièvre).

JOSSERAND (A.)	Capitaine, *blessé*, mort le 12.

11. — 12 octobre 1870. **Combat de Breteuil (Oise).**

GARDE NATIONALE MOBILE

4ᵉ Bataillon (Somme).

BLIN DE BOURDON (M.-A.-R.)	Capitaine, *blessé*.

---

(1) Formé du 4ᵉ bataillon des 4ᵉ, 36ᵉ et 77ᵉ de ligne.
(2) **Formé de 2 compagnies du 4ᵉ bataillon et de 2 compagnies du 16ᵉ bataillon.**
(3) Formé d'une compagnie des 3ᵉ, 6ᵉ, 9ᵉ, 20ᵉ bataillons et d'un détachement provenant du dépôt du 8ᵉ bataillon.

12. — 14 octobre 1870. Combat d'Ecouis (Eure).

CAVALERIE

3ᵉ Régiment de hussards (1).

BEUVE (A.) .... S.-Lieutenant, *blessé*.

13. — 18 octobre 1870. Combat de Châteaudun (Eure-et-Loir).

CORPS FRANCS

Francs-tireurs de Cannes.

CRESP .... Capitaine, *blessé*.
PERRIN .... S.-Lieutenant, *blessé*.

Francs-tireurs de la Loire-Inférieure.

LEGALLE (A.) .... Capitaine, *tué*.

Francs-tireurs de Paris.

ROUSSEL (A.) .... Lieutenant, *tué*.
CHABOUT-MOLARD (E.) .... Capitaine, *blessé*.
CHABRILLAT (H.) .... Capitaine, *blessé*.
BOULANGER (H.) .... Capitaine, *blessé*.
BOUILLON (A.) .... Capitaine, *blessé*.
JACTA (E.) .... Capitaine, *blessé*.
DUCHAMP (G.-J.-F.-A.) .... Lieutenant, *blessé*.
PLANART .... Lieutenant, *blessé*.
DUCROT (J.) .... Lieutenant, *blessé*.

GARDE NATIONALE SÉDENTAIRE

TESTANIÈRE (B.-G.) (2) .... Chef de bataillon, *blessé*.

SAPEURS-POMPIERS

GERAY .... Capitaine, *blessé*.

---

(1) Formé des 3ᵉ, 4ᵉ, 5ᵉ et 6ᵉ escadrons.
(2) Testanière, capitaine de cavalerie en retraite.

14. — 19 octobre 1870. Escarmouche d'Etrépagny (Eure).

CORPS FRANCS

Eclaireurs de Louviers (Eure).
GARNIER.......................... Capitaine, *blessé*.

15. — 21 octobre 1870. Affaire de Grand-Puits (Seine-et-Marne).

GARDE NATIONALE SÉDENTAIRE

Garde nationale de Montereau.
MONPOIX........................ Capitaine, *tué*.
SCHNEIT......................... Lieutenant, *blessé*.

Compagnie de marche d'Auxerre.
REMACLE (L.-E.).................. S.-Lieutenant, *blessé*.

16. — 21 octobre 1870. Combat de Dreux (Eure-et-Loir).

GARDE NATIONALE MOBILE

30ᵉ Régiment provisoire (Manche) (1).
DE CHIVRÉE (G.-C.-L.-M.).......... Capitaine adjud.-maj., *blessé*, mort le 25 décembre.

17. — 21 octobre 1870. Combat devant Chartres.

CORPS FRANCS

Volontaires d'Eure-et-Loir.
BENET........................... Capitaine, *blessé*.
SCHOLER (J.-G.).................. S.-Lieutenant, *blessé*.

18. — 21 octobre 1870. Combats de Luisant et de Jouy (Eure-et-Loir).

GARDE NATIONALE MOBILE

74ᵉ Régiment provisoire (Lot-et-Garonne et Sarthe) (2).
PÉBERNAT (A.-M.-A.-J.)............. Capitaine, *blessé*.

---

(1) 1ᵉʳ, 4ᵉ et 5ᵉ bataillons.
(2) 1ᵉʳ et 2ᵉ bataillons (Lot-et-Garonne) et 2ᵉ bataillon (Sarthe).

GARDE NATIONALE SÉDENTAIRE

Garde nationale de Jouy.

GLIN-HOCHEREAU (P.-A.-M.)............ Lieutenant, *pris les armes à la main et fusillé.*

19. — 22 octobre 1870. Combat d'Hécourt (Eure).

CORPS FRANCS

1ᵉʳ Régiment des Éclaireurs de la Seine (1).

GUILLAUME (E.-V.) .... Chef de bataillon, *blessé.*

20. — 24 octobre 1870. Méprise de Dreux (Eure-et-Loir).

GARDE NATIONALE MOBILE

15ᵉ Régiment provisoire (Calvados (2).

DE LA CROIX (L.-A.)................ Chef de bataillon, *blessé.*
LE CORRE (J.-L.).................. Capitaine, *blessé.*
VACHIER (A) .... Lieutenant; *blessé.*
BARBÉ (N.)........................ S.-Lieutenant, *blessé.*

63ᵉ Régiment provisoire (Eure-et-Loir).

TARDIEU DE MALEISSYE (C.-L.-M.-A.). Lieutenant, *blessé.*

21. — 24 octobre 1870. Affaire de la forêt d'Hécourt (Eure).

CORPS FRANCS

1ᵉʳ Régiment des Éclaireurs de la Seine.

CHARLIN......................... S.-Lieutenant, *blessé* (C.).

22. — 25 octobre 1870. Combat de Binas (Loir-et-Cher).

CORPS FRANCS

Francs-tireurs de Saint-Denis.

STIÉVENARD (H.).................. Lieutenant, *blessé.*

---

(1) 1ᵉʳ et 2ᵉ bataillons.
(2) 1ᵉʳ, 2ᵉ et 3ᵉ bataillons.

23. — 25 octobre 1870. Combat de Nogent-sur-Seine (Aube).

GARDE NATIONALE MOBILE

84ᵉ Régiment provisoire (Morbihan et Indre).

Duno (D.-F.-M.)..................... S.-Lieutenant, *blessé*.

CORPS FRANCS

Francs-tireurs de la Loire.

Mallet (H.-A.-E.)................. Capitaine, *blessé*.

Bataillon des Éclaireurs volontaires de l'Aube.

N............................... Capitaine, *blessé*.

24. — 28 octobre 1870. Combat de Formerie (Oise).

INFANTERIE DE LIGNE

5ᵉ Bataillon de marche (1).

Dornat (J..)....................... Capitaine, *blessé*.

GARDE NATIONALE MOBILE

53ᵉ Régiment provisoire (Oise) (2).

Alavoine (F.-A.-M.)............... Capitaine, *blessé*.

25. — 31 octobre 1870. Combat d'Illiers (Eure-et-Loir).

CAVALERIE

6ᵉ Régiment mixte (3).

Mesnil........................... S. Lieutenant, *blessé*.

---

(1) Formé avec des compagnies de marche des 19ᵉ et 62ᵉ de ligne.
(2) 1ᵉʳ, 2ᵉ et 3ᵉ bataillons.
(3) Formé d'un escadron des 1ᵉʳ, 7ᵉ, 9ᵉ, 11ᵉ chasseurs et 3ᵉ hussards.

26. — 7 novembre 1870. Combat de **Vallière-Saint-Laurent-des-Bois (Loir-et-Cher).**

CHASSEURS A PIED

3ᵉ Bataillon de marche (1).

Métais (P.-P.).................. S.-Lieutenant, *blessé*, mort le 11.
Labrune (J.-L.).................. Chef de bataillon, *blessé*.

27. — 9 novembre 1870. **Bataille de Coulmiers (Loiret).**

ETAT-MAJOR GÉNÉRAL

Ressayre (J.-J.-P.-F.).............. Général de division, *blessé*.

ETAT-MAJOR

Péricaud de Gravillon (E.-L.-A.).. Capitaine, *tué*.
Lecocq (J.-M.).................... Capitaine, *blessé*.

INFANTERIE DE LIGNE

16ᵉ Régiment.

Loréal (M.-P.-A.-E.).............. Lieutenant, *blessé*, mort le 29 déc.

31ᵉ Régiment de marche (2).

Couderc de Fonlongue (F.-A.)...... Lieutenant-colonel, *tué*.
Maniort (E.-C).................... Capitaine adjud.-maj., *blessé*.
Alessandri (P.)................... Lieutenant, *blessé*.
Georges (F.)...................... Lieutenant, *blessé*.
Le Saint (J.-M.-J.)............... S.-Lieutenant, *blessé*.
Bailly (A.-J.-B.)................. S.-Lieutenant, *blessé*.

33ᵉ Régiment de marche.

Thiéry (P.-C.).................... Lieutenant colonel, *blessé*.
Buzy (A.-H.)...................... Lieutenant, *blessé*.

37ᵉ Régiment de marche (3).

Bourdon (P.-J.)................... Capitaine, *blessé*.

---

(1) Formé de 3 compagnies constituées des 5ᵉ, 16ᵉ et 20ᵉ bataillons de chasseurs.
(2) Formé d'une compagnie de marche des 19ᵉ, 24ᵉ, 25ᵉ, 26ᵉ, 33ᵉ, 41ᵉ, 43ᵉ, 51ᵉ, 54ᵉ, 62ᵉ, 64ᵉ, 69ᵉ, 70ᵉ, 75ᵉ, 86ᵉ, 93ᵉ, 94ᵉ et 97ᵉ de ligne.
(3) Formé d'une compagnie de marche des 25ᵉ, 26ᵉ, 27, 28ᵉ, 31ᵉ, 32ᵉ, 33ᵉ, 34ᵉ, 30ᵉ, 39ᵉ, 38ᵉ, 46ᵉ, 48ᵉ, 49ᵉ, 52ᵉ, 54ᵉ, 53ᵉ et 97ᵉ de ligne.

Stiévenard (E.-F.)	Lieutenant, *blessé*.
Benit (M.)	Lieutenant, *blessé*.
Vivien (J.-M.)	Lieutenant, *blessé*.
Duprat (S.)	Lieutenant, *blessé*.
Bordeau (J.-F.)	Lieutenant, *blessé*.

38ᵉ Régiment de marche (1).

Cunche (J.-N.)	Capitaine, *blessé*, mort le 17.
Valadier (A.)	Lieutenant, *blessé*, mort le 23 décemb.
Labadie (P.-P.)	Lieutenant, *blessé*.

39ᵉ Régiment de marche (2).

Nicolot (J.-B.)	Capitaine, *tué*.
Bazelis (A.-J.)	Lieut.-col., *blessé*, m. le 31 janv. 1871.
Lechesne (A.-J.-B.)	S.-Lieutenant, *blessé*, mort le 13.
Durrmeyer (A.-A.)	Chef de bataillon, *blessé*.
Munier (P.-L.-M.)	Lieutenant, *blessé*.
Sardou (A.-E.)	S.-Lieutenant, *blessé*.

CHASSEURS A PIED

6ᵉ Bataillon de marche (3).

D'Arbo (V.-E.)	Chef de bataillon, *blessé*.
Desmazures (C.-G.-A.)	Capitaine, *blessé*.
Patron (B.-R.)	S.-Lieutenant, *blessé*.

7ᵉ Bataillon de marche (4).

Malézet (A.-G.)	S.-Lieutenant, *blessé*.

CAVALERIE

9ᵉ Régiment de cuirassiers (5).

Lejeas (H.-M.-R.) (6)	Lieutenant, *blessé*.

6ᵉ Régiment de lanciers (7).

Gérard (M.-V.-M.)	Chef d'escadrons, *blessé*.

---

(1) Formé de compagnies des 1ʳᵉ, 4ᵉ, 9ᵉ, 14ᵉ, 20ᵉ, 23ᵉ, 3ᵉ, 2ᵉ, 7ᵉ, 11ᵉ, 16ᵉ, 21ᵉ, 69ᵉ, 21ᵉ, 3ᵉ, 8ᵉ, 12ᵉ, 17ᵉ, 22ᵉ, 70ᵉ de ligne.
(2) Formé de compagnies des 5ᵉ, 7ᵉ, 13ᵉ, 35ᵉ, 47ᵉ, 7ᵉ, 58ᵉ, 61ᵉ, 65ᵉ, 71ᵉ, 72ᵉ, 73ᵉ, 10ᵉ, 24ᵉ, 43ᵉ, 50ᵉ, 51ᵉ, 66ᵉ de ligne.
(3) Formé de 2 compagnies du 5ᵉ bataillon et d'une compagnie des 12ᵉ et 14ᵉ bataillons.
(4) Formé d'une compagnie des 2ᵉ, 8ᵉ, 17ᵉ et 19ᵉ bataillons.
(5) Formé des 1ʳ, 2ᵉ, 3ᵉ et 5ᵉ escadrons.
(6) Officier d'ordonnance du général Ressayre.
(7) Formé des 3ᵉ, 4ᵉ, 5ᵉ et 6ᵉ escadrons.

4ᵉ Régiment de marche de dragons (1).

Roze (A.-P.-F.).................... Lieutenant-colonel, *blessé*.

1ᵉʳ Régiment de marche de hussards (2).

Jaquin (P.)....................... Chef d'escadrons, *tué*.

4ᵉ Régiment mixte (cavalerie légère) (3).

Brandeis (I.)..................... Chef d'escadrons, *blessé*.

ARTILLERIE

2ᵉ Régiment (21ᵉ batterie).

Duhamel de la Bothelière (T.-A.).. S.-Lieutenant, *blessé*.

7ᵉ Régiment (14ᵉ batterie).

Gautier (P.-A.)................... Capitaine, *blessé*.

10ᵉ Régiment (19ᵉ batterie).

Parizot (L.-P.)................... Lieutenant, *blessé*.
Soudan (M.-X.-A.)................. S.-Lieutenant, *blessé*.
Reverdy (T.-A.-V.)................ Capitaine, *blessé*.

12ᵉ Régiment (18ᵉ batterie).

Chopiné (A.)...................... S.-Lieutenant, *blessé*, mort le 10.

13ᵉ Régiment (19ᵉ batterie)

Berquin (J.-B.-L.)................ Capitaine, *blessé*.
Delahaye (E.-G.).................. Lieutenant, *blessé*.

20ᵉ Régiment (13ᵉ et 14ᵉ batteries).

Gaulet (H.)....................... Capitaine, *blessé*, mort le 19.
Watrin (J.-G.).................... Lieutenant, *blessé*, m. le 31 décembre.
Claudon (N.)...................... S.-Lieutenant, *blessé*.
Castet (J.-M.).................... S.-Lieutenant, *blessé*.

GARDE NATIONALE MOBILE

22ᵉ Régiment provisoire (Dordogne) (4).

De Chadois (M.-A.-M.-G.-P.)....... Lieutenant-colonel, *blessé*.

---

(1) Formé d'une division des 1ᵉʳ, 2ᵉ, 3ᵉ, 4ᵉ, 5ᵉ, 7ᵉ, 8ᵉ et 10ᵉ dragons.
(2) Formé d'un escadron des 2ᵉ, 4ᵉ, 6ᵉ et 7ᵉ hussards.
(3) Formé d'un escadron des 3ᵉ, 8ᵉ chasseurs et d'un escadron des 1ᵉʳ, 2ᵉ hussards.
(4) 1ᵉʳ, 2ᵉ et 4ᵉ bataillons.

ARMÉES DE PROVINCE

DURIEUX (J.-A.)...........	Capitaine, *blessé*.
DU POUGET (V.)............	Lieutenant, *blessé*.

32ᵉ Régiment provisoire (Puy-de-Dôme) (1).

CROZE (L.-A.-J.-B.)........	S.-Lieutenant, *blessé*.

33ᵉ Régiment provisoire (Sarthe) (2).

DE LAMENDIE (A.)..........	Lieutenant, *tué*.
DE MONTESSON (Ch.) (3)....	Chef de bataillon, *blessé*.
DE JUIGNÉ (H.)............	Capitaine, *blessé*.
ROBERT (Ed.)..............	Lieutenant, *blessé*.
BOULART (P.)..............	S.-Lieutenant, *blessé*.
DE BASTINE (R.)...........	S.-Lieutenant, *blessé*.
DE CHEVREUSE (P.).........	S.-Lieutenant, *blessé*.
BASTARD D'ESTANG (F.).....	S.-Lieutenant, *blessé* (C.).
ROUSSEAU (P.).............	S.-Lieutenant, *blessé* (C.).
POCHÉ (A.)................	S.-Lieutenant, *blessé*.
DENEAU (J.)...............	S.-Lieutenant, *blessé* (C.).

69ᵉ Régiment provisoire (Ariège) (4).

GARIÉ (A.)................	S.-Lieutenant, *blessé*.

28. — 17 novembre 1870. Combats de Dreux et Levaville (Eure-et-Loir).

GARDE NATIONALE MOBILE

30ᵉ Régiment provisoire (Manche).

DE MONS..................	Capitaine, *tué*.

29. — 17 novembre 1870. Affaire de la Berchères-sur-Vesgre (Eure-et-Loir).

CORPS FRANCS

Francs-tireurs de l'Iton (Orne).

VIVIER (J.-G.-A.)..........	Lieutenant, *blessé*.

---

(1) 2ᵉ, 3ᵉ et 4ᵉ bataillons.
(2) 1ᵉʳ, 2ᵉ et 4ᵉ bataillons.
(3) Blessé d'une chute de cheval le soir de la bataille en allant placer une grand'garde.
(4) 1ᵉʳ, 2ᵉ et 3ᵉ bataillons.
    Etat nominatif.

30. — 17 novembre 1870. Combat de Tréon (Eure-et-Loir).

GARDE NATIONALE MOBILE

63ᵉ Régiment provisoire (Eure-et-Loir).

Bréqueville (Ch.-L.-F.)............	Chef de bataillon, *tué.*
Roche (J.-P.-A.)...................	Capitaine, *tué.*
Patas d'Hilliers (L.-A.)............	S.-Lieutenant, *blessé.*

31. — 18 novembre 1870. Affaire d'Illiers (Eure-et-Loir).

GARDE NATIONALE MOBILE

49ᵉ Régiment provisoire (Orne) (1).

Barré (E.-F.-C.)..................	S.-Lieutenant, *blessé.*

32. — 18 novembre 1870. Affaire de Chevannes (Loiret).

GARDE NATIONALE SÉDENTAIRE DU LOIRET

Saillant (L.).....................	Lieut., *tué (fusillé par les Prussiens).*

33. — 18 novembre 1870. Affaire de Jaudrais (Eure-et-Loir).

GARDE NATIONALE MOBILE

90ᵉ Régiment provisoire (Sarthe, Corrèze) (2).

De Cézac (B.)....................	Chef de bataillon, *blessé.*
De Lapomélie (P.-M.-M.)..........	Capitaine, *blessé.*

34. — 18 novembre 1870. Combat de Torsay (Eure-et-Loir).

INFANTERIE DE LIGNE

36ᵉ Régiment de marche (3).

Thinus (C.-L.)....................	S.-Lieutenant, *tué* le 17.
Mallard (Ch.-M.).................	Capitaine, *blessé* le 17, mort le 18.
Le Foll (A.-M.) (4)..............	Capitaine, *blessé* le 18.

---

(1) 1ᵉʳ, 2ᵉ et 3ᵉ bataillons.
(2) 5ᵉ bataillon (Sarthe) et 1ᵉʳ et 2ᵉ bataillons (Corrèze).
(3) Formé de compagnies de marche des 11ᵉ, 12ᵉ, 19ᵉ, 23ᵉ, 25ᵉ, 28ᵉ, 31ᵉ, 32ᵉ, 36ᵉ, 55ᵉ, 62ᵉ, 64ᵉ, 67ᵉ, 68ᵉ, 81ᵉ, 83ᵉ et 95ᵉ de ligne.
(4) Blessé au village de Digny.

35. — 18 novembre 1870. Affaire de Villeneuve-sur-Yonne.

GARDE NATIONALE SÉDENTAIRE

Garde nationale de l'Yonne.

VEILLOT (E.-B.).................... Lieut., *tué, fusillé par les Prussiens.*

36. — 21 novembre 1870. Affaire de Thiron-Gardais.

GARDE NATIONALE MOBILE

30° Régiment provisoire (Manche).

LE SÉNÉCHAL (E.-P.-J.)............. S.-Lieutenant, *blessé.*

37. — 21 novembre 1870.
Combats de la Fourche, de la Madeleine et de Bretoncelles.

GARDE NATIONALE MOBILE

49° Régiment provisoire (Orne) (1).

LEFÈVRE (A.)...................... Capitaine, *tué.*
TASSIN DE MONTAIGU (C.-H.)......... Chef de bataillon, *blessé.*
CHAPELAIN (G.-L.).................. Capitaine, *blessé.*
VALLÉE (A.)....................... Lieutenant, *blessé.*
DUFOUR DE LA THUILLERIE (M.-X.-C.) S.-Lieutenant, *blessé.*
DE LA RIVIÈRE (P.-C.)............. S.-Lieutenant, *blessé.*

Bataillon Finistère-Morbihan (2).

FOURNIER (A.)..................... Capitaine, *blessé* (C.).

GARDE NATIONALE MOBILISÉE

3° Légion (Orne).

MATHIEU (L.-C.)................... Chef de bataillon, *blessé*, m. le 21 déc.

MARINE

9° Bataillon de marche d'infanterie (3).

BRUNET (E.)....................... Lieutenant, *tué.*

---

(1) Combat de la Fourche.
(2) Formé de 5 compagnies de marche du Finistère et de 2 compagnies de marche du Morbihan.
(3) Compagnies de marche du 1ᵉʳ régiment. — Compagnies E. F. G. H.

Raygot (F.).................... S.-Lieutenant, *blessé*, mort.
Maissin (R.-E.)................ Capitaine, *blessé*.
Dropsy (J.-J.)................. S.-Lieutenant, *blessé*.
May (G.)....................... S.-Lieutenant, *blessé*.

10ᵉ Bataillon de marche d'infanterie (1).

Perrard (A.-L.)................ S.-Lieutenant, *blessé*, mort.
Pommerelle (E.)................ Capitaine, *blessé*.
Huguet (J.).................... S.-Lieutenant, *blessé*.
Brunswick (A.)................. S.-Lieutenant, *blessé*.

38. — 22 novembre 1870. Affaire de la Ferté-Bernard (Sarthe).

CORPS FRANCS

Eclaireurs de la Ferté-Bernard.

Souchay........................ S.-Lieutenant, *blessé*.

39. — 24 novembre 1870. Combats de Chilleurs, Ladon, Boiscommun, Neuville-aux-Bois et Maizières (Loiret).

Officiers auxiliaires hors cadres.

Ogilvy (D.-S.)................. Capitaine, *tué*.

INFANTERIE

29ᵉ Régiment de marche (2).

Carrère (P. *dit* Mastreau)...... Capitaine, *blessé*.
François (E.-H.-J.)............. S.-Lieutenant, *blessé*.

44ᵉ Régiment de marche (3).

Thomasset (F.-C.).............. Lieutenant, *tué*.
Imbert (M.-F.-X.).............. Capitaine, *blessé*.
Jehl (E.-I.)................... S.-Lieutenant, *blessé*.

CAVALERIE

7ᵒ Régiment de chasseurs (4).

Dupré (G.-C.-A.)............... Chef d'escadrons, *blessé*.

---

(1) Compagnies de marche du 1ᵉʳ régiment. — Compagnies I. J. K. L.
(2) 8ᵉ compagnies des 2ᵉ et 3ᵉ bataillons des 29ᵉ et 59ᵉ de ligne et des 8ᵉˢ compagnies du 3ᵉ bataillon des 1ᵉʳ, 9ᵉ, 10ᵉ, 11ᵉ, 12ᵉ, 8ᵉ, 7ᵉ, 14ᵉ, 26ᵉ, 28ᵉ, 38ᵉ, 55ᵉ, 61ᵉ, 71ᵉ, 77ᵉ, 83ᵉ et 90ᵉ de ligne.
(3) Compagnies de marche des 3ᵉ, 17ᵉ, 21ᵉ, 49ᵉ, 53ᵉ, 56ᵉ, 73ᵉ, 66ᵉ, de 2 compagnies des 34ᵉ et 42ᵉ, de 3 compagnies des 88ᵉ et 99ᵉ et d'une compagnie du 98ᵉ de ligne.
(4) 2ᵉ, 3ᵉ, 4ᵉ et 5ᵉ escadrons.

ARMÉES DE PROVINCE 85

2ᵉ Régiment de marche de lanciers (1).

BASSERIE (P.-A.-H.)................	Lieutenant-colonel, *blessé*.
GAMET DE SAINT-GERMAIN (L.-A.-M.).	Chef d'escadrons, *blessé*.
DUCAUZÉ DE NAZELLE (F.-E.)........	Capitaine adjud.-major, *blessé*.
LŒWEMBRUCK (F.-G.)..............	Lieutenant, *blessé*.
COLLET (N.-U.)....................	S.-Lieutenant, *blessé*.

GARDE NATIONALE MOBILE

67ᵉ Régiment provisoire (Haute-Loire) (2).

DE BUSSIÈRES.....................	Lieutenant, *tué*.
FAY DE LATOUR-MAUBOURG (J.-F.-A.-R.).	S.-Lieutenant, *tué*.

2ᵉ bataillon (Corse).

COSTA (J.-N.)....................	Lieutenant, *blessé*.

40. — 25 novembre 1870. Affaire de Broué (Eure-et-Loir).

CORPS FRANCS

Légion des Volontaires de l'Ouest.

GAUTHIER DE KERMOAL (A.)..........	Capitaine, *blessé*.

41. — 25 novembre 1870. Affaire de Connerré (Sarthe).

CORPS FRANCS

Francs-tireurs de Pont-l'Abbé.

DE MADEC (R.-M.-A.)..............	Capitaine, *blessé*.

42. — 26 novembre 1870. Affaire de Maulu (Eure).

GARDE NATIONALE MOBILE

41ᵉ Régiment provisoire (Ardèche) (3),

ROUVEURE (M.-R.).................	Capitaine, *tué*.
LEYDIER (CH.-R.).................	Lieutenant, *tué*.

---

(1) Un escadron des 1ᵉʳ, 5ᵉ, 7ᵉ et 8ᵉ lanciers.
(2) 1ᵉʳ, 2ᵉ et 3ᵉ bataillons.
(3) 1ᵉʳ, 2ᵉ et 3ᵉ bataillons.

43. — 26 novembre 1870. Combat de Lorcy (Loiret).

Officiers auxiliaires hors cadres.

Girard (J.). (1).................... Colonel, *tué*.

CAVALERIE

7ᵉ Régiment de chasseurs.

Gandon (V.-R.-A.).................. Capitaine, *tué*.
De Brecey (J.-E.-A.-M.)........... Lieutenant, *blessé*.

5ᵉ Régiment de marche de dragons (1).

Tourneux (H.).................... S.-lieutenant, *blessé*.

44. — 26 novembre 1870. Reconnaissance en avant de Châteaudun.

GARDE NATIONALE MOBILE

1ᵉʳ bataillon (Gard).

De Ramel (F.) .... Lieutenant, *blessé*.

45. — 28 novembre 1870. Bataille de Beaune-la-Rolande (Loiret).

Officiers hors cadres.

Boisson (J.-M.-C.).................. Colonel, *blessé*, mort le 1ᵉʳ décembre.

Officiers auxiliaires hors cadres.

Courcier (Ch.-J.-L.) .... Capitaine, *blessé*.
Tramblay de Laissardière (G.)..... Lieutenant, *blessé*.

INFANTERIE DE LIGNE

42ᵉ Régiment de marche (3).

Schreiner (C.-J.).................. Capitaine, *tué*.
Patriarche (L.-D.)................. S.-Lieutenant, *blessé*, mort le 9 déc.
Achili (P.) .... Chef de bataillon, *blessé*.
Girardot (C.-E.)................... Capitaine, *blessé*.

---

(1) Colonel auxiliaire.
(2) Un escadron des 7ᵉ, 8ᵉ, 9ᵉ et 12ᵉ dragons.
(3) Formé de compagnies de marche des 55ᵉ (4 compagnies), 1ᵉʳ, 5ᵉ, 9ᵉ, 30ᵉ (2 compagnies), 8ᵉ, 36ᵉ (3 compagnies) et 100ᵉ de ligne (1 compagnie).

VALLÉE (L.)..................... Capitaine, *blessé*.
DURAND (P.-E.).................. Lieutenant, *blessé*.

44ᵉ Régiment de marche.

BOURQUARD (P.-E.).............. S.-Lieutenant, *tué*.
GRANDPIERRE (Ch.).............. S.-Lieutenant, *tué*.
LANTHEAUME (J.-D.)............. Chef de bataillon, *blessé*.
MARSOT (N.)..................... Capitaine, *blessé*.
BRU (E.-F.)..................... Capitaine, *blessé*.
LECOQ (P.-M.-E.)................ Capitaine, *blessé*.
VINCENT (J.-A.)................. Lieutenant, *blessé*.
BOURGEONNEAU (G.-E.)........... S.-Lieutenant, *blessé*.
RATEAU (J.-B.-Ch.).............. S.-Lieutenant, *blessé*.
ROSEAU (F.)..................... S.-Lieutenant, *blessé*.
TEYSSANDIER (P.)................ S.-Lieutenant, *blessé*.
GUICHARD (E.)................... S.-Lieutenant, *blessé*.
VOVEUX (F.)..................... S.-Lieutenant, *blessé*.
GUITBAUT (A.)................... S.-Lieutenant, *blessé*.
BRETON (Ch.).................... S.-Lieutenant, *blessé*.
CAZAUX (J.)..................... S.-Lieutenant, *blessé*.
PORTE (P.-A.)................... S.-Lieutenant, *blessé*.

50ᵉ Régiment de marche (1).

MORIN (J.)...................... Capitaine, *disparu*.
GLUCKAUFF....................... S.-Lieutenant, *disparu*.
GRÉVILLIOT (J.)................. Chef de bataillon, *blessé*.
DESCOURVIÈRES (F.-E.)........... Capitaine, *blessé*.
RICHALET (F.-A.)................ Lieutenant, *blessé*.
CHALNOT (L.).................... S.-Lieutenant, *blessé*.
PRAT (L.-J.).................... S.-Lieutenant, *blessé*.
LARROUDE (J.)................... S.-Lieutenant, *blessé*.

53ᵉ Régiment de marche (2).

TACAIL (H.-A.).................. Lieutenant, *blessé*, mort le 2 déc.
GODIN (Ch.-J.-E.)............... Chef de bataillon, *blessé*.
THÉVENIN (E.-G.)................ Capitaine adjud.-maj., *blessé*.
CUTOLI (A.)..................... Capitaine, *blessé*.

---

(1) Formé du 4ᵉ bataillon et d'un bataillon de marche du 85ᵉ de ligne.
(2) Formé du 4ᵉ bataillon des 22ᵉ, 79ᵉ et 92ᵉ de ligne.

CHASSEURS A PIED

9ᵉ bataillon de marche (1).

FAIVRE (J.-F.)	Capitaine, *blessé*.
TROLLER (E.)	S.-Lieutenant, *blessé*.

ZOUAVES

3ᵉ Régiment de marche (2).

DESANGLOIS (A.-V.)	Capitaine, *tué*.
CORNU (E.-J.)	S.-Lieutenant, *tué*.
KONRAAD (E.-D.-C.)	S.-Lieutenant, *tué*.
BUCHILLOT (N.-Ch.-F.)	S.-Lieutenant, *tué*.
NESA (J.-B. L.)	S.-Lieutenant, *tué*.
CHEVALIER (J.)	Capitaine, *blessé*, m. le 11 mars 1871.
VINCENT (Ch.-A.)	Chef de bataillon, *blessé*.
CHAPSAL (J.-A.)	Capitaine, *blessé*.
D'ARMAGNAC (G.-G.)	Capitaine, *blessé*.
MÉLIX (C.)	Capitaine, *blessé*.
PAULEZ (J.-M.)	Capitaine, *blessé*.
NICOLAS	Capitaine, *blessé*.
MARIE (V.)	Capitaine, *blessé*.
MARTINAIS (V.-J.-E.)	Lieutenant, *blessé*.
BRUNELLI (J.-P.)	Lieutenant, *blessé*.
RUELLE (P.)	Lieutenant, *blessé*.
CONTIER	Lieutenant, *blessé*.
LAVERGNE (J.-H.)	S.-Lieutenant, *blessé*.
MOURIER (L.)	S.-Lieutenant, *blessé*.
INNOCENTI	S.-Lieutenant, *blessé*.

INFANTERIE LÉGÈRE D'AFRIQUE

Régiment de marche (3).

DUPEYRON (P.-J.-C.)	Capitaine, *blessé*, mort le 29.
THUOT (J.-E.)	S.-Lieutenant, *blessé*, mort le 11 déc.
MARSOT (N.)	Lieutenant, *blessé*.
REMIOT (J.-A.)	S.-Lieutenant, *blessé*.
CATROUX (R.-M.)	Lieutenant, *blessé* (C.).

---

(1) Formé d'une compagnie des 3ᵉ, 4ᵉ, 6ᵉ et 9ᵉ bataillons.
(2) Formé de 18 compagnies de marche du 3ᵉ zouaves.
(3) Formé avec 2 compagnies de chacun des 1ᵉʳ, 2ᵉ et 3ᵉ bataillons d'Afrique.

CAVALERIE

5ᵉ Régiment de marche de cuirassiers (1).

De Cambiaire (M.-J.-P.-A.-A.)............ Capitaine, *blessé*.

ARTILLERIE

Etat-major particulier.

De Lichtemberg................. Chef d'escadron (auxiliaire), *blessé*.

GARDE NATIONALE MOBILE

11ᵉ Régiment provisoire (Loire) (2).

Issartel (A.-J.-A.)................ Lieutenant, *tué*.
De la Tour du Pin Chambly de la Charce. Chef de bataillon, *blessé*.
Duvergier (L.-J.-M.).............. S.-Lieutenant, *blessé*.
Faury (J.) .... S.-Lieutenant, *blessé*.

19ᵉ Régiment provisoire (Cher) (3).

Jarlot (A.)...................... Capitaine, tué.
Girardin (E.).................... Lieutenant, *tué*.
Martin (J.-A.-Ch.)............... Chef de bataillon, *blessé*, m. le 1ᵉʳ déc.
Thomas des Colombiers de Boismarmin (G.-G.). Chef de bataillon, *blessé*.
Duvergier de Hauranne (E.)....... Capitaine, *blessé*.
Frossard-Desrivières (A.-L.H.).... Lieutenant, *blessé*.
Fustier (E.)..................... Lieutenant, *blessé*.
Pepin le Halleur (E.)............ Lieutenant, *blessé*.
Lepetit (G.-O.).................. Lieutenant, *blessé*.
Gauliard (J.).................... Lieutenant, *blessé*.
Peaudecerf (G.).................. Lieutenant, *blessé*.
Guibert (L.-R.-P.-G.)............ S.-Lieutenant, *blessé*.
Porcheron (H.-L.-A.)............. S.-Lieutenant, *blessé*.
Léveillé (A.-E.)................. S.-Lieutenant, *blessé*.
Roger (F.-M.O.).................. S.-Lieutenant, *blessé*.

24ᵉ Régiment provisoire (Haute-Garonne) (4).

Adhémar (M.-E.-L. d')............ Lieutenant, *blessé*, mort le 1ᵉʳ déc.

---

(1) Formé d'un escadron des 6ᵉ, 7ᵉ cuirassiers et d'un escadron des carabiniers et cuirassiers de l'ex-garde.
(2) 1ᵉʳ, 2ᵉ et 3ᵉ bataillons.
(3) 1ᵉʳ, 2ᵉ et 3ᵉ bataillons.
(4) 1ᵉʳ, 2ᵉ et 3ᵉ bataillons.

PELLEPORT...................... S.-Lieutenant, *tué.*
FAURÉ (C.)...................... Lieutenant, *blessé.*

34ᵉ Régiment provisoire (Deux-Sèvres) (1).

DE GAULLIER (2).................. Capitaine, *tué.*
GUITTON (A)...................... Capitaine, *blessé,* mort le 9 déc.
POUPARD (E.)..................... Chef de bataillon, *blessé.*
MARSAULT DE PARSAY (A.-F.)....... Capitaine, *blessé.*
MOCET (L.) (3)................... Capitaine, *blessé.*
DE CHAZELLES (F.-P.-G.).......... Capitaine, *blessé.*
DELAPORTE (A.)................... Capitaine, *blessé.*
BOURDIN (T.-E.).................. Lieutenant, *blessé.*
CHEBRON (E.)..................... Lieutenant, *blessé.*
DECHAINE (F.).................... Lieutenant, *blessé.*
GIRARDEAU (L.-A.)................ Lieutenant, *blessé.*
MARTIN (M.-G.-L.)................ S.-Lieutenant, *blessé.*

55ᵉ Régiment provisoire (Jura) (4).

PARENT (E.)...................... Capitaine, *blessé,* mort le 16 déc.
BOULEROT (G.-L.)................. Lieutenant, *blessé.*
GRENOT........................... S.-Lieutenant, *blessé.*

58ᵉ Régiment provisoire (Vosges) (5).

CHAVANE (M.-F.-X.-A.)............ Capitaine, *blessé.*

67ᵉ Régiment provisoire (Haute-Loire).

ASSEZAT DE BOUTEYRE (L.-J.-R.)... Capitaine adjudant-major, *blessé.*
CASTANIER (D.-S.)................ Capitaine, *blessé.*
MAURIN (G.-A.)................... Capitaine, *blessé.*
BRANCHE (J.-M.-A.)............... S.-Lieutenant, *blessé.*
PASTEL (L.-R.-A.)................ S.-Lieutenant, *blessé.*
DE BOYSSEULH (G.-J.-M.).......... S.-Lieutenant, *blessé.*

68ᵉ Régiment provisoire (Haut-Rhin) (6).

TSCHIERRET (J.-E.)............... S.-Lieutenant, *blessé.*

---

(1) 1ᵉʳ 2ᵉ et 3ᵉ bataillons.
(2) Je dis de Gaultier de Senermond.
(3) Mocet de Chillot.
(4) 1ᵉʳ et 2ᵉ bataillons. Le 3ᵉ bataillon détaché à Salins, puis au fort des Rousses.
(5) 1ᵉʳ et 2ᵉ bataillons. Le 3ᵉ bataillon à Besançon.
(6) 1ᵉʳ et 4ᵉ bataillons. Le 5ᵉ bataillon détaché à Besançon.

73ᵉ Régiment provisoire (Loiret-Isère) (1).

JACQUIER DE TERREBASSE (H.)....... Lieutenant, *blessé*.

2ᵉ Bataillon (Meurthe).

CASSAS (F.)....................... Capitaine, *blessé*.
CHARPENTIER (L.-A.).............. S.-Lieutenant, *blessé*.

1ᵉʳ Bataillon (Savoie).

MILAN (F.-S.)..................... Capitaine, *tué*.

2ᵉ Bataillon (Savoie).

BRUNET (A.)....................... Capitaine, *tué*.
ROMANS (J.-F.).................... Capitaine, *blessé*.
FORTIN (P.-E.-C.)................. Lieutenant, *blessé*.
MARESCHAL (P.-M.-L.-A.).......... S.-Lieutenant, *blessé*.

CORPS FRANCS

Francs-tireurs de l'Allier (compagnie de Gannat).

FONTENAY .... Capitaine, *tué*.

Francs-tireurs du Doubs.

LEFRAN (C.-T.).................... Capitaine, *blessé*.

Légion bretonne

BON (2)........................... Capitaine, *blessé*.
BOURDE........................... Lieutenant, *blessé*.
BLANC............................ Lieutenant, *blessé*.
N................................ Lieutenant, *blessé*.

46. — 29 novembre 1870.
Affaire de Saint-Denis-le-Ferment (Eure).

CORPS FRANCS

Bataillon des Francs-tireurs du Nord.

GŒRTH .... Capitaine, *blessé*.

---

(1) 1ᵉʳ et 6ᵉ bataillons (Loiret). — 4ᵉ bataillon (Isère).
(2) Capitaine commandant la compagnie de la Montagne Noire (Tarn).

47. — 29 novembre 1870. Affaire de la Chapelle-Onzerain.

ETAT-MAJOR GÉNÉRAL

GUYON-VERNIER (P.-J.).............. Général de brigade, *blessé*.

48. — 29 novembre 1870.
Défense du pont de Varize (Eure-et-Loir).

CORPS FRANCS

Francs-tireurs de Constantine.

COTTET............................ Capitaine, *blessé*.

Francs-tireurs de Paris.

BLANCHARD....................... S.-Lieutenant, *blessé*.

49. — Nuit du 29 au 30 novembre 1870. Combat d'Etrépagny (Eure).

INFANTERIE DE LIGNE

2ᵉ Bataillon de marche (1).

CHRISOSTOME (A.)................ Capitaine, *tué*.

GARDE NATIONALE MOBILE

2ᵉ Bataillon (Landes).

VERGERS (J.-B.-J.).................. Capitaine, *blessé*.

CORPS FRANCS

1ᵉʳ Régiment des Éclaireurs de la Seine.

DAZIER .... Capitaine, *blessé*.
CARON............................ Capitaine, *blessé*.

Compagnie des Francs-tireurs des Andelys.

DESESTRE......................... Capitaine, *blessé*.

---

(1) Formé à 6 compagnies avec des détachements des 41ᵉ, 93ᵉ et 94ᵉ de ligne.

50. — 30 novembre 1870. Combat de Boiscommun (Loiret).

INFANTERIE DE LIGNE

42ᵉ Régiment de marche.

Vallée (L.).................	Capitaine, *blessé*.
Silvestre (A.-F.-N.).............	S.-Lieutenant, *blessé*.

47ᵉ Régiment de marche (1).

Ringard (Ch.-L.-A.).............	Capitaine, *tué*.
Billaud (J.-A.)................	S.-Lieutenant, *blessé*.

INFANTERIE LÉGÈRE D'AFRIQUE

Régiment de marche.

Vanier (H.-F.-E.).............	S.-Lieutenant, *tué*.
Catroux (R.-M.).............	Lieutenant, *blessé*.

Régiment de marche de tirailleurs algériens (2).

Cléry (E.-E.-C.).............	Capitaine, *blessé*, mort le 10 déc.
Roussel (H.-H.-C.).............	Capitaine, *blessé*.
Mazué (Ch.-J.).............	S.-Lieutenant, *blessé*.

GARDE NATIONALE MOBILE

12ᵉ Régiment provisoire (Nièvre).

Bonneau du Martray (M.-C.-E.-E.).	S.-Lieutenant, *blessé*.

18ᵉ Régiment provisoire (Charente).

Albert (J.-E.).............	Capitaine, *blessé*.

1ᵉʳ Bataillon (Corse).

Borelli (J.).............	S.-Lieutenant, *blessé*.

51. — 1ᵉʳ décembre 1870. Combats de Terminiers et de Villepion (Eure-et-Loir).

INFANTERIE DE LIGNE

37ᵉ Régiment de marche.

Levacon (A.-F.).............	Capitaine, *tué*.

---

(1) Formé du 1ᵉʳ bataillon de marche (légion d'Antibes), de 700 mobiles des Deux-Sèvres et de Saône-et-Loire et du 4ᵉ bataillon du 78ᵉ de ligne.

(2) Formé à 18 compagnies avec des détachements des 3 régiments.

GUILLAUME (N.-R.) .... Capitaine, *blessé*, mort le 15 janv. 1871.
MALLAT (P.-A.) .... Lieutenant-colonel, *blessé* (C.).
MAIRE (P.-F.) .... Capitaine, *blessé*.
BARRET (J.-B.) .... Capitaine, *blessé*.
COMMÉNIL (P.-E.) .... Capitaine, *blessé*.
LAROCHE (G.-E.) .... Capitaine, *blessé*.
DE COURSON DE LA VILLENEUVE (M.-R.-A.). Lieutenant, *blessé*.
CÉNAT DE L'HERM (J.-M.-T.) .... S.-Lieutenant, *blessé*.

39ᵉ Régiment de marche.

GRIGOURD (P.-J.) .... S.-Lieutenant, *blessé*, mort le 27.
BEAUGRAND (A.-P.) .... Capitaine, *blessé*.
DUHALT (B.-J.) .... Capitaine, *blessé*.
PRÉCHEUR (N.) .... Lieutenant, *blessé*.

CAVALERIE

4ᵉ Régiment de marche de dragons.

HAROUARD DE SUAREZ D'AULAN (M.-Ch.-H.). Capitaine adjudant-major, *tué*.

GARDE NATIONALE MOBILE

66ᵉ Régiment provisoire (Mayenne) (1).

SALMON (E.) .... Capitaine, *tué*.

75ᵉ Régiment provisoire (Loir-et-Cher et Maine-et-Loire) (2).

MORIN (G.-E.-J.) .... Capitaine, *tué*.
MARUT DE L'OMBRE (P.-M.-P.) .... Lieutenant, *blessé*.
DE FLERS (R.) (3) .... Lieutenant, *blessé*.

52. — 1ᵉʳ décembre 1870. Combat de Bellegarde (Loiret).

GARDE NATIONALE MOBILE

Officiers hors cadres.

DE FESTUGIÈRE (J.-M.-D.) (4) .... Capitaine, *blessé*.

---

(1) 1ᵉʳ, 2ᵉ et 3ᵉ bataillons.
(2) 1ᵉʳ et 2ᵉ bataillons (Loir-et-Cher), 4ᵉ bataillon (Maine-et-Loire).
(3) De Flers (de la Motte-Ango).
(4) Capitaine au 15ᵉ bataillon de la garde nationale mobile de la Seine. Détaché comme officier d'ordonnance.

53. — 2 décembre 1870. Bataille de Loigny (Eure-et-Loir).

ETAT-MAJOR GÉNÉRAL

De Sonis (L.-G.)	Gén. de division (T. provisoire), *blessé*
Deplanque (L.-J.-G.)	Général de brigade, *blessé*.
De Bouillé (A.-F.-M.-H.)	Gén. de brigade (T. provisoire), *blessé*.
Charvet (J.-B.) (1)	Gén. de brigade (T. auxiliaire), *blessé*.

ETAT-MAJOR

Masson (J.-G.)	Lieutenant-colonel, *blessé*.
Marrier de Lagatinerie (C.-J.-M.)	Capitaine, *blessé*.

INFANTERIE DE LIGNE

16ᵉ Régiment.

Souhait (C.)	Capitaine, *tué*.
Graff (J.-E.)	Lieutenant, *blessé*, mort le 5.
Michel (F.)	Lieutenant, *blessé*, mort le 25.
Boiteux (J.-B.)	Capitaine, *blessé*.
Marhem (E.-V.)	Capitaine, *blessé*.
Finck (Ch.-A.)	Lieutenant, *blessé*.

27ᵉ Régiment de marche (2).

Grandjean (N.-J.)	Capitaine, *tué*.
Maillard (J.)	Capitaine, *tué*.
Cottereau (L.-J.)	S.-Lieutenant, *tué*.
Sciard (T.-A.)	Chef de bataillon, *blessé*, mort le 15.
Padovani (P.)	Capitaine, *blessé*, mort le 17.
Fournès (A.-B.)	S.-Lieutenant, *blessé*, mort le 26.
Gonnet (F.-X.-S.)	S.-Lieutenant, *blessé*, mort le 12.
Cornu (P.)	Chef de bataillon, *blessé*.
Terrière (Ch.)	Chef de bataillon, *blessé*.
Tailleur (J.)	Capitaine adjudant-major, *blessé*.
Devitry (F.)	Capitaine adjudant-major, *blessé*.
Bourdouche (S.)	Capitaine, *blessé*.
Séguin (J.)	Capitaine, *blessé*.
Ulm (J.-A.)	Capitaine, *blessé*.
Gourguillon (J.-V.)	Capitaine, *blessé*.
Marot (J.)	Capitaine, *blessé*.
Crochon (L.-J.)	Capitaine, *blessé*.

---

(1) Colonel d'infanterie de marine en retraite.
(2) Ce régiment prend part au combat de Poupry.

Dumont (A.-M.).................... Capitaine, *blessé*.
D'Ivoley (J.-G.).................... Lieutenant, *blessé*.
Hahn (M.-A.)...................... Lieutenant, *blessé*.
Zuccarelli (E.).................... S.-Lieutenant, *blessé*.
Bardenet (J.-L.)................... S.-Lieutenant, *blessé*.

31e Régiment de marche.

Henriot (Ch.)...................... Lieutenant, *tué*.
Grisetti (M.)...................... S.-Lieutenant, *tué*.
Roud (V.-L.)....................... Lieutenant-colonel, *blessé* (C.).
Rémy (E.).......................... Capitaine, *blessé* (C.).
Gazagnaire (L.-P.)................. Capitaine, *blessé*.
Chovet (F.-M.).................... Capitaine, *blessé*.
Riézi (J.-A.)...................... Capitaine, *blessé*.
Guyard (Ch.-A.)................... Capitaine, *blessé*.
Métère (T.-L.).................... Capitaine, *blessé*.
Philippe (P.-H.)................... Lieutenant, *blessé*.
Déchaux (C.-P.)................... Lieutenant, *blessé* (C.).
Dauvoin (V.-E.).................... S.-Lieutenant, *blessé*.

33e Régiment de marche.

Croville (L.)...................... S.-Lieutenant, *tué*.
Clivier (C.-P.).................... Lieutenant, *blessé*, mort le 24.
Chétiveaux (L.-A.)................. S.-Lieutenant, *blessé*, mort le 29.
Chicard (L.-V.).................... Capitaine, *blessé*.
Bessières de la Jonquière (G.-H.-C.) Capitaine, *blessé*.
Armand (P.-T.).................... Capitaine, *blessé* (C.).
Portes (M.-B.-A.-G.) .... Lieutenant, *blessé*.

34e Régiment de marche.

Page (J.-A.)....................... Capitaine, *tué*.
Guerre (A.-L.-V.).................. Lieutenant, *tué*.
Acquaviva (P.)..................... S.-Lieutenant, *tué*.
Delval (N.-A.-F.-S.)............... Chef de bataillon, *blessé*, mort le 15.
Grossin (P.-F.).................... S.-Lieutenant, *blessé*.
Chauveau (L.-S.)................... S.-Lieutenant, *blessé*.
Capoulade (G.-L.).................. S.-Lieutenant, *blessé*.

37e Régiment de marche.

Varlet (H.)........................ Chef de bataillon, *tué*.
Dourneau (A.-A.)................... Capitaine, *tué*.
Frayssignes (M.-L.)................ Capitaine, *tué*.
Renaut (A.-M.-A.).................. Lieutenant, *tué*.
Bagay (F.-L.)...................... Lieutenant, *tué*.

BERTHELIER (J.-F.) .... Lieutenant, *tué*.
NOYER (L.-V.) .... Capitaine, *blessé*, mort le 6.
JEUNOT (J.-F.) .... Lieutenant, *blessé*, mort le 26.
DE FOUCHIER (H.-E.) .... Chef de bataillon, *blessé*.
TOLLIN (J.-J.-H.) .... Capitaine, *blessé*.
VILLAGER (J.-B.-J.) .... Capitaine, *blessé*.
JEANDET (P.-E.) .... Capitaine, *blessé*.
COMMENIL (P.-E.) .... Capitaine, *blessé*. (C.).
HAMMENTIEN (M.) .... Lieutenant, *blessé*.
COQUERELLE (P.-H.-A.) .... S.-Lieutenant, *blessé*.
BOUGNANT (L.-L.) .... S.-Lieutenant, *blessé*.

38ᵉ Régiment de marche.

GARIOD (L.-J.-G.) .... Chef de bataillon, *tué*.
PETIT (R.) .... Lieutenant, *tué*.
DUPIN (J.) .... Lieutenant, *tué*.
GUILLAUME (J.-P.) .... Capitaine, *blessé*, mort le 6.
CONIL (F.-L.) .... Capitaine, *blessé*, m. le 1ᵉʳ janv. 1871.
CARCENAC (P.-F.) .... Capitaine, *blessé*, mort le 16.
BOYER (E.) .... S.-Lieutenant, *blessé*, mort le 3.
BOSCAL DE RÉALS DE MORNAC (L.-A.-V.-C.) ... Chef de bataillon, *blessé*.
DE SANTI (J.-L.) .... Capitaine adjudant-major, *blessé*.
GIORDANI (F.-M.) .... Capitaine, *blessé*.
DE CARNEY (J.-A.-H.) .... Capitaine, *blessé*.
REYNAUD (M.-G.) .... Lieutenant, *blessé*.
SANTINI (T.) .... Lieutenant, *blessé*.
VALETTE (J.-P.-A.) .... Lieutenant, *blessé*.
GUIGUES (J.-H.) .... S.-Lieutenant, *blessé*.
ROMAND (J.-A.) .... S.-Lieutenant, *blessé*.
BERNARD (G.-M.-J.-B.) .... S.-Lieutenant, *blessé*.
BORELLY (J.-M.-P.) .... S.-Lieutenant, *blessé* (C.).
LEBLOND (E.) .... S.-Lieutenant, *blessé*.
THOMAS (E.-A.-E.) .... S.-Lieutenant, *blessé*.

39ᵉ Régiment de marche

EYNARD (L.) .... Capitaine, *tué*.
AUBRY (J.-M.) .... Lieutenant, *tué*.
MAGNIN (L.-A.) .... S.-Lieutenant, *disparu*.
BONNEFOY (J.) .... Capitaine, *blessé*, mort le 6.
BAUZON (E.) .... Capitaine, *blessé*, mort le 3.
VASSEUR (P.-J.) .... Lieutenant, *blessé*, mort le 12 janv. 1871.
JACOME (J.-P.) .... S.-Lieutenant, *blessé*, mort le 12.
PEREIRA (P.-C.) .... Lieutenant-colonel, *blessé*.

Etat nominatif.

Deléonet (M.) .... Chef de bataillon, *blessé*.
Raibaldi (A.) .... Capitaine adjudant-major, *blessé*.
Sombret (N.) .... Capitaine adjudant-major, *blessé*.
Beaugrand (A.-P.) .... Capitaine, *blessé*.
Gotteland (C.) .... Capitaine, *blessé*.
Poymiro (N.) .... Capitaine, *blessé*.
Duhalt (B.-J.) .... Lieutenant, *blessé*.
Cadet (F.) .... Lieutenant, *blessé*.
Bergon (M.) .... Lieutenant, *blessé*.
Thomasset (M.) .... Lieutenant, *blessé*.
Mahulot (J.) .... Lieutenant, *blessé*.
Geure (L.-F.) .... S.-Lieutenant, *blessé*.
Abbat (A.-H.) .... S.-Lieutenant, *blessé*.
Munhoyen (E.-G.) .... S.-Lieutenant, *blessé*.

40ᵉ Régiment de marche (1).

Seriéys (A.) .... Capitaine, *tué*.
De L'Estoile (J.-A.-J.) .... Lieutenant, *tué*.
Goyffon (L.-F.) .... S.-Lieutenant, *blessé*, mort le 15.
Bassaget (P.-A.-P.-N.) .... Capitaine, *blessé*.
Marsaud (J.) .... Lieutenant, *blessé*.
Lemaitre (J.-B.-M.-V.) .... Lieutenant, *blessé*.
Mattei (J.-A.) .... Lieutenant, *blessé*.
Buet .... S.-Lieutenant, *blessé*.
Farenc (L.) .... S.-Lieutenant, *blessé*.

45ᵉ Régiment de marche (2).

Fruitier (J.-A.) .... Capitaine, *blessé*.
Combaluzier (J.-N.-E.) .... Lieutenant, *blessé*.

46ᵉ Régiment de marche (3).

Brau (P.) .... S.-Lieutenant, *blessé* (C.).

48ᵉ Régiment de marche (4).

Koch (Ch.-C.-E.) .... Lieutenant-colonel, *blessé*.

---

(1) Formé de compagnies de marche. — 78ᵉ de ligne (2 compagnies). — 37ᵉ, 75ᵉ, 76ᵉ, 77ᵉ, 79ᵉ, 82ᵉ, 88ᵉ, 87ᵉ, 89ᵉ, 90ᵉ, 91ᵉ, 93ᵉ de ligne (1 compagnie).
(2) Formé de compagnies de marche. — 56ᵉ, 55ᵉ de ligne (3 compagnies). — 37ᵉ, 89ᵉ de ligne (2 compagnies). — 20ᵉ, 31ᵉ, 35ᵉ, 67ᵉ, 76ᵉ, 77ᵉ, 87ᵉ, 95ᵉ, de ligne (1 compagnie).
(3) Formé de compagnies de marche. — 22ᵉ, 52ᵉ de ligne (2 compagnies). — 3ᵉ, 12ᵉ, 17ᵉ, 30ᵉ, 32ᵉ, 28ᵉ, 47ᵉ, 48ᵉ, 49ᵉ, 53ᵉ, 81ᵉ, 83ᵉ, 92ᵉ, 99ᵉ de ligne (1 compagnie).
(4) Formé de compagnies de marche. — 72ᵉ de ligne (3 compagnies). — 22ᵉ, 41ᵉ de ligne (2 compagnies). — 11ᵉ, 19ᵉ, 25ᵉ, 39ᵉ, 42ᵉ, 55ᵉ, 51ᵉ, 62ᵉ, 86ᵉ, 94ᵉ de ligne (1 compagnie).

51ᵉ Régiment de marche (1).

Monnier (E.-A.)	S.-Lieutenant, *disparu*.
Garnier (L.-D.)	S.-Lieutenant, *blessé*, mort le 3.
Brandière (J.-P.)	Lieutenant, *blessé*, mort le 12.
Montalti (L.)	Chef de bataillon, *blessé*.
Couillard (J.-F.)	Lieutenant, *blessé*.
Matty (E.-H.)	Lieutenant, *blessé*.
L'Hote (Ch.-E.)	Lieutenant, *blessé*.

CHASSEURS à PIED

3ᵉ Bataillon de marche.

Mathe (J.-F.-E.)	S.-Lieutenant, *blessé*, mort le 3.
Zimmer (E.-P.)	Capitaine, *blessé*.
Dumont (F.-T.)	Capitaine, *blessé*.
Mollard (J.-L.)	Lieutenant, *blessé*.
Le Dall (Ch.-A.-J.)	Lieutenant, *blessé*.
Négrier (L.-A.)	S.-Lieutenant, *blessé*.
Bigeon (L.)	S.-Lieutenant, *blessé*.

7ᵉ Bataillon de marche.

Gallimard (P.-E.)	Chef de bataillon, *blessé*.
Demarle (A.-S.-E.-A.)	Capitaine, *blessé*.
Thouault du Hautville (E.-F.-A.)	Lieutenant, *blessé*.
Harinthe (A.-A.)	S.-Lieutenant, *blessé*.
Marrot (F.-E.)	S.-Lieutenant, *blessé*.

CAVALERIE

6ᵉ Régiment de dragons.

Kraetz (A.)	S.-Lieutenant, *blessé*.

ARTILLERIE

8ᵉ Régiment (19ᵉ et 20ᵉ batteries).

Decheppe (L.-A.)	S.-Lieutenant, *blessé*, mort le 11.
Mariani (P.-P.)	S.-Lieutenant, *blessé*, mort le 18.
Thiou (L.-H.)	Capitaine, *blessé*.
Duverdier (E.)	Capitaine, *blessé*.

---

(1) Formé de compagnies de marche. — 95ᵉ de ligne (4 compagnies). — 26ᵉ de ligne (2 compagnies). — 7ᵉ, 14ᵉ, 30ᵉ, 32ᵉ, 35ᵉ, 46ᵉ, 49ᵉ, 52ᵉ, 72ᵉ, 87ᵉ, 88ᵉ de ligne (1 compagnie).

9ᵉ Régiment (19ᵉ batterie).

BARBIN (H.-Ch.).................. S.-Lieutenant, *blessé*.

14ᵉ Régiment (19ᵉ et 20ᵉ batteries).

REMY (A.-L.)...................... Capitaine, *blessé*.
DE LA TAILLE (J.-L.-T.-R.)......... S.-Lieutenant, *blessé*.
LOUBAT (J.)....................... S.-Lieutenant, *blessé* (C.).

16ᵉ Régiment (12ᵉ compagnie) (1).

MONEL (P.-E.)..................... Lieutenant, *tué*.
PERCIN (A.)....................... Lieutenant, *blessé*.

18ᵉ Régiment (14ᵉ batterie).

DELAY (E.-E.)..................... Capitaine, *blessé*.

GÉNIE

ÉTAT-MAJOR PARTICULIER

DE LA RUELLE (A.-J.).............. Chef de bataillon, *blessé*, mort le 23.
DELEMER (A.)...................... Capitaine, *blessé*.

GARDE NATIONALE MOBILE

INFANTERIE

8ᵉ Régiment provisoire (Charente-Inférieure) (2).

DANTON (M.)....................... Capitaine, *blessé*.
DUSAULT (J.-P.-E.)................ Capitaine, *blessé*.
DELBOS (E.)....................... Capitaine, *blessé*.
BISEUIL (M.-L.-H.-G.)............. Lieutenant, *blessé* (C.).
ROY DE LOULAY (L.)................ Lieutenant, *blessé*.

22ᵉ Régiment provisoire (Dordogne).

DESVIGNES (Th.)................... Capitaine, *tué*.
DU SAULX (L.-J.-M.-F.)............ Lieutenant, *blessé*, mort le 29.
DUSSOULAS (P.-J.)................. S.-Lieutenant, *tué*.
DESMAISONS (L.-A.)................ S.-Lieutenant, *tué*.
DE CHADOIS (M.-A.-M.-G.-P.)....... Lieutenant-colonel, *blessé*.
SCHNEIDER (T.-E.)................. Capitaine, *blessé*.

---

(1) La 12ᵉ compagnie de pontonniers formait batterie mixte avec la 12ᵉ compagnie (principale) du 1ᵉʳ régiment du train d'artillerie.
(2) 1ᵉʳ, 2ᵉ et 3ᵉ bataillons.

Du Bois (J.-L.-R.).................. Capitaine, *blessé*.
Bourgoint-Lagrange (P.-E.)........ Capitaine, *blessé*.
Bugeaud de Redon (J.-A.-H.)....... Capitaine, *blessé*.
Personne (J.)...................... Capitaine, *blessé*.
Visconti (G.-E.)................... Capitaine, *blessé*.
Tocque............................. Capitaine, *blessé*.
Dupuy (A.)......................... Capitaine, *blessé*.
De Beauroyre (M.)................. Capitaine, *blessé*.
Du Pouget (V.)..................... Capitaine, *blessé*.
De Lajammes de Belleville (R.-A.-A.-G.) Lieutenant, *blessé*.
Pontou............................. S.-Lieutenant, *blessé*.

32ᵉ Régiment provisoire (Puy-de-Dôme) (1).

Biélawski (J.-M.).................. Capitaine, *blessé*.

33ᵉ Régiment provisoire (Sarthe).

De Luynes (Ch.-E. d'Albert)....... Capitaine, *tué*.
Bigot de la Thouanne (H.-P.-M.)... Lieutenant-colonel, *blessé*.
Poché (A.)......................... S.-Lieutenant, *blessé*.

66ᵉ Régiment provisoire (Mayenne).

Dubourg (Ch.)...................... Capitaine, *blessé*, mort le 10.
Cartier (F.)....................... Capitaine, *blessé*.
De Hercé (A.)...................... Capitaine, *blessé*.
Pollet (M.)........................ Lieutenant, *blessé*.
Velay (A.)......................... Lieutenant, *blessé*.
Pescher (E.)....................... Lieutenant, *blessé*.
Courte de la Goupillère (A.)...... S.-Lieutenant, *blessé*.
De Baglion (B.).................... S.-Lieutenant, *blessé*.

69ᵉ Régiment provisoire (Ariège) (2).

Parent (D.)........................ Capitaine, *blessé*.
Denat (L.)......................... Lieutenant, *blessé*.

71ᵉ Régiment provisoire (Haute-Vienne) (3).

Bardinet (A)....................... Capitaine, *tué*.
Desgranges......................... S.-Lieutenant, *blessé*, mort le 7.
Tunis (M.)......................... Capitaine, *blessé*.
Loupias (L.)....................... Capitaine, *blessé*.

---

(1) 2ᵉ, 3ᵉ et 4ᵉ bataillons.
(2) 1ᵉʳ, 2ᵉ et 3ᵉ bataillons.
(3) 1ᵉʳ, 2ᵉ et 3ᵉ bataillons.

GUERRE DE 1870-1871

Henry (A.-St-Charles)............ Capitaine, *blessé*.
De Bruchard (E.-J.-A.)............ Capitaine, *blessé*.
Amasselièvre (L.)................ Capitaine, *blessé*.
Constant (J.-B.).................. Lieutenant, *blessé*.
Chevalier du Fau (F.-Ch.-E.)...... Lieutenant, *blessé*.
Mazabrau (J.-M.-E.).............. S.-Lieutenant, *blessé*.

74e Régiment provisoire (Lot-et-Garonne et Sarthe).

De Mailly-Chalon (A.-R.-A.)....... Chef de bataillon, *blessé*, mort le 13.
D'Argy (A.-M.)................... Lieutenant, *tué*.
De Sainte-Beuve.................. Capitaine, *blessé*.
Dupérié (A.)..................... Lieutenant, *blessé*.

75e Régiment provisoire (Loir-et-Cher et Maine-et-Loire).

Quentin (A.-L.).................. S.-Lieutenant, *tué*.
Schneider (J.)................... Capitaine, *blessé*, mort le 10.
Delagrange (A.).................. S.-Lieut., *blessé*, m. le 23 janvier 1871.
De Villardi de Montlaur (A.-L.-A.) Lieutenant-colonel, *blessé*.
Clauzel (P.-L.-B.)............... Chef de bataillon, *blessé*.
De Terras (A.)................... Chef de bataillon, *blessé*.
Lebert (G.-A.)................... Capitaine, *blessé*.
Lechat de Tescourt............... Capitaine, *blessé*.
De Roussent (L.-D.).............. Capitaine, *blessé*.
De Foucault (L.)................. Capitaine, *blessé*.
Du Mesnil de Maricourt (M.-N.-L.-L.) Capitaine, *blessé*.
Jallot (Y.)...................... Capitaine, *blessé*.
De Tredern (Ch.)................. Capitaine, *blessé*.
De Beaucorps (G.)................ Lieutenant, *blessé*.
Barré de Saint-Venant (R.)....... Lieutenant, *blessé*.
Deville-Chabrol (P.-H.).......... Lieutenant, *blessé*.
Allain-Targé (R)................ Lieutenant, *blessé*.
Aubry (F.-M.-P.)................. Lieutenant, *blessé*.
De Thiville (Ch.)................ Lieutenant, *blessé*.
De Meckenheim (H.)............... Lieutenant, *blessé*.
Lacroix (J.-A.-A.)............... Lieutenant, *blessé*.
Chauvin (E.)..................... Lieutenant, *blessé*.
Richon (G.-R.-D.)................ Lieutenant, *blessé*.
Boissée (J.-J.).................. Lieutenant, *blessé*.
Communal (R.).................... S.-Lieutenant, *blessé*.
De Brizoult (P.-A.-L.-J.-G.)..... S.-Lieutenant, *blessé*.
Barré de Saint-Venant (J.)....... S.-Lieutenant, *blessé*.

CORPS FRANCS

Francs-tireurs de Blidah (1).

BRUN....................	Lieutenant, *blessé*.
TAVERS (N)...............	S.-Lieutenant, *blessé*.

Francs-tireurs bourbonnais (2).

TURLIN (A.)...............	Chef de bataillon, *blessé*.

Francs-tireurs d'Indre-et-Loire

ROBIN....................	Lieutenant, *tué*.
MONMIGNON (Ch.)..........	S.-Lieutenant, *blessé*.

Légion des Volontaires de l'Ouest (3).

DE TROUSSURES (F.)........	Lieutenant-colonel, *blessé*, mort le 3.
DU BOISCHEVALIER (E.).....	Lieutenant, *tué*.
DE GASTEBOIS (A.).........	Capitaine, *blessé*, mort le 5.
VETCH (R.)................	S.-Lieutenant, *blessé*, mort le 5.
DE CHARETTE (A.)..........	Colonel, *blessé*.
DE MONTCUIT (H.)..........	Chef de bataillon, *blessé*.
DE FERRON DU CHESNE (B.)..	Capitaine, *blessé*.
DU REAU (Z.)..............	Capitaine, *blessé*.
DE LA BÉGASSIÈRE..........	Lieutenant, *blessé*.
DE CHARETTE (F.)..........	Lieutenant, *blessé*.
DE TRAVERSAY..............	S.-Lieutenant, *blessé*.

MARINE

Régiment d'artillerie (33ᵉ batterie).

MICHEL (P.-A.)............	S.-Lieutenant, *blessé*.

54. — 3 décembre 1870.
Combats d'Artenay-Chevilly-Cercottes (Loiret).

ÉTAT-MAJOR GÉNÉRAL

D'ARIÈS (A.-P.-A.)........	Général de brigade, *blessé*.

---

(1) Compagnie.
(2) Bataillon.
(3) Cette légion comprenait : 3 bataillons d'infanterie, 1 escadron de cavalerie et une batterie de montagne.

INFANTERIE DE LIGNE.

16ᵉ Régiment.

Hébrard (Ch.-V.).	Capitaine, *blessé*, mort le 9.
Richard (H.).	S.-Lieutenant, *blessé*.
Moret (L.-E.).	S.-Lieutenant, *blessé* (C.).

39ᵉ Régiment.

Spiess (J.-Ch.).	S.-Lieutenant, *blessé*.
Leman (A.).	S.-Lieutenant, *blessé*.

29ᵉ Régiment de marche.

Larcher (E.-V.-M.).	Capitaine adjudant-major, *blessé*.
Belliard (Ch.-F.-M.).	Capitaine, *blessé*.
De Féraudy (A.-S.).	Capitaine, *blessé*.
François (E.-H.-J.).	S.-Lieutenant, *blessé*.

30ᵉ Régiment de marche (1).

Richaud (A.-V.).	Capitaine, *blessé*, mort le 12 janv. 1871.
Masson (J.-F.-Ch.).	Capitaine, *blessé*.
Falkowski (S.-E.).	Lieutenant, *blessé*.

CHASSEURS A PIED

6ᵉ Bataillon de marche.

Regain (E.-A.).	Chef de bataillon, *blessé*.

1ᵉʳ Régiment de marche de zouaves (2).

Sabail (M.-J.).	Capitaine, *tué*.
Lautier (L.-F.).	Lieutenant, *blessé*.
Guisset (A.-J.-B.).	S.-Lieutenant, *blessé*.

2ᵉ Régiment de marche de zouaves (3).

Audouard (A.).	Capitaine, *tué*.
Manquat (J.-H.).	Capitaine, *tué*.
Roux (C.-E.).	S.-Lieutenant, *blessé*.

(1) Formé de compagnies de marche : 8ᵉ compagnies des 3ᵉ bataillons des 2ᵉ, 3ᵉ, 4ᵉ, 5ᵉ, 13ᵉ, 16ᵉ, 17ᵉ, 21ᵉ, 22ᵉ, 42ᵉ, 73ᵉ, 76ᵉ, 88ᵉ, 89ᵉ, 92ᵉ, 98ᵉ, 99ᵉ et 100ᵉ de ligne.
(2) Formé de 18 compagnies de marche du 1ᵉʳ régiment de zouaves.
(3) Formé de 18 compagnies de marche du 2ᵉ régiment de zouaves.

Régiment de marche de tirailleurs algériens

BOSCARY (J.-M.-G.).................. Capitaine, *disparu*, présumé mort.

ARTILLERIE

6ᵉ Régiment (11ᵉ batterie).

DUJARDIN (V.-F.)..................... S.-Lieutenant, *blessé*.
ARROINAUX (A.-J.-M.-N.)............ S.-Lieutenant, *blessé*.

7ᵉ Régiment (20ᵉ batterie).

DEBEAUX (J.-J.-B.).................. S.-Lieutenant, *blessé*.
CHARTIER (A.)....................... S.-Lieutenant, *blessé*.

9ᵉ Régiment (18ᵉ batterie).

PARRIAUD (C.-M.).................... Capitaine, *blessé*.

12ᵉ Régiment (18ᵉ batterie).

PIERRON .... S.-Lieutenant, *blessé*.

18ᵉ Régiment (14ᵉ batterie).

FORET (P.-E.)....................... Lieutenant, *tué*.

19ᵉ Régiment (15ᵉ batterie).

JANIN (J.-E.)....................... Lieutenant, *blessé*.

GÉNIE

3ᵉ Régiment (19ᵉ compagnie).

RENARD (M.-G.-E.) .... Lieutenant, *blessé*.

GARDE NATIONALE MOBILE

29ᵉ Régiment provisoire (Maine-et-Loire) (1).

DE MIEULLE (L.-B.).................. S.-Lieutenant, *tué*.
DE BLOIS (G.-A.).................... S.-Lieutenant, *blessé*.

73ᵉ Régiment provisoire (Loiret, Isère).

CAUCHE (E.)........ .... Lieutenant, *blessé*.

---

(1) 1ᵉʳ, 2ᵉ et 3ᵉ bataillons.

CORPS FRANCS

Guérilla française d'Orient.

Lamarque .... S.-Lieutenant, *blessé*.

MARINE

Régiment de marche d'infanterie (1).

Thésée........................... S.-Lieutenant, *tué*.
Griffon (D.)..................... Capitaine, *blessé*.
Vanwetter (A.-C.)................ S.-Lieutenant, *blessé*.

55. — 4 décembre 1870. Bataille autour d'Orléans.

ÉTAT-MAJOR GÉNÉRAL

Rebilliard (M.-R.-P.)............ Général de brigade, *blessé*.

ÉTAT-MAJOR

Bonet (G.-R.-H.-J.).............. Capitaine, *blessé*, mort le 30.

INFANTERIE DE LIGNE

15ᵉ Régiment.

Moret (L.-E.).................... S.-Lieut., *blessé*, m. le 31 mars 1871.
Lamorelle (A.-P.)................ Capitaine adjudant-major, *blessé*.

38ᵉ Régiment.

Gras (M.-A.)..................... Capitaine, *blessé*.

39ᵉ Régiment.

Malandran (F.-A.)................ S.-Lieutenant, *disparu*.
Delachasse de Vérigny (A.-J.-J.). Lieutenant-colonel, *blessé*.
Jacquot (J.-J.).................. S.-Lieutenant, *blessé*.

Régiment étranger (2).

De Labarrière (A.-M.-F.)......... Capitaine, *tué*.
Fraezewski (E.).................. Médecin aide-major, *blessé*, mort le 7.
Dausseur (P.-H.)................. Capitaine, *blessé*.
Potesta (H.)..................... Capitaine, *blessé*.
Picot (L.-E.-A.)................. Capitaine, *blessé*.

---

(1) Formé des 5ᵉ, 6ᵉ et 7ᵉ bataillons de marche provenant des 2ᵉ, 3ᵉ et 4ᵉ régiments.
(2) Formé des 1ᵉʳ, 2ᵉ et 5ᵉ bataillons.

ARMÉES DE PROVINCE

30ᵉ Régiment de marche.

CAMBOURS (T.-M.)	S.-Lieutenant, *tué*.
CALAMAND (J.-A.)	Capitaine, *b'essé*.
SARRAN (L.-J.-J.-T.)	Capitaine, *blessé*.
GILLARD (L.-J.)	Lieutenant, *blessé*.
CHOULET (L.-G.)	Lieutenant, *blessé*.
CHAMOUILLET (B.-V.)	S.-Lieutenant, *blessé*.
DAGNEAU (L.-J.-N.)	Lieutenant, *blessé* (C.).

31ᵉ Régiment de marche.

COLIN (C.-C.)	Capitaine, *disparu*.
FILLEMIN (P.-L.)	Lieutenant, *blessé*.
ANGLADE (J.-M.-S.)	Lieutenant, *blessé*.

33ᵉ Régiment de marche.

GUIGON (A.-C.-M.)	S.-Lieutenant, *tué*.
MÉRY (J.-J.)	Chef de bataillon, *blessé*.
CORBEAU (A.-M.)	Capitaine, *blessé*.

38ᵉ Régiment de marche.

DE CANTELOUBE DE MARMIÈS (C.-J.-A.)	Capitaine, *blessé*.
PERSEVAL (E.)	S.-Lieutenant, *blessé*.

40ᵉ Régiment de marche.

PERRARD (Ch.-C.)	Capitaine, *blessé*.

47ᵉ Régiment de marche.

CABOS (J.-P.)	Capitaine, *blessé*.
CLAUZEL (J.-M.-A.-Ch.)	S.-Lieutenant, *blessé*.

2ᵉ Régiment de marche de zouaves.

CADET (C.-J.)	Chef de bataillon, *blessé*.
GENTY (F.)	Capitaine, *blessé*.
PIERRE (V.-I.)	Capitaine, *blessé*.
DUBUCHE (E.-E.-E.)	Capitaine, *blessé*.
ANDRÉ (A.)	Lieutenant, *blessé*.
DOMINÉ (M.-E.)	Lieutenant, *blessé*.
CARRIGNON (A.-C.-F.)	Lieutenant, *blessé*.
HARTMAYER (J.)	Lieutenant, *blessé*.
HALLEY (L.-A.-J.)	Lieutenant, *blessé*.
FANTON (P.-A.)	S.-Lieutenant, *blessé*.
CALATAYUD (A.-E.)	S.-Lieutenant, *blessé*.

CAVALERIE

3ᵉ Régiment de marche de dragons (1).

HUBERT DE SAINT-DIDIER (A.-G.-F.).   S.-Lieutenant, *blessé*.

1ᵉʳ Régiment de marche de chasseurs d'Afrique (2).

DE LA BIGNE (G.-V.).............. Chef d'escadrons, *blessé*, mort le 25.
PICORY (P.-A.)..................... Chef d'escadrons, *blessé*.
ROGEROL (H.-E.).................. Capitaine adjudant-major, *blessé*.
GACHER (M.-E.).................... Capitaine, *blessé*.
MALMANCHE (E.-M.).............. Lieutenant, *blessé*.
GESLIN DE BOURGOGNE (Y.-M.-Ch.). Lieutenant, *blessé*.
LEGENDRE (E.-H.)................. S.-Lieutenant, *blessé*.
BEY (E.-M.-C.).................... S.-Lieutenant, *blessé*.

Régiment des Éclaireurs algériens (3).

LE ROUX (A.-R.-F.)............... Capitaine, *blessé*.
GUILLEMIN (N.-J.)................. Capitaine, *blessé*.
ABDALLAH-BEN-MESSAOUD.......... S.-Lieutenant, *blessé*.

ARTILLERIE

ÉTAT-MAJOR PARTICULIER

DESRUOL (A.-J.)................... Chef d'escadron, *blessé*.

9ᵉ Régiment (19ᵉ batterie).

BACQUE (L.)....................... S.-Lieutenant, *blessé*.
CARRIÈRE (L.)..................... S.-Lieutenant, *blessé*.

12ᵉ Régiment (6ᵉ batterie).

LACHAUME (Ch.-A.)................ S.-Lieutenant, *tué*.

14ᵉ Régiment (20ᵉ batterie).

PIERSON (J.)...................... S.-Lieutenant, *blessé*.

19ᵉ Régiment (15ᵉ batterie).

DÉCREUSE (P.-B.) (4).............. Chef d'escadron, *blessé*.

---

(1) Formé d'un escadron des 6ᵉ, 7ᵉ, 10ᵉ et 12ᵉ dragons.
(2) Formé avec 2 escadrons du 1ᵉʳ régiment et 2 escadrons du 3ᵉ régiment.
(3) Formé avec 3 escadrons des 3 régiments de spahis et des ghoums des 3 provinces (Alger, Oran, Constantine).
(4) Avait été nommé chef d'escadron, le 18 novembre.

ARMÉES DE PROVINCE

20ᵉ Régiment (1ʳᵉ batterie).

HENRY (G.-J.-A.).................... Lieutenant, *blessé*.

GARDE NATIONALE MOBILE

25ᵉ Régiment provisoire (Gironde) (1).

DUPART (J.)....................... Capitaine, *tué*.
TRONQUOY DE LA LANDE (H.)......... Capitaine, *blessé*, mort à Bordeaux.
PEYRET-POQUE (E.-J.).............. Lieutenant, *blessé*, mort, le 14.
ROBAGLIA (P.)..................... Capitaine, *blessé*.
SÉZALORY (Ch.).................... Lieutenant, *blessé*.
DUMAINE (Ch.)..................... Lieutenant, *blessé*.
LACAZE (A.)....................... S.-Lieutenant, *blessé*.
DE LACROMPE DE LA BOISSIÈRE (B.).. S.-Lieutenant, *blessé*.
TASTET (N.-G.-W.)................. S.-Lieutenant, *blessé*.
PELLOT (J.)....................... S.-Lieutenant, *blessé*.
DE PANIAGUA (J.-D.-A.)............ S.-Lieutenant, *blessé*.

29ᵉ Régiment provisoire (Maine-et-Loire).

PAUVERT (P.-Ch.).................. S.-Lieutenant, *tué*.
RIGAUD (E.)....................... Lieutenant, *blessé*, mort le 25.
BOUTET (H.-P.).................... Capitaine, *blessé*.
MARTINEAU (A.-J.-P.).............. Capitaine, *blessé*.
MÉTIVIER (D.)..................... Capitaine, *blessé*.
DESCHAMPS (B.-Ch.)................ Lieutenant adjudant-major, *blessé*.
MABILLE DU CHÊNE (A.-A.-A.)....... S.-Lieutenant, *blessé*.

32ᵉ Régiment provisoire (Puy-de-Dôme).

DE MOLEN (H.)..................... Chef de bataillon, *blessé*.

33ᵉ Régiment provisoire (Sarthe).

VÉTILLART (M.-J.)................. Capitaine, *blessé*.

66ᵉ Régiment provisoire (Mayenne).

RABEAU-LAUMAILLÉ (P.-R.).......... Lieutenant, *blessé*.
CAMILLE-HUMEAU (C.)............... S.-Lieutenant, *blessé*.

69ᵉ Régiment provisoire (Ariège).

GAILHARD (E.-S.).................. Chef de bataillon, *blessé*.

---

(1) 1ᵉʳ, 2ᵉ et 4ᵉ bataillons.

75ᵉ Régiment provisoire (Loir-et-Cher et Maine-et-Loire).

D'Espinay de Saint-Luc (A.-H.-T.)..	Capitaine, *blessé*, mort le 5.
De la Saussaye (O.-N.-L.)..........	Capitaine, *blessé*.
De Flers (J.-R.-R.)	Lieutenant, *blessé*.
Pille (L.-E.).......................	Lieutenant, *blessé*.

MARINE

Régiment de marche d'infanterie.

Kaindler (F.).....................	Chef de bataillon, *tué*.
D'Algay (G.-S.-J.).................	Lieutenant, *tué*.
Troisrieux	Lieutenant, *blessé*.
Taconnet (P.-G.)..................	Lieutenant, *blessé*.
Meyer (P.-E.).....................	Lieutenant, *blessé*.
Jay (Cl.).........................	Lieutenant, *blessé*.
Girard (L.-A.)....................	Lieutenant, *blessé*.
Romengas (J.-E.-G.)...............	S.-Lieutenant, *blessé*.
Baumann (A.)......................	S.-Lieutenant, *blessé*.
Perrin...........................	S.-Lieutenant, *blessé*.

56. — **4 décembre 1870. Combat de Buchy (Seine-Inférieure).**

GARDE NATIONALE MOBILE

94ᵉ Régiment provisoire (Seine-Inférieure et Marne) (1).

Guillemaut (F.-P.-E.).............	Lieutenant, *blessé*.

GARDE NATIONALE MOBILISÉE

1ʳᵉ légion (Seine-Inférieure).

Borgnet.........................	S.-Lieutenant, *blessé*.

57. — **6 décembre 1870. Combat de Meung.**

Régiment de marche de gendarmerie à pied (2).

Pernot (P.)......................	Lieutenant, *tué*.
Orlandini (N.)....................	S.-Lieutenant, *blessé*.

---

(1) 2ᵉ, 6ᵉ bataillons (Seine-Inférieure). — 2ᵉ bataillon (Marne).
(2) Formé à 2 bataillons par prélèvements sur les brigades à pied de l'intérieur. — Les bataillons à 4 compagnies.

58. — 6 décembre 1870. Affaire de Sully-sur-Loire (Loiret).

CORPS FRANCS

Légion bretonne.

GESTA............................ S.-Lieutenant, *blessé*.

59. — 7, 8, 9, 10 et 11 décembre 1870. Combats de Villorceau, Josnes, Cravant, Lorges et Beaugency (Loiret).

ETAT-MAJOR GÉNÉRAL

DEFLANDRE (P.).................... Gén. de brig., *blessé*, m. le 10 janv. 1871.

OFFICIERS HORS CADRES

SAUTEREAU (L.-M.)................. Colonel, *blessé* le 8.

OFFICIERS AUXILIAIRES HORS CADRES

BURR-PORTER (1)................... Colonel, *tué* le 10.

SERVICE DE SANTÉ

GESCHWIND (A.-P.) (2)............. Médecin aide-major, *blessé* le 10.

GENDARMERIE

Régiment de marche à pied.

MARTIN-DAVID (E.-J.-M.)........... Capit. adjud.-maj., *blessé* le 8, m. le 11.
LABORIA (Ch.-F.).................. Chef d'escadron, *blessé* le 8.

2ᵉ Régiment de marche à cheval (3).

DUPUY (E.)........................ Lieutenant, *blessé* le 8.

INFANTERIE DE LIGNE

97ᵉ Régiment.

LAPIERRE (C.)..................... Lieutenant, *blessé* le 8.

31ᵉ Régiment de marche.

MONAVON (A.-L.-E.)................ Capitaine adjudant-major, *tué* le 8.

---

(1) Colonel de l'armée américaine.
(2) Blessé à l'ambulance du château de Blois.
(3) Formé à 4 escadrons par prélèvements sur les brigades à cheval de l'intérieur.

36ᵉ Régiment de marche.

CUNY (E.-J.).................... Lieutenant, *blessé* le 9.

37ᵉ Régiment de marche.

METZINGER (Ch.-V.)................ Lieutenant, *blessé* le 8.

39ᵉ Régiment de marche.

FORCUIT (J.-A.)..................... S.-Lieutenant, *blessé* le 7, mort le 28.
BOURCART (E.)...................... Chef de bataillon, *blessé* le 9.
PORTAL (J.-P.-F.).................. Capitaine, *blessé* le 8.
PIETRI (J.-B.)..................... Capitaine, *blessé* le 9.
ANZIANI (A.)....................... Lieutenant, *blessé* le 8.
MUNIER (P.-L.-M.).................. Lieutenant, *blessé* le 9.
CHAMPY (E.-V.)..................... S.-Lieutenant, *blessé* le 9.
DURAND (A.-G.-S.).................. S.-Lieutenant, *blessé* le 9.
SARDOU (A.-E.)..................... S.-Lieutenant, *blessé* le 9.
DONNADIEU (J.-E.).................. S.-Lieutenant, *blessé* le 9.

40ᵉ Régiment de marche.

DESBARBIEUX (E.-A.)............... Chef de bataillon, *blessé* le 9.
EGLOFF (Ch.)...................... Lieutenant, *blessé* le 9.

41ᵉ Régiment de marche (1).

CAIRE (H.-N.)..................... Lieutenant, *tué* le 8.
MATHIEU DE FOSSEY (E.-T.-S.)...... Chef de bat., *blessé* le 8, mort le 9.
BOUCHARD (A.)..................... Capitaine, *blessé* le 8, mort le 15.
MÉHUL (F.)........................ Lieutenant, *blessé* le 8, mort le 21.
MAUGIN (C.-E.).................... Lieutenant, *blessé* le 8, mort le 14.
BOURGOGNE (Ch.-B.)................ S.-Lieut., *blessé* le 8, m. le 18 janv. 1871
BELLILE (P.-Ch.).................. Capitaine, *blessé* le 8.
ANDRÉ (P.-A.)..................... Capitaine, *blessé* le 9.
BOMPAR (M.-F.-L.)................. Capitaine, *blessé* le 8.
MAUCHAMD (Ch.-F.-E.).............. Capitaine, *blessé* le 8.
CURÉ (F.-A.-I.)................... Capitaine, *blessé* le 8.
MATTY (E.-H.)..................... Lieutenant, *blessé* le 8.
VESSIÈRE (C.-E.).................. Lieutenant, *blessé* le 8.
CREUILLOT (J.-L.)................. Lieutenant, *blessé* le 8.
GROBON (E.-E.-H.)................. S.-Lieutenant, *blessé* le 8.
DESDIER (M.-J.)................... S.-Lieutenant, *blessé* le 9.
MANON (J.)........................ S.-Lieutenant, *blessé* le 8.

---

(1) Formé de compagnies de marche; — 46ᵉ, 51ᵉ, 82ᵉ, 83ᵉ de ligne (3 compagnies); — 64ᵉ de ligne (2 compagnies); — 14ᵉ, 31ᵉ, 56ᵉ, 97ᵉ de ligne (1 compagnie).

ARMÉES DE PROVINCE

Eveillon (A.-A.)	S.-Lieutenant, *blessé* le 8.
Fiquet (L.-J.-C.)	S.-Lieutenant, *blessé* le 8.
Franceschi (J.-M.-C. Ch.)	S.-Lieutenant, *blessé* le 8.

43ᵉ Régiment de marche (1).

Bouscarle (D.)	Lieutenant, *tué* le 8.
Prats (V.-B.-F.)	Lieutenant, *tué* le 8.
Jalabert (J.-B.)	Capitaine, *blessé* le 8, m. le 6 janv. 1871.
Dinguirard-Duclos (B.)	Capitaine, *blessé* le 8, m. le 3 janv. 1871.
Raillard (J.-P.)	Lieutenant, *blessé* le 8, mort le 15.
Marchal (J.-B.-P.)	S.-Lieutenant, *blessé* le 8, mort le 30.
Duverger de Saint-Thomas (F.-G.-M.)	S.-Lieut., *blessé* le 8, m. le 12 mars 1871.
Dewulf (E.-E.-D.)	Chef de bataillon, *blessé* le 8.
De Ricouart d'Hérouville (A.-M.)	Chef de bataillon, *blessé* le 8.
Reveilhac (G.-F.-G.)	Capitaine, *blessé* le 8.
Sauvin (N.)	Capitaine, *blessé* le 8.
Sautriau (F.)	Capitaine, *blessé* le 8.
Deschamps (A.-A.)	Capitaine, *blessé* le 8.
Raulet (A.)	Capitaine, *blessé* le 8.
Ninous (F.-O.)	Lieutenant, *blessé* le 8.
Branvarlet (E.)	S.-Lieutenant, *blessé* le 8.
Devaux (J.-L.)	S.-Lieutenant, *blessé* le 9.

45ᵉ Régiment de marche.

Bourret (A.)	S.-Lieutenant, *blessé* le 8, mort le 19.
Dolléans (A.-C.-F.)	S.-Lieut., *blessé* le 8, m. le 23 janv. 1871.
Salat (J.-A.)	Capitaine, *blessé* le 8.
Vintéjoux (E.-E.)	Capitaine, *blessé* le 9.
Jumeau (L.)	Capitaine, *blessé* le 9.
Marichal (J.-J.)	Capitaine, *blessé* le 9.
Déridet (L.)	S.-Lieutenant, *blessé* le 8.
Doërr (L.-M.-A.)	S.-Lieutenant, *blessé* le 8.

46ᵉ Régiment de marche.

Charmetant (Ch.)	Capitaine, *tué* le 10.
Teillot (J.)	S.-Lieutenant, *tué* le 10.
Taulle de Barrayrac (J.-H.)	S.-Lieutenant, *blessé* le 10, mort le 20.
Durosoy (C.-J.)	Chef de bataillon, *blessé* le 10.
Faure (F.-E.-Ch.)	Capitaine adjudant-major, *blessé* le 8.
Nortet (P.-Ch.)	Capitaine, *blessé* le 8.
Richert (A.-T.)	Capitaine, *blessé* le 10.

---

(1) Formé de compagnies de marche : — 61ᵉ, 77ᵉ, 92ᵉ de ligne (2 compagnies); — 14ᵉ, 17ᵉ, 19ᵉ, 20ᵉ, 22ᵉ, 34ᵉ, 35ᵉ, 36ᵉ, 37ᵉ, 67ᵉ, 76ᵉ, 100ᵉ de ligne (1 compagnie).

État nominatif.

AYANZ (T.-F.)...................... Capitaine, *blessé* le 10.
BROUILLET (J.-E.).................. Capitaine, *blessé* le 10.
DUPLAA (J.-M.)..................... Lieutenant, *blessé* le 8.
DE BASSOMPIERRE (M.-C.)........... Lieutenant, *blessé* le 8.
BROSSE (A.)........................ Lieutenant, *blessé* le 8.
GIGNOUX (A.-E.-P.)................. Lieutenant, *blessé* le 10.
MORANDINI (L.-C.).................. Lieutenant, *blessé* le 10.
TROUSSILIER (E.-J.)................ Lieutenant, *blessé* le 10.
GAUTHIER (J.-S.)................... S.-Lieutenant, *blessé* le 10.
CLU (J.-C.)........................ S.-Lieutenant, *blessé* le 10.
LADREYT (R.)....................... S.-Lieutenant, *blessé* le 8.
CHAUDRUC DE CRAZANNES (J.-H.-M.).. S.-Lieutenant, *blessé* le 8.
BORELLY (L.-P.).................... S.-Lieutenant, *blessé* le 10.
CHARLIER (A.)...................... S.-Lieutenant, *blessé* le 10.

48ᵉ Régiment de marche.

LESPINASSE (B.-H.)................. Lieut., *blessé* le 10, m. le 5 janv. 1871.
COMBES (A.-G.)..................... Lieutenant, *blessé* le 9, mort le 26.
LANFRANCHI (I.).................... Lieut., *blessé* le 10, m. le 5 janv. 1871.
KOCH (C.-Ch.-E.)................... Lieutenant-colonel, *blessé* (C.) le 9.
GÉLIS (J.-P.)...................... Lieutenant, *blessé* le 8.

51ᵉ Régiment de marche.

PÉRÈS (J.-A.)...................... Capitaine, *tué* le 9.
LAURENÇOT (M.-P.).................. Lieutenant, *blessé* le 9, mort le 13.
GUICHER (E.)....................... Lieutenant, *blessé* le 10, mort le 29.
MONTALTI (L.)...................... Chef de bataillon, *blessé* le 10.
LOHIER (C.)........................ Lieutenant, *blessé* le 10.
GÉRARD (F.)........................ Lieutenant, *b essé* le 8.
L'HÔTE (Ch.-E.).................... Lieutenant, *blessé* le 10.
GROBON (E.-E.-H.).................. S.-Lieutenant, *blessé* le 10.

56ᵉ Régiment de marche (1).

LEMAIRE (A.-J.).................... Lieutenant, *tué* le 7.
BOYER (L.)......................... Capitaine, *blessé* le 7.

59ᵉ Régiment de marche (2).

CHABERT (P.-H.).................... Lieutenant, *blessé* le 7, mort le 8.
BARILLES (M.-B.-L.)................ Lieutenant-colonel, *blessé* les 8 et 9.

---

(1) Formé de compagnies de marche. — Bataillon de marche du 56ᵉ de ligne (6 compagnies); — 8ᵉ, 9ᵉ de ligne (2 compagnies); — 13ᵉ, 32ᵉ, 34ᵉ, 35ᵉ, 46ᵉ, 77ᵉ, 82ᵉ, 99ᵉ de ligne (1 compagnie).

(2) Formé de compagnies de marche : — 7ᵉ, 11ᵉ, 37ᵉ, 81ᵉ de ligne (2 compagnies); — 2ᵉ, 5ᵉ, 13ᵉ, 23ᵉ, 28ᵉ, 54ᵉ, 63ᵉ, 87ᵉ, 97ᵉ de ligne (1 compagnie).

ARMÉES DE PROVINCE

THOLLON (B.)................	Capitaine adjudant-major, *blessé* le 9.
ESTÈVE (P.).................	Capitaine, *blessé* le 9.
BOUÉ (E.-J.-H.).............	Capitaine, *blessé* le 9.
BOURREAU (J.)...............	Capitaine, *blessé* le 9.
DANIAUD (G.-J.).............	Lieutenant, *blessé* le 9.

CHASSEURS A PIED

1ᵉʳ Bataillon de marche (1).

GUETTARD (P.-J.)............	S.-Lieutenant, *tué* le 10.
CASABIANCA (J.-P.)..........	S.-Lieutenant, *tué* le 10.
KORNEPROBST (Ch.)...........	Capitaine, *blessé* le 10.
FIDÈL (D.-V.-J.)............	S.-Lieutenant, *blessé* le 10.
RAYEZ (C.-J.)...............	S.-Lieutenant, *blessé* le 10.

10ᵉ Bataillon de marche (2).

PERROT (E.-E.)..............	Capitaine, *blessé* le 9.
STOFFEL (M.)................	S.-Lieutenant, *blessé* le 8.

11ᵉ Bataillon de marche (3).

BOUDOT (J.-B.-A.)...........	Capitaine, *tué* le 8.
MAGON DE LA VIEUXVILLE (A.).	Lieutenant, *blessé* le 8, mort le 14.
FOUINEAU (E.)...............	Chef de bataillon, *blessé* le 8.
SAGLIO (P.).................	Capitaine, *blessé* le 8.
PASQUES (P.-C.-E.)..........	Lieutenant, *blessé* le 8.
HYART (H.-L.-E.)............	S.-Lieutenant, *blessé* le 8.
RENOIR (L.).................	S.-Lieutenant, *blessé* le 8.
THOMAS DE LA PINTIÈRE (P.)..	S.-Lieutenant, *blessé* le 8.

16ᵉ Bataillon de marche (4).

DEROCLE (A.-F.).............	Lieutenant, *blessé* le 7, mort le 29.
BATTUT (J.-A.)..............	Lieutenant, *blessé* le 7.
MARETHEUX (L.-A.-M.)........	S.-Lieutenant, *blessé* le 7.

4ᵉ Régiment de marche de zouaves (5).

RITTER (J.-P.-M.)...........	Lieutenant-colonel, *blessé* le 8.

---

(1) Formé d'une compagnie des 3ᵉ et 6ᵉ bataillons et d'un détachement du 4ᵉ bataillon.
(2) Formé d'une compagnie des 3ᵉ, 8ᵉ, 9ᵉ et 16ᵉ bataillons.
(3) Formé avec des compagnies de marche du 5ᵉ bataillon.
(4) Formé avec une compagnie des 4ᵉ et 19ᵉ bataillons et 2 compagnies du 8ᵉ bataillon.
(5) Formé avec 18 compagnies de marche des 1ᵉʳ, 2ᵉ et 3ᵉ zouaves.

CAVALERIE

2ᵉ Régiment de marche de chasseurs (1).

Laquerrière (A.).................. Vétérinaire, *blessé* le 7.

ARTILLERIE

2ᵉ Régiment (1ʳᵉ batterie bis et 21ᵉ batterie).

Torchon (M.-H.).................. Capitaine, *blessé* le 8.
Pirot (M.-A.)..................... Lieutenant, *blessé* le 8.

6ᵉ Régiment (19ᵉ batterie).

Saint-Mézard (J.)................. S.-Lieutenant, *blessé* le 8, mort le 25.

7ᵉ Régiment (19ᵉ batterie).

Boy (L.-A.)....................... S.-Lieutenant, *blessé* le 8.

10ᵉ Régiment (20ᵉ batterie).

Buguet (C.-F.-A.-L.) .... S.-Lieutenant, *blessé* le 8.
Foutot (E.-E.).................... S.-Lieutenant, *blessé* le 8.

13ᵉ Régiment (19ᵉ et 20ᵉ batteries).

Guichard (J.)..................... S.-Lieutenant, *tué* le 9.
Berquin (J.-B.-L.)................ Capitaine, *blessé* le 9.
Jacquot (L.-A.)................... S.-Lieutenant, *blessé* le 7.

14ᵉ Régiment (21ᵉ batterie).

De la Taille (J.-L.-T.-R.)......... S.-Lieutenant, *blessé* le 9.

15ᵉ Régiment (19ᵉ batterie).

Daudier (J.-M.)................... Capitaine, *blessé* le 8.

18ᵉ Régiment (15ᵉ et 16ᵉ batteries).

Chorrin (F.-T.)................... Capitaine, *tué* le 8.
Ziegler (G.)...................... Lieutenant, *blessé* le 8.
Hornbeck (Ch.).................... S.-Lieutenant, *blessé* le 8.

20ᵉ Régiment (13ᵉ batterie).

Vasel (H.)........................ S.-Lieutenant, *tué* le 8.

---

(1) Formé d'un escadron des 3ᵉ, 4ᵉ, 6ᵉ et 10ᵉ chasseurs.

ARMÉES DE PROVINCE 117

GARDE NATIONALE MOBILE

8ᵉ Régiment provisoire (Charente-Inférieure).

CHAUDREAU (Ch.)..................	Lieutenant, *blessé* le 8 à Blois.

27ᵉ Régiment provisoire (Isère) (1).

BOUTAUD (R.)......................	Chef de bataillon, *blessé* le 8.
BRUN (A.)........................	Capitaine, *blessé* le 7.
MAGNIN (Ch.).....................	Capitaine, *blessé* le 8.
PEYRON (F.)......................	Capitaine, *blessé* le 10.
DE CRAPONNE DE VILLARD (P.-Ch.-G.).	Lieutenant, *blessé* le 7.
GUIGUE (P.)......................	Lieutenant, *blessé* le 8.
MARCIEU.........................	Capitaine, *blessé* le 8.
MANTELIN (J.-B.)..................	Capitaine, *blessé* le 8.
BOUVARD (B.).....................	Lieutenant, *blessé* le 7.
FONTENAY (M.-M.).................	S.-Lieutenant, *blessé* le 8.
COINDRE (J.).....................	S.-Lieutenant, *blessé* le 8.
MONIN (P.).......................	S.-Lieutenant, *blessé* le 8.
DAVID (L.).......................	S.-Lieutenant, *blessé* le 8.

33ᵉ Régiment provisoire (Sarthe).

MEILLANT (R.-A.)..................	Capitaine, *blessé* le 8, mort le 17.
VÉTILLARD (M.-J.).................	Capitaine, *blessé* le 8.
RAGOT (A.)	Capitaine, *blessé* le 8.
ROUSSEAU (P.)....................	Lieutenant, *blessé* le 8.
POCHÉ (A.).......................	Lieutenant, *blessé* le 7.
DE CHAVAGNAC (X.)................	S.-Lieutenant, *blessé* le 7.
DE MONTERNIER (G.)...............	S.-Lieutenant, *blessé* le 7.

49ᵉ Régiment provisoire (Orne).

MABILE (I.-A.)....................	S.-Lieutenant, *tué* le 9.
GAUGAIN (G.).....................	S.-Lieut., *blessé* le 9, m. le 12 janv. 1871.
GUIOT (F.-X.)....................	Chef de bataillon, *blessé* les 8 et 9.
DE MONTZEY (F.-W.)...............	Capitaine, *blessé* le 9.
DE COURCY (E.-J.-A.)..............	Capitaine, *blessé* le 10.
HOUSSIN DE SAINT-LAURENT (E.-A.)..	Capitaine, *blessé* le 10.
MAUGER (E.-A.)...................	Capitaine, *blessé* le 8.
MARC (A.-X.-L.)..................	Lieutenant, *blessé* le 9.
MÉTAIRIE (C.-F.)..................	Lieutenant, *blessé* le 9.
DE LAMOLAIRE (E.-M.-P.)..........	Lieutenant, *blessé* le 9.

---

(1) 1ᵉʳ, 2ᵉ et 3ᵉ bataillons.

De Fontaine (X.-M.-R.)............. Lieutenant, *blessé* le 9.
Bouvier (L.-F.-F.-G.).............. Lieutenant, *blessé* le 9.
Garnier (F.-R.)..................... S.-Lieutenant, *blessé* le 9.
De Pollier de Vauvineux (M.-C.)... S.-Lieutenant, *blessé* le 10.

63° Régiment provisoire (Eure-et-Loir).

Bastide (A.)....................... Capitaine, *tué* le 10.
De Loynes d'Auteroche (P.-M.-E.).. Capitaine, *blessé* le 8.
Baye (F.-A.-E.).................... Capitaine, *blessé* le 8.
Durand (R.)........................ S.-Lieutenant, *blessé* le 9.

70° Régiment provisoire (Lot) (1).

Fouilhade (R.-E.)................. Chef de bataillon, *tué* le 10.
Ischer (J.-A.)..................... Capitaine, *blessé* le 10, mort le 14.
Ayot (J.).......................... Capitaine, *blessé* le 10, mort le 13.
Guyot (L.)......................... Capitaine, *blessé* le 10, mort le 15.
Bouygues (M.-G.)................... Capitaine, *blessé* le 10, mort.
Vigouroux (Ch.).................... Lieutenant-colonel, *blessé* le 8.
Delgal (P.-E.-J.).................. Chef de bataillon, *blessé* le 8.
Guiraudies-Capdeville (J.-B.)...... Chef de bataillon, *blessé* le 10.
De Tulles (P.-L.).................. Capitaine, *blessé* le 8.
Lallemand (R.-L.).................. Capitaine, *blessé* le 8.
Moussié (L.)....................... Capitaine, *blessé* le 10.
De Cardaillac (J.-J.-M.-J.-F.)..... Capitaine, *blessé* le 10.
Maury (A.)......................... Lieutenant, *blessé* le 8.
Rougié (A.)........................ Lieutenant, *blessé* le 10.
Fouilhade (J.-C. G.-F.)............ S.-Lieutenant, *blessé* le 10.
Bouygues (M.)...................... S.-Lieutenant, *blessé* le 10.

71° Régiment provisoire (Haute-Vienne) (2).

Deshayes (A.-A.-J.-C.)............. Capitaine, *blessé* le 9, mort le 11.
Pinelli (J.-M.).................... Lieutenant-colonel, *blessé* le 9.
Chabrol (P.-P.-G.)................. Chef de bataillon, *blessé* le 9.
De Bruchard (J.-A.)................ Capitaine, *blessé* le 9.

72° Régiment provisoire (Cantal-Yonne).

Longbois (F.-T.)................... Capitaine, *blessé* le 8.
Pallu (H.-J.)...................... Capitaine, *blessé* le 8.
Salleron (A.)...................... Capitaine, *blessé* le 8.
Chiroux (J.-G.).................... Lieutenant, *blessé* le 8.

---

(1) 1er, 2e, 3e bataillons.
(2) Affaire du château de Chambord (nuit du 9 au 10 décembre).

ARMÉES DE PROVINCE

Perrin (M.-R.).................... S.-Lieutenant, *blessé* le 8.
Lamy (L.-X.)...................... S.-Lieutenant, *blessé* le 8.

74ᵉ Régiment provisoire (Lot-et-Garonne et Sarthe).

Castaing (J.) .... Lieutenant, *tué* le 7.
Falcon (E.-P.).................... Lieutenant-colonel, *blessé* le 7.
De Saint-Exupéry (G.-H.-M.-J.)..... Lieutenant, *blessé* le 7.

75ᵉ Régiment provisoire (Loir-et-Cher et Maine-et-Loire).

Boissée (J.-J.).................... Lieutenant, *blessé* le 8.

78ᵉ Régiment provisoire (Lot-et-Garonne, Vendée, Gironde) (1).

Rousse (L.)....................... Médecin aide-major, *blessé* (C.), le 10 à Ouzouer-le-Marché.

80ᵉ Régiment provisoire (Isère) (2).

Bois (P.-J.)....................... Capitaine, *blessé* le 8.
Bayard (L.)....................... Capitaine, *blessé* le 8.
Lerme (P.)........................ Capitaine, *blessé* le 8.
Pison (J.-P.)...................... Lieutenant, *blessé* le 8.
Péronnet .... S.-Lieutenant, *blessé* le 8.
De Quinsonnas (F.)................ S.-Lieutenant, *blessé* le 8.

88ᵉ Régiment provisoire (Indre-et-Loire) (3).

Guérin (A.-L.).................... Capitaine, *tué* le 7.
Siebert (E.) .... Capitaine, *blessé* le 10.
Paulze d'Ivoy (J.)................. Lieutenant, *blessé* le 7.

GARDE NATIONALE MOBILISÉE

1ʳᵉ Légion (Sarthe) (4).

Ragot (A.)........................ Capitaine adjudant-major, *blessé* le 10.
Boisson........................... Capitaine, *blessé* le 10.

2ᵉ Légion (Sarthe) (5).

Fromentin........................ S.-Lieutenant, *blessé* le 10.

---

(1) 3ᵉ bataillon (Lot-et-Garonne). — 5ᵉ bataillon (Vendée). — 5ᵉ bataillon (Gironde).
(2) 6ᵉ bataillon (Isère).
(3) 1ᵉʳ, 2ᵉ, 3ᵉ bataillons (Indre-et-Loire).
(4) 1ᵉʳ, 2ᵉ, 3ᵉ et 4ᵉ bataillons.
(5) 5ᵉ, 6ᵉ, 7ᵉ, 8ᵉ et 9ᵉ bataillons.

CORPS FRANCS

Légion franco-montévidéenne.

COLLIN .... Lieutenant, *blessé* le 9 (château de Chambord).

Bataillon des francs-tireurs de la Sarthe.

FOLIE-DUPART (R.-A.) .... Lieutenant, *tué* le 9.

Francs-tireurs éclaireurs de la 2ᵉ armée (1).

BONNET (Ch.-H.-O.) .... Chef de bataillon, *tué* le 9.

Francs-tireurs de la Nièvre.

LANGLOIS .... Capitaine, *blessé* le 8.

Francs-tireurs de Tours.

RIGAUD (2) .... S.-Lieutenant, *blessé* le 8.

MARINE

10ᵉ Bataillon de marche d'infanterie.

RUEL .... Lieutenant, *tué* le 10.
RUFFAT (M.-D.) .... Lieutenant, *tué* le 10.
DE TRENTINIAN (L.-E.) .... S.-Lieutenant, *blessé* le 10.

RÉGIMENT D'ARTILLERIE

25ᵉ Batterie (ter).

FOURNIER (E.) .... Capitaine, *blessé* le 8.

32ᵉ Batterie.

DELCOURT (H.-J.) .... Lieutenant, *blessé* le 8.

33ᵉ Batterie.

BOUTERON (A.-A.) .... Capitaine, *blessé* le 8.

---

(1) Bataillon.
(2) Défense de Vierzon.

ARMÉES DE PROVINCE

60. — 14 décembre 1870.
Combats de Fréteval et de Morée (Loir-et-Cher).

INFANTERIE DE LIGNE

26ᵉ Régiment (bataillon de marche) (1).

DÉCHAMPS (H.)	S.-Lieutenant, *blessé*.
CROMER (M.-H.)	S.-Lieutenant, *blessé*.

CHASSEURS A PIED

13ᵉ Bataillon de marche (2).

BERTRAND (J.-A.)	S.-Lieutenant, *blessé*, mort le 20.
LOUVEL (G.)	S.-Lieutenant, *b'essé*.

GARDE NATIONALE MOBILE

78ᵉ Régiment provisoire (Lot-et-Garonne, Vendée, Gironde) (3).

ARNAUD (Ch.)	Capitaine, *blessé*.

2ᵉ Bataillon (Loire-Inférieure).

DE BEAUSSET	Chef de bataillon, *blessé*.

Bataillon (Finistère-Morbihan).

OLIVIER (E.)	S.-Lieutenant *tué*.
CADIOU (A.-L.-M.)	Capitaine, *blessé*.
RENAUD (H.)	S.-Lieutenant, *blessé*.
CHARUEL (A.-D.)	S.-Lieutenant, *blessé*.

MARINE

EQUIPAGES DE LA FLOTTE

4ᵉ Bataillon de fusiliers marins (4).

COLLET (V.-F.)	Capitaine de frégate, *tué*.
DENANS (Ch.-E.-F.)	Lieutenant de vaisseau, *blessé*, mort le 20 fév. 1871.
DE BOYSSON (M.-C.-M.)	Lieutenant de vaisseau, *tué*.

---

(1) Formé des 4ᵉ, 7ᵉ et 8ᵉ compagnies de marche.
(2) Formé de 2 compagnies de marche des 5ᵉ et 19ᵉ bataillons, d'une compagnie de marche du 8ᵉ bataillon et d'une compagnie de marche du 49ᵉ de ligne.
(3) 3ᵉ bataillon (Lot-et-Garonne). — 5ᵉ bataillon (Vendée). — 5ᵉ bataillon (Gironde).
(4) 4ᵉ bataillon de Cherbourg.

Magouet de la Magouerie (A.)...... Lieutenant de vaisseau, *blessé*, mort.
Lot (N.-G.)........................ Lieutenant de vaisseau, *blessé*.
Lesèble (E.-C.)................... Lieutenant de vaisseau, *blessé*.
Chesnier (A.-H.).................. Aspirant, *blessé*.
Bernay (A.-M.-J.)................. Aspirant, *blessé*.

61. — 15 décembre 1870. Prise de la ferme de la Thibaudière.

INFANTERIE DE LIGNE

46ᵉ Régiment de marche.

Prévost (J.)...................... Capitaine, *tué*.
Marmonnier (L.-A.)................ S.-Lieutenant, *blessé*.

62. — 15 décembre 1870. Combat de Vendôme.

ETAT-MAJOR GÉNÉRAL

Camo (C.-M.-L.-D.-J.)............. Général de brigade, *blessé* (C.).

INFANTERIE DE LIGNE

41ᵉ Régiment de marche.

Rivière (Ch.-A.).................. Capitaine, *tué*
Prudhomme (L.).................... Chef de bataillon, *blessé*.
Dieudonné (F.-E.)................. S.-Lieutenant, *blessé*.

58ᵉ Régiment de marche (1).

Mercié (E.-M.-G.)................. Capitaine adjudant-major, *blessé*.

59ᵉ Régiment de marche.

Tholon (B.)....................... Capitaine adjudant-major, *blessé*.
Estève (P.)....................... Capitaine, *blessé*.

62ᵉ Régiment de marche (2).

Galleux (S.-E.)................... S.-Lieutenant, *blessé*.

ARTILLERIE

ETAT-MAJOR PARTICULIER

Mourin (C.-F.-E.)................. Chef d'escadron, *blessé*.

---

(1) Formé de compagnies de marche. — 3ᵉ de ligne (3 compagnies). — 21ᵉ, 83ᵉ de ligne (2 compagnies). — 14ᵉ, 17ᵉ, 19ᵉ, 20ᵉ, 39ᵉ, 47ᵉ, 52ᵉ, 53ᵉ, 87ᵉ, 89ᵉ de ligne (1 compagnie).
(2) Formé de compagnies de marche. — 5ᵉ, 21ᵉ, 69ᵉ, 88ᵉ de ligne (2 compagnies). — 3ᵉ, 23ᵉ, 30ᵉ, 36ᵉ, 46ᵉ, 47ᵉ, 60ᵉ, 76ᵉ, 84ᵉ, 90ᵉ de ligne (1 compagnie).

ARMÉES DE PROVINCE

14ᵉ Régiment (23ᵉ batterie).

AUBRY (G.-E.-F.-Ch.).............. S.-Lieutenant, *blessé*, mort le 21.

18ᵉ Régiment (17ᵉ batterie).

ARGUEL (E.)..................... Capitaine, *blessé*.

GARDE NATIONALE MOBILE

75ᵉ Régiment provisoire (Loir-et-Cher et Maine-et-Loire).

DUBOIS (Ch.-A.-L.)................ S.-Lieut., *blessé*, mort le 3 janv. 1871.

63. — 16 décembre 1870.
Aux avant-postes de Pezou (Loir-et-Cher).

INFANTERIE DE LIGNE

46ᵉ Régiment de marche.

BLANC (A.-M.) (1).................. S.-Lieutenant, *tué*.

64. — 16 décembre 1870. Au château de la Tuilerie.

CHASSEURS A PIED

11ᵉ Bataillon de marche.

NOËL (A.-X.)..................... Lieutenant, *blessé*.

65. — 16 décembre 1870. Combat de Morée (Loir-et-Cher).

INFANTERIE DE LIGNE

59ᵉ Régiment de marche.

BOURGUIGNON (E.)................. S.-Lieutenant, *tué*.
PELLENQ (J.-J.-P.-L.-CYPRIEN)...... Capitaine, *blessé*.
DEMICHY (A.-M.-F.)................ S.-Lieutenant, *blessé*.

66. — 17 décembre 1870. Combat de Droué (Loir-et-Cher).

OFFICIERS AUXILIAIRES HORS CADRES

MAHÉ .... S.-Lieutenant, *blessé*.

---

(1) Avait été nommé sous-lieutenant le matin.

ARTILLERIE
ETAT-MAJOR PARTICULIER

De Rodellec du Porsic (1) .... Chef d'escadron (auxiliaire), *tué*.

GARDE NATIONALE MOBILISÉE
4ᵉ Légion (*Finistère*).

Bodenant (J.) .... S.-Lieutenant, *blessé*, mort le 18.
Goavec (V.-P.-M.) .... Aumônier, *tué*.
Le Roux........................... Lieutenant, *blessé*.

1ʳᵉ Légion (*Morbihan*).

Pocard-K'viler (C.-M.-J.).......... Capitaine, *tué*.
Guillemin (A.).................... S.-Lieut., *blessé*, mort le 2 janv. 1871.

67. — 17 décembre 1870. A Bernay (Eure).

MARINE
EQUIPAGES DE LA FLOTTE

De Guilhermy (H.-A.-E.-B.) (2) ..... Capitaine de vaisseau, *blessé*.

68. — 17 décembre 1870. A Dreux (Eure-et-Loir).

MARINE
EQUIPAGES DE LA FLOTTE

Thomas (H.)....................... Enseigne de vaisseau, *blessé*.

69. — 20 décembre 1870. Combat de Monnaie (Indre-et-Loire).

ARTILLERIE
ETAT-MAJOR PARTICULIER

Mugnier (T.-M.) (3) .... Capitaine, *blessé*.

GARDE NATIONALE MOBILISÉE
2ᵉ Légion (*Gironde*).

Merle............................ S.-Lieutenant, *blessé*.

---

(1) Lieutenant de vaisseau démissionnaire.
(2) Commandait la subdivision de l'Eure, blessé de 2 coups de feu dans une émeute.
(3) Etait chef d'état-major de la colonne mobile de Tours.

ARMÉES DE PROVINCE

2ᵉ Légion (Maine-et-Loire).

Mocquereau (A.)	Capitaine, *blessé*, mort.
Brault (J.)	Capitaine, *blessé*, mort le 24.
Blavier (A.)	Chef de bataillon, *blessé*.
Sulpice (A.)	Capitaine, *blessé*.
Hiron (Ch.)	Capitaine, *blessé*.
Audouin (J.)	Capitaine, *blessé*.
De Beaurepos (L.)	Capitaine, *blessé*.
Pineau (A.)	Capitaine, *blessé*.
Chabosseau	Capitaine, *blessé*.
Chauviré (L.)	Lieutenant, *blessé*.
Clémot	Lieutenant, *blessé*.
Bergère (M.)	S.-Lieutenant, *blessé*.

3ᵉ Légion (Maine-et-Loire).

Moreau (J.-P.)	Chef de bataillon, *blessé*.
Duboul (B.)	Capitaine, *blessé*.
François (E.)	Capitaine, *blessé*.
Albert (P.)	Lieutenant, *blessé*.
Fouassier	S.-Lieutenant, *blessé*.
Bodin (A.)	S.-Lieutenant, *blessé*.

1ʳᵉ Légion (Seine-et-Marne).

De May	Lieutenant-colonel, *blessé*.
N	Capitaine, *blessé*.

70. — 21 décembre 1870.
Affaire près de la Ferté-Bernard (Sarthe).

CORPS FRANCS

Francs-tireurs de Constantine (1).

Cottet	Capitaine, *blessé*.

71. — 24 décembre 1870.
Affaire de Nointot-Bolbec (Seine-Inférieure).

CORPS FRANCS

1ᵉʳ Régiment des Éclaireurs de la Seine.

Thouvenel	Capitaine, *blessé* (C.).

---

(1) Compagnie.

72. — 27 décembre 1870. Combat de Montoire (Loir-et-Cher).

INFANTERIE DE LIGNE

45ᵉ Régiment de marche.

Bély (J.-M.)	Lieutenant, *blessé*, mort le 4 fév. 1871.
Billaut (F.)	Chef de bataillon, *blessé*.
Trotin (E.)	Lieutenant, *blessé*.
Salze (J.-P.-F.-J.)	S.-Lieutenant, *blessé*.
Bertin (A.-S.)	S.-Lieutenant, *blessé*.
Lordonnée (H.-B.)	S.-Lieutenant, *blessé*.

73. — 27 décembre 1870.
Combat de Saint-Quentin, près Montoire (Loir-et-Cher).

ARTILLERIE

8ᵉ Régiment (18ᵉ et 20ᵉ batteries).

Boudousse (J.-A.) (1)	S.-Lieutenant, *tué*.
Gradoz (C.-F.)	Capitaine, *blessé*.

GARDE NATIONALE MOBILE

OFFICIERS HORS CADRES

Chalmeton	S.-Lieutenant, *tué*.

74. — 27 décembre 1870. Affaire d'Essertine.

GARDE NATIONALE MOBILE

27ᵉ Régiment provisoire (Isère).

De Sérésin (P.-R.)	S.-Lieutenant, *blessé*.

75. — 29 décembre 1870.
Dans une embuscade près de Montmirail (Sarthe).

GARDE NATIONALE MOBILE

3ᵉ Bataillon (Dordogne).

Tourchebœuf-Beaumont (Max de)	Lieutenant, *blessé*, m. le 18 janv. 1871.

---

(1) Etait détaché à la 15ᵉ batterie du 18ᵉ régiment.

ARMÉES DE PROVINCE

CORPS FRANCS

Volontaires vendéens (1).

CAILLARD (P.).................... Capitaine, *blessé* (C.).

76. — 30 décembre 1870. Affaire des Moulineaux (Seine-Inférieure).

GARDE NATIONALE MOBILE

39ᵉ Régiment provisoire (Eure) (2).

BOCHARD DE CHAMPIGNY (M.-B.-M.-V.)   Lieutenant, *blessé*, m. le 12 janv. 1871.

77. — 31 décembre 1870. Combat de Châtillon-sur-Loire (Loiret).

ARTILLERIE

2ᵉ Régiment (24ᵉ batterie).

DE CONDÉ (L.-E.).................... Capitaine, *blessé*.

MARINE

3ᵉ Bataillon de fusiliers marins (3).

DINEL (E.-V.-M.)................... Lieutenant de vaisseau, *blessé*.

78. — 31 décembre 1870. Affaire de la Tuilerie.

GARDE NATIONALE MOBILE

66ᵉ Régiment provisoire (Mayenne).

DE QUATREBARBES (M.-R.-Y.)........ Capitaine, *blessé*.

79. — 31 décembre 1870. Affaire de Bourgtheroulde (Eure).

CORPS FRANCS

Francs-tireurs de l'Eure.

BUÉE............................ Lieutenant, *blessé*.

---

(1) Corps franc de la Vendée, comprenant 1 bataillon à 9 compagnies, dont une compagnie d'élite et un peloton d'éclaireurs à cheval.
(2) 1ᵉʳ, 2ᵉ et 3ᵉ bataillons.
(3) 3ᵉ bataillon de Brest.

80. — 31 décembre 1870.
Combat de Château-Robert (Seine-Inférieure).

GARDE NATIONALE MOBILISÉE

1re Légion (Seine-Inférieure).

Goujon.............................	Chef de bataillon, *blessé*.
Védie	S.-Lieutenant, *blessé*.
Borgnet (A.).....................	S.-Lieutenant, *blessé*.

CORPS FRANCS

Compagnie d'Éclaireurs de Louviers (Eure).

Duchemin (1).....................	Lieutenant, *tué*.

2e Compagnie d'Éclaireurs de Normandie (2).

Beaudelaire (H.)	S.-Lieutenant, *blessé*.

81. — 31 décembre 1870.
Combat de Vendôme, Bel-Air et Danzé (Loir-et-Cher).

INFANTERIE DE LIGNE

33e Régiment de marche.

Jaury (G.-E.-M.)..................	Lieutenant, *tué*.
Rohaut (G.).......................	Lieutenant, *tué*.
Armand (P.-T.)...................	Capitaine, *blessé*.
Junique (R.)......................	Capitaine, *blessé*.
Charière (L.-H.).................	Capitaine, *blessé*.
Deville (J.-P.)...................	Lieutenant, *blessé*.
Bruneteau (J.-C.)................	S.-Lieutenant, *blessé*.

36e Régiment de marche.

Delmas (J.-L.-D.).................	Capitaine, *blessé*, m. le 16 janv. 1871.
De Claussade (A.-P.-E.)..........	Capitaine, *blessé*.
Bresch (F.).......................	Lieutenant, *blessé*.

38e Régiment de marche.

Clapisson (P.-A.)	Capitaine, *blessé*.
Blondel (F.-E.)...................	S.-Lieutenant, *blessé*.

---

(1) Tué dans une reconnaissance sur Orival.
(2) Compagnie du Calvados.

ARMÉES DE PROVINCE

46ᵉ Régiment de marche.

Midon (Ch.-E.)..................... Capitaine, *blessé*.
Lutz (G.-J.-P.).................... Lieutenant, *blessé*.

59ᵉ Régiment de marche.

Canal (P.-A.)..................... Lieutenant, *blessé*.

CAVALERIE

Régiment des Éclaireurs algériens.

Farny (C.-A.)..................... Capitaine, *blessé*.

ARTILLERIE

10ᵉ Régiment (18ᵉ batterie).

Chauliaguet (J.-F.-L.)............ Capitaine, *tué*.

82. — 2 janvier 1871. Affaire de Conflans-sur-Seine (Marne).

CORPS FRANCS

Francs-tireurs de Romilly-sur-Seine (Aube).

Café .... Lieutenant, *tué*.

83. — 2 janvier 1871.
Dans une reconnaissance sur Lancé (Loir-et-Cher).

CAVALERIE

8ᵉ Régiment de hussards (1).

Binet (P.-V.)..................... Capitaine, *blessé*.

84. — 4 janvier 1871.
Combats de Robert-le-Diable et du Bourgtheroulde (Eure).

GARDE NATIONALE MOBILE

39ᵉ Régiment provisoire (Eure).

De Saint-Foix (O.)................ Capitaine, *blessé*.
De Bonnechose (H.-M.)............. Capitaine, *blessé*.
De la Brière (A.-L.-M.)........... Capitaine, *blessé*.

---

(1) Formé des 1ᵉʳ, 2ᵉ, 3ᵉ et 4ᵉ escadrons.
    Etat nominatif.

41e Régiment provisoire (Ardèche).

LADRETT DE LACHARRIÈRE (Ch.)...... Lieutenant adjudant-major, *blessé*.
ROUVIER (Ch.)............................ Lieutenant, *blessé*.

GARDE NATIONALE MOBILISÉE

1re Legion (Calvados).

LUBIN (L.-A.)........................... Lieutenant, *blessé*, mort le 9.
LIEB (E.).............................. S.-Lieutenant, *blessé*.

CORPS FRANCS

2e Compagnie de francs-tireurs du Calvados.

PASCAL (A.)............................ Capitaine, *tué*.

1re Compagnie d'Éclaireurs de Normandie.

TRÉMANT................................ Capitaine, *blessé*.

85. — 4 janvier 1871. Affaire de la Londe (Seine-Inférieure).

CORPS FRANCS

Compagnie de francs-tireurs de Seine-et-Oise.

JOIGNEAU (L.-P.)....................... S.-Lieutenant, *blessé*, mort le 5.

86. — 6 janvier 1871. Affaire des Roches (Eure-et-Loir).

ARTILLERIE

14e Régiment (21e batterie).

DE LA TAILLE (J.-L.-T.-R.)............. S.-Lieutenant, *tué*.

87. — 6 janvier 1871. Affaire du Gué-du-Loir.

INFANTERIE

36e Régiment de marche.

VIOT (M.-H.-F.)........................ Capitaine, *blessé*.
PIARD-DESHAYS (A.-M.).................. S.-Lieutenant, *blessé*.

46e Régiment de marche.

RIVIÉ (J.-E.).......................... S.-Lieutenant, *tué*.
DEPIERRE (J.).......................... S.-Lieutenant, *tué*.

ARMÉES DE PROVINCE

De Pontécoulant (A.-G.) (1)........ Chef de bataillon, *blessé*.
Andrillon (P.).................... Capitaine, *blessé*.

GARDE NATIONALE MOBILE

70ᵉ Régiment provisoire (Lot).

Lafon (J.-P.)..................... Capitaine, *blessé*, mort le 13 février.
De Cardaillac (J.-J.-M.-J.-F.)..... Capitaine, *blessé*.
Camperos (G.)..................... Capitaine, *blessé*.
Souilhac (E.)..................... Lieutenant, *blessé*.

88. — 6 janvier 1871. Combat de la Fourche (Eure-et-Loir).

INFANTERIE DE LIGNE

58ᵉ Régiment de marche.

Baduel (P.)....................... Capitaine, *blessé*.
Devillard (F.-A.-M.).............. Lieutenant, *blessé*.

CHASSEURS A PIED

13ᵉ Bataillon de marche.

Gouniault (H.).................... S.-Lieutenant, *tué*.
Cottereau (L.).................... S.-Lieutenant, *tué*.
Latour............................ S.-Lieutenant, *blessé*, mort le 30.
Lombard (J.-H.)................... Chef de bataillon, *blessé*.
Rouanet (J.-M.)................... Lieutenant, *blessé*.
Deshommes (E.-L.)................. S.-Lieutenant, *blessé*.

GARDE NATIONALE MOBILE

4ᵉ Bataillon des Deux-Sèvres.

Festy (E.)........................ Médecin aide-major, *tué*.
Chirac (E.-H.).................... Chef de bataillon, *blessé*.
Leblanc (E.)...................... Capitaine, *blessé*.
Tacher (F.)....................... S.-Lieutenant, *blessé*.

MARINE

Régiment d'artillerie (25ᵉ batterie).

Choblet (L.)...................... Capitaine, *blessé*.
Verdun (P.-A.).................... S.-Lieutenant, *blessé*.

---

(1) Doulcet de Pontécoulant.

89. — 6 janvier 1871. Affaire de Lunay (Loir-et-Cher).

OFFICIERS HORS CADRES

Renier (G.-L.-Ch.) (1)............. Colonel, *blessé*, mort le 24.

INFANTERIE DE LIGNE

45ᵉ Régiment de marche.

Morati (A.-O.-P.).................. Capitaine, *blessé*.

90. — 6 janvier 1871. Combat d'Epuisay (Loir-et-Cher).

CORPS FRANCS

Eclaireurs à cheval de la Gironde.

Robereau....................... Capitaine, *tué*.
Suaudeau (M.-E.-L.)............... Lieutenant, *blessé*.

91. — 6 janvier 1871. Combat d'Azay-Mazangé (Loir-et-Cher).

INFANTERIE DE LIGNE

33ᵉ régiment de marche.

Doré (A.)...................... S.-Lieutenant, *tué*.
Demaré (F.-A.).................. Capitaine, *blessé*.
Fayet (J.)..................... Lieutenant, *blessé*.

36ᵉ régiment de marche.

Viot (M.-H.-F.).................. Capitaine, *disparu*.

GARDE NATIONALE MOBILE

32ᵉ régiment provisoire (Puy-de-Dôme) (2).

Coudert (M.-A.).................. S.-Lieutenant, *blessé*.

4ᵉ bataillon des Bouches-du-Rhône.

Brignardelli (Ch.-V.)............. Capitaine, *blessé*, mort le 19.
Fenestraz (J.)................... Lieutenant, *tué*.
Vernet (E.)..................... Lieutenant, *tué*.

---

(1) Colonel auxiliaire.
(2) 1 détachement du régiment, comprenant 11 officiers et 318 hommes de troupe sous les ordres du capitaine Fabry.

ARMÉES DE PROVINCE 133.

Deleuil	S.-Lieutenant, *tué*.
Joncquet (L.-P.)................	Capitaine, *blessé*.
Dauthet (E.-C.)................	Lieutenant, *blessé*.
Faucon (M.-G.-T.)...............	Lieutenant, *blessé*.
Gignoux (J.-M.)................	S.-Lieutenant, *blessé*.

92. — 6 janvier 1871. Affaire de la forêt de Vendôme (Loir-et-Cher).

GARDE NATIONALE MOBILE

66ᵉ régiment provisoire (Mayenne).

Derouart .... S.-Lieutenant, *blessé*.

93. — 7 janvier 1871. Combat de Villeporcher (Loir-et-Cher).

GARDE NATIONALE MOBILE

27ᵉ régiment provisoire (Isère).

Coindre (J.).................... S.-Lieutenant, *blessé*.

94. — 7 janvier 1871. Combat près de Nogent-le-Rotrou (Eure-et-Loir).

MARINE
RÉGIMENT D'ARTILLERIE

25ᵉ batterie (ter).

Fournier (E.)................... Capitaine, *blessé*.

95. — 7 janvier 1871. Combat de Villechauve (Loir-et-Cher).

INFANTERIE DE LIGNE

41ᵉ régiment de marche.

Giboudeaux (C.-G.) .... Lieutenant, *blessé*.

96. — 7 janvier 1871. Affaire près de Châteaurenault. (Indre-et-Loire).

CAVALERIE

8ᵉ régiment de hussards.

Frémion (L.-F.-Ch.) .... Capitaine, *blessé*, mort le 8.

97. — 8 janvier 1871. Affaire en avant de Saint-Laurent (Indre).

CORPS FRANCS

Bataillon des Francs-tireurs de la Sarthe.

Duparc	S.-Lieutenant, *blessé.*

98. — 8 janvier 1871. Combat de Bellême (Orne).

GARDE NATIONALE MOBILISÉE

3ᵉ légion (Orne).

Collet	S.-Lieutenant, *tué.*

99. — 8 janvier 1871. Combat de Villechaumont.

GARDE NATIONALE MOBILE

8ᵉ régiment provisoire (Charente-Inférieure).

Blay (V.-A.)	Capitaine, *tué.*
Paris (E.-F.-Ch.)	Capitaine, *blessé*, mort le 25.

100. — 8 janvier 1871. Combat de Vancé (Sarthe).

CAVALERIE

3ᵉ régiment de marche de cuirassiers (1).

Tréboute (G.)	L.-Colonel, *blessé.*
Lamarque (B.)	S.-Lieutenant, *blessé.*

Régiment des Éclaireurs algériens.

Abdel-Kader	Lieutenant, *blessé*, mort le 20.
Ben-Gharbi	Lieutenant, *blessé.*

101. — 9 janvier 1871. Combat d'Ardenay (Sarthe).

INFANTERIE DE LIGNE

48ᵉ Régiment de marche.

Bloeme (C.-L.-A.-H.)	Capitaine, *blessé.*
Michaud (E.-F.)	S.-Lieutenant, *blessé.*

---

(1) Formé d'un escadron des 2ᵉ, 3ᵉ, 8ᵉ et 9ᵉ cuirassiers.

ARMÉES DE PROVINCE 135

51ᵉ Régiment de marche.

Corcelet (J.-A.)	Chef de bataillon, *blessé*.
Simonin (F.)	Capitaine, *blessé*.
Jouan (E.-F.)	Capitaine, *blessé*.
Evrard (J.-B.)	Lieutenant, *blessé*.

102. — 9 janvier 1871. Combat de Duneau (Sarthe).

GARDE NATIONALE MOBILE

76ᵉ Régiment provisoire (Ain-Aude-Isère) (1).

Pailhez	Capitaine, *tué*.
Aupin (P.)	Lieutenant, *tué*.
Poudon (A.)	S.-Lieutenant, *tué*.
Roussel	S.-Lieutenant, *tué*.

103. — 9 janvier 1871. Affaire de Brives (Sarthe).

INFANTERIE DE LIGNE

38ᵉ Régiment de marche.

Audran (J.)	Capitaine, *blessé*.

46ᵉ Régiment de marche.

Rapel (L.-J.)	Capitaine, *blessé*.

104. — 9 janvier 1871.
Affaire de Saint-Pierre-du-Lorouer (Sarthe).

GARDE NATIONALE MOBILE

66ᵉ Régiment provisoire (Mayenne).

Marchais (J.)	S.-Lieutenant, *tué*.

105. — 9 janvier 1871. Affaire de Saint-Georges (Sarthe).

CAVALERIE

4ᵉ Régiment de marche de dragons.

De Roquefeuil (F.-E.),	Capitaine, *tué*.

---

(1) 1ᵉʳ bataillon (Ain). — 3ᵉ bataillon (Aude). — 5ᵉ bataillon (Isère).

106. — 10 janvier 1871. Combats de Parigné-l'Evêque, de Changé et de Champagné (Sarthe).

INFANTERIE DE LIGNE

37ᵉ Régiment de marche (1).

Etienney (V.)	Capitaine, *tué*.
Main (L.-Ch.-Ch.)	Capitaine, *tué*.
Martelli (S.-J.)	Chef de bataillon, *blessé*.
Masson (L.)	Capitaine, *blessé*.
Coquerelle (P.-H.-A.)	Lieutenant, *blessé*.
Guérin (J.-M.)	Lieutenant, *blessé*.
Hélin (A.)	Lieutenant, *blessé*.
Pons (N.)	S.-Lieutenant, *blessé*.
Devaux (R.-M.-J.)	S.-Lieutenant, *blessé*.
Morestin (J.)	S.-Lieutenant, *blessé*.
Chapelot (E.-E.-R.)	S.-Lieutenant, *blessé*.

39ᵉ Régiment de marche (2).

Raibaldi (A.)	Capitaine, *blessé*.
Gaymay (C.)	Capitaine, *blessé*.
Thomasset (M.)	Lieutenant, *blessé*.
Précheur (N.)	Lieutenant, *blessé*.
Cherrière (J.-F.)	S.-Lieutenant, *blessé*.

48ᵉ Régiment de marche (3).

Rhomer (H.)	Lieutenant, *tué*.

56ᵉ Régiment de marche (4).

Pariset (Ch.-N.)	Chef de bataillon, *tué*.
Soudan (P.)	S.-Lieutenant, *tué*.
Paul (S.)	S.-Lieutenant, *tué*.
Toucas (F.-H.-L.)	Capitaine, *blessé*.
Gaudin (H.-S.-F.)	Capitaine, *blessé*.
Bac (P.)	S.-Lieutenant, *blessé*.

59ᵉ Régiment de marche (4).

Métivier (N.-J.-E.-E.)	Capitaine, *tué*.
Marchal (F.)	Capitaine, *tué*.

---

(1) Changé.
(2) Parigné-l'Evêque.
(3) Ivré-l'Evêque.
(4) Connerré.

BŒCKLER (X.),................... Capitaine, *tué*.
CATHALA (P.-A.).................. Lieutenant, *tué*.
DE CORLIEU (M.-L.-A.)............ Lieutenant, *blessé*, mort le 15.
MANIORT (E.-C.).................. Chef de bataillon, *blessé*.
LAGORCE (P.)..................... Capitaine, *blessé*.
DUDON (E.-Ch.-R.)................ Capitaine, *blessé*.
ARNAUD (L.)...................... Capitaine, *blessé*.
PÉPIN (E.-S.).................... Lieutenant, *blessé*.
TREILLARD (F.-M.-M.)............. Lieutenant, *blessé*.
UHL (P.-E.)...................... Lieutenant, *blessé*.
LEBATARD (A.-A.)................. Lieutenant, *blessé*.
LÉVY (S.)........................ S.-Lieutenant, *blessé*.

62ᵉ Régiment de marche (1).

TISSERAND (J.-B.)................ Capitaine, *tué*.
NORGUET (Ch.).................... Capitaine, *tué*.
BRAILLON (J.).................... Capitaine, *tué*.
BERNHARD (V.-H.)................. S.-Lieutenant, *tué*.
CHAUVIN (A.-D.).................. Chef de bataillon, *blessé*, mort le 11.
BOUSSAT (J.)..................... Capitaine adjud.-maj., *blessé*, m. le 17.
LEBOUC (V.-M.-J.)................ Capitaine, *blessé*, mort le 11.
BESSON (C.-P.-T.)................ Lieutenant, *blessé*, mort le 11.
SIMON (C.-E.).................... Lieutenant, *blessé*, mort le 11.
CAHART (C.-A.)................... Lieutenant-Colonel, *blessé*.
LAURENS (A.-A.).................. Chef de bataillon, *blessé*.
MARTINET (G.-J.-A.).............. Capitaine adjudant-major, *blessé*.
PERROT (Ch.-E.).................. Capitaine, *blessé*.
BERRETE (P.)..................... Capitaine, *blessé*.
DE BOYSSON....................... Capitaine, *blessé*.
BÉRARD (C.-E.-H.)................ Lieutenant, *blessé*.
FRANCK (M.)...................... Lieutenant, *blessé*.
VIDAL (J.-F.).................... Lieutenant, *blessé*.
LAVRUT (E.)...................... S.-Lieutenant, *blessé*.
ARNOULT (E.)..................... S.-Lieutenant, *blessé*.

CHASSEURS A PIED

3ᵉ Bataillon de marche (2).

CHABANACI DE MARNAS (P.-L.-G.-A.). S.-Lieutenant, *blessé*, mort le 17.
GRAEFF (A.)...................... Lieutenant, *blessé*.

---

(1) Combat de Changé.
(2) Combat de Parigné-l'Evêque.

CAVALERIE

4ᵉ Régiment de hussards.

De Cillart de la Villeneuve (H.-M.-E.) (1).   S.-Lieutenant, *blessé*.

ARTILLERIE

10ᵉ Régiment (19ᵉ batterie).

Delahaye (E.-G.)................ Capitaine, *blessé*.
Parizot (L.-P.).................. Lieutenant, *blessé*.
Hovez........................... Aide-vétérinaire, *blessé*.

15ᵉ Régiment (24ᵉ batterie).

Dedouvres (H.-D.)............... Capitaine, *blessé*.

GARDE NATIONALE MOBILE

70 Régiment provisoire (Lot).

De Beauregard (A.-M.)........... S.-Lieutenant, *tué*.
Liñol (P.)...................... S.-Lieutenant, *tué*.
Guiraudiès-Capdeville (J.-B.-P.)... Chef de bataillon, *blessé*.
Bru (P.)........................ Capitaine, *blessé*.
Maladen (E.).................... Capitaine, *blessé*.

74ᵉ Régiment provisoire (Lot-et-Garonne et Sarthe) (2).

Drouilhet de Sigalas (L.-R.)..... Lieutenant, *blessé*.

75ᵉ Régiment provisoire (Loir-et-Cher et Maine-et-Loire) (2).

De Meckenheim (O.).............. Capitaine, *tué*.
Romeyer (O.-E.-D.).............. Capitaine, *blessé*, mort le 12.
De la Paumelière (M.)........... Lieutenant, *blessé*.
Du Breton (C.-G.-R.)............ Lieutenant, *blessé* le 9.
Buineau (Ch.-R.)................ S.-Lieutenant, *blessé*.

90ᵉ Régiment provisoire (Sarthe et Corrèze) (3).

Gouin (J.-A.)................... Capitaine, *blessé* le 9, mort le 10.
Feugeas (P.-S.)................. Lieutenant-Colonel, *blessé* le 9.
De Lasteyrie de Saillant (R.-C.)... Capitaine, *blessé* le 9.

---

(1) Officier d'ordonnance du général Gougeard.
(2) Combat de Parigné-l'Evêque.
(3) Combat de Connerré.

ARMÉES DE PROVINCE

4ᵉ Bataillon (Haute-Garonne) (1)

CARRIÈRE (J.-V.).................. Lieutenant, blessé.

5ᵉ Bataillon (Mayenne) (2).

BÉZIER (R.)....................... Lieutenant, blessé.

GARDE NATIONALE MOBILISÉE

4ᵉ Légion (Loire-Inférieure).

ECHAPPÉ.......................... S.-Lieutenant, tué.
GOUZÉ (E.)....................... Capitaine, blessé.

1ʳᵉ Légion (Maine-et-Loire).

NEAU (P.)........................ Lieutenant, blessé, mort le 13.
BOUNHOURE....................... Chef de bataillon, blessé.

107. — 11 et 12 janvier 1871. Bataille du Mans.

ÉTAT-MAJOR GÉNÉRAL

COLIN (P.-S.).................... Gén. de div. auxiliaire, blessé le 12.

ÉTAT-MAJOR

DE LAMBILLY (H.-H.)............. Lieut.-Colonel, blessé le 11, mort le 12.

OFFICIERS HORS CADRES

KOCH (Ch.-C.-E.)................ Colonel, blessé le 11.

OFFICIERS AUXILIAIRES HORS CADRES

BEL (J.-C.-T.)................... Colonel, tué le 11.

Régiment de marche de gendarmerie à pied.

PARMENTIER (J.-P.-T.)........... Capitaine, blessé le 12, mort le 16.
GANIER (N.-A.).................. S.-Lieutenant, blessé le 12.

SERVICE DE SANTÉ

GESTIN (R.-H.).................. Méd. princ. de la marine, blessé le 11.

---

(1) Combat de Montfort.
(2) Combat de Connerré.

INFANTERIE DE LIGNE

41ᵉ Régiment (bataillon de marche) (1).

VIGUIER (Ch.-L.).................... Capitaine, *blessé* le 12.

62ᵉ Régiment (bataillon de marche) (2).

GOSTIAUX (E.)..................... S.-Lieutenant, *blessé* le 11.

31ᵉ Régiment de marche.

GEORGES (F.)...................... Lieutenant, *tué* le 11.

33ᵉ Régiment de marche (3).

CLÉMENT (V.-H.).................. Capitaine, *blessé* le 11.
CHARRIÈRE (L.-H.)................ Capitaine, *blessé* le 11.

38ᵉ Régiment de marche.

BAILLE (J.-B.-F.).................. Lieutenant-Colonel, *blessé* le 11.

39ᵉ Régiment de marche.

COURTAUT (N.-L.)................. Capitaine, *tué* le 11.

40ᵉ Régiment de marche.

BOURZÈS (J.-B.)................... Capitaine, *blessé* le 11.

41ᵉ Régiment de marche.

PELEGRIN (M.-M.-M.)............. Lieutenant, *tué* le 11.
CAMBOULIN (J.-F.-J.)............. S.-Lieutenant, *tué* le 12.
COPPOLANI (A.-F.)................ S.-Lieut., *blessé* le 12, m. le 3 février.
GENOT (Ch.)....................... Lieutenant, *blessé* le 11.
BRUNET-MANQUAT (A.-J.-V.)..... S.-Lieutenant, *blessé* le 11.
LANGE (M.-C.-P.).................. S.-Lieutenant, *blessé* le 11.

43ᵉ Régiment de marche.

DERVAUX (J.-F.-P.)............... Capitaine, *tué* le 11.
FAIVRE (P.-E.)..................... Capitaine, *tué* le 11.
MAILLARD (L.)..................... Capitaine, *tué* le 12.
RAVRY (A.-Ch.).................... Lieutenant, *tué* le 11.
PASTRE (A.)........................ Capitaine, *blessé* le 12, mort le 13.
BOZON (C.-A.)..................... Lieutenant, *blessé* le 11.

---

(1) Formé des 4ᵉ, 5ᵉ et 6ᵉ compagnies de marche.
(2) Formé des 2ᵉ, 3ᵉ, 4ᵉ et 5ᵉ compagnies de marche.
(3) Un détachement formant bataillon.

ARMÉES DE PROVINCE

MACRON (H.-A.).................... S.-Lieutenant, *blessé* le 11.
MILLIEN (J.-T.).................... S.-Lieutenant, *blessé* le 12.

45ᵉ Régiment de marche.

CLAUDEL (Ch.).................... Lieutenant, *blessé*, mort le 29 mai.
RODDE (H.-J.-L.).................. Lieutenant-Colonel, *blessé* le 11.
JUMEAU (L.)...................... Capitaine, *blessé* le 11.
LAUNOIS (A.-H.-E.)................ Capitaine, *blessé* le 12.
PRINSARD (H.-V.).................. S.-Lieutenant, *blessé* le 11.

46ᵉ Régiment de marche.

BÉTALIOULOU (F.).................. S.-Lieutenant, *tué* le 11.
GUIMARD (J.-F.)................... Capitaine, *blessé* le 11.
MINAULT (L.-V.)................... Lieutenant, *blessé* le 11.
PAITREAUD (C.).................... S.-Lieutenant, *blessé* le 11.
SYLVESTRE (C.).................... S.-Lieutenant, *blessé* le 11.

48ᵉ Régiment de marche.

CHAVAROCHE (F.-E.)................ Lieutenant, *tué* le 11.
ENTZ (Ch.-A.)..................... Capitaine, *blessé* le 12.
SCHMITT (F.-C.)................... Capitaine, *blessé* le 12.
TESSEREAU (P.).................... Capitaine, *blessé* le 12.

51ᵉ Régiment de marche.

SIMONIN (F.)...................... Capit., *blessé* le 11, m. le 14 sept. 1871.
JOUAN (E.-F.)..................... Capitaine, *blessé* le 11.
EVRARD (J.-B.).................... Lieutenant, *blessé* le 11.
LECHAT (J.)....................... S.-Lieutenant, *blessé* le 11.

56ᵉ Régiment de marche.

LECA (J.-B.)...................... S.-Lieutenant, *blessé* le 11, mort le 25.
BOYER (L.)........................ Capitaine, *blessé* le 11.
ANGOT (J.-B.)..................... Capitaine, *blessé* le 11.
MATHONNET (A.).................... Lieutenant, *blessé* le 11.
PERRIN (C.)....................... Lieutenant, *blessé* le 11.
MALAVARD (P.-X.).................. Lieutenant, *blessé* le 11.
ROMEU (P.-M.-R.).................. Lieutenant, *blessé* le 11.
CAUSSADE (J.-S.).................. S.-Lieutenant, *blessé* le 11.

58ᵉ Régiment de marche.

MAITROT (J.-L.)................... S.-Lieutenant, *blessé* le 11, mort le 17.

64ᵉ Régiment de marche (1ᵉʳ bataillon) (1).

GROSJEAN (J.-H.).................. Capitaine, *blessé* le 11, mort le 12.

CHASSEURS A PIED

1ᵉʳ Bataillon de marche.

LEUREAU (L.)...................... Chef de bataillon, *tué* le 11.
FRANZEL (A.)...................... Capitaine, *tué* le 11.
GUYOT (Ch.-J.).................... S.-Lieutenant, *tué* le 11.
HEID (J.)......................... S.-Lieutenant, *tué* le 11.
VIVÈS (A.-J.)..................... Capitaine, *blessé* le 11.

10ᵉ Bataillon de marche.

AUBERTIN (A.)..................... S.-Lieutenant, *tué* le 11.
GUYARD (Ch.)...................... Lieutenant, *blessé* le 11.
BOULARD (P.-J.)................... Lieutenant, *blessé* le 11.

4ᵉ Régiment de marche de zouaves (3ᵉ et 5ᵉ compagnies du 3ᵉ bataillon) (2).

VILLENEUVE (E.-J.-J.-M.).......... Capitaine, *blessé* le 10.
MASSILLON (C.).................... S.-Lieutenant, *blessé* le 11.
SABLON (M.-N.).................... S.-Lieutenant, *blessé* le 11.

ARTILLERIE

3ᵉ Régiment.

PETITJEAN (A.-T.)................. Chef d'escadron, *blessé* le 11.

6ᵉ Régiment (19ᵉ batterie).

PERRON............................ S.-Lieutenant, *tué* le 11.

8ᵉ Régiment (19ᵉ batterie).

BRIED (F.-N.)..................... S.-Lieutenant, *blessé* le 11.

14ᵉ Régiment (21ᵉ batterie).

BACQUE (L.)....................... Capitaine, *blessé* le 11.

---

(1) Formé de compagnies de marche. — 39ᵉ de ligne (4 compagnies). — 23ᵉ de ligne (2 compagnies). — 9ᵉ, 10ᵉ, 18ᵉ, 25ᵉ, 26ᵉ, 34ᵉ, 35ᵉ, 53ᵉ, 58ᵉ, 76ᵉ, 77ᵉ, 86ᵉ de ligne (1 compagnie).

(2) Ce détachement était rattaché depuis le 1ᵉʳ janvier 1871 au 3ᵉ bataillon de marche de chasseurs.

ARMÉES DE PROVINCE

GÉNIE

ÉTAT-MAJOR PARTICULIER

Legros (J.-C.-A.) (1).............. Capit., *blessé* le 12, mort le 8 février.

1er Régiment (8e compagnie bis).

Bernard (J.-A.)..................... Capitaine, *tué* le 12.
Rigaud (L.)........................ S.-Lieutenant, *blessé* le 11.
Metzger (J.-Ch.)................... Lieutenant auxiliaire, *blessé* le 12.

1er Régiment (18e compagnie).

Haxo (J.-B.-H.).................... Capitaine, *blessé* le 11.

GARDE NATIONALE MOBILE

15e Régiment provisoire (Calvados).

Le Pippre (S.).................... Capitaine, *blessé* le 12, mort le 22.
De Kergorlay (R.)................. Lieutenant, *blessé*.
De Kergorlay (P.)................. Lieutenant, *blessé*.

22e Régiment provisoire (Dordogne).

Dupuy (A.)........................ Capitaine, *tué* le 11.
De Langlade (H.).................. S.-Lieutenant, *tué* le 11.

49e Régiment provisoire (Orne).

Des Moutis (Ch.).................. Lieutenant-Colonel, *blessé* le 12.
Letessier (A.-J.)................. Chef de bataillon, *blessé* le 12.
De Lamolaire (E.-M.-P.).......... Capitaine, *blessé* le 12.
De Foulques (C.).................. Capitaine, *blessé* le 12.
Chambay (F.-M.-A.)................ Capitaine, *blessé* le 12.
Chrétien (P.)..................... Lieutenant, *blessé* le 12.
De Vauvineux...................... S.-Lieutenant, *blessé* (C.) le 12.
Rageot (A.)....................... S.-Lieutenant, *blessé* le 11.

63e Régiment provisoire (Eure-et-Loir).

Delarue (P.-A.) .... S.-Lieutenant, *blessé* le 11.

66e Régiment provisoire (Mayenne).

Ber (R.-P.) .... Capitaine, *blessé* le 11.
Jarret de la Mairie (A.-L.)....... S.-Lieutenant, *blessé* le 11.

---

(1) Blessé mortellement d'un éclat d'obus au moment où il préparait la mine qui devait faire sauter le pont de Pontlieue.

72ᵉ Régiment provisoire (Cantal et Yonne).

Josson de Bilhem (L.-N.)	Chef de bataillon, *tué* le 11.
Bègue (J.-E.-H.)	S.-Lieutenant, *tué* le 11.
Driat (F.-A.)	S.-Lieutenant, *blessé* le 12, mort le 14.
Basset (R.)	Capitaine, *blessé* le 11, mort le 25.
Estieou (L.)	Capitaine, *blessé* le 11, mort le 12.
Desliens (A.-L.) (1)	Capitaine, *blessé* le 12, mort le 12.
Vignal (F.-P.-L.)	Capitaine, *blessé* le 12.
Sirmain (G.-F.)	Capitaine, *blessé* le 12.
Desbois	Capitaine, *blessé* le 12.
Dufour (A.-M.)	Lieutenant, *blessé* le 12.
Louvrier (C.-M.)	Lieutenant, *blessé* le 11.
Genestal (C.-C.-R.)	Lieutenant, *blessé* le 12.

74ᵉ Régiment provisoire (Lot-et-Garonne et Sarthe).

Marchand (L.)	Lieutenant, *tué* le 11.
De Combarieu du Grès (P.-L.-A.)	Capitaine adjudant-major, *blessé* le 11.
Delaunay (G.-J.)	Lieutenant, *blessé* le 11.

75ᵉ Régiment provisoire (Loir-et-Cher et Maine-et-Loire).

De Beaucorps (R.)	Capitaine, *blessé* le 11.
Jallot (Y.-Ch.-A.)	Capitaine, *blessé* le 12.
Gallard de Zaleu (N.-P.)	Capitaine, *blessé* le 11.

76ᵉ Régiment provisoire (Ain, Aude, Isère).

Garin (A.)	Capitaine, *tué* le 11.
Pochet (L.)	Capitaine, *blessé* le 11.
Andoyer (E.)	Lieutenant, *blessé* le 11.
Teppe (L.)	S.-Lieutenant, *blessé* le 11.
Fredière (E.)	S.-Lieutenant, *blessé* le 11.

78ᵉ Régiment provisoire (Lot-et-Garonne, Vendée, Gironde).

Arnould (P.)	Chef de bataillon, *tué* le 12.
Laval (P.-E.)	S.-Lieutenant, *tué* le 12.
Lemeunier des Gravier (Ch.-J.)	Capitaine, *blessé* le 12.
Chaffiau (J.)	Capitaine, *blessé* le 12.
Bergès (P.)	Lieutenant, *blessé* le 12.
Roume	Médecin aide-major, *blessé* le 12.

80ᵉ Régiment provisoire (Deux-Sèvres, Ardèche, Isère).

Richoux (P.-J.)	Capitaine, *tué* le 11.

---

(1) Mort le 27 janvier 1871, d'après la matricule.

ARMÉES DE PROVINCE 145

WELTER (C.).................... Lieut.-Col., *blessé* le 11, m. le 1ᵉʳ fév.
ROBY (F.-A.).................... Capitaine, *blessé* le 11.

85ᵉ Régiment provisoire (Gers, Vienne) (1).

DARRÉ (E.)..................... Capitaine, *tué* le 11.
CASTAING .... Lieutenant, *tué* le 11.
DE LA VAYSSIÈRE................ Capitaine, *blessé* le 11, mort le 30.
DUFFOUR (H.-J.)................ Lieutenant, *blessé* le 11, mort le 19.
TABERNE (E.)................... Lieutenant-Colonel, *blessé* le 11.
SOLIRÈNE (L.-M.) .... Capitaine, *blessé* le 11.
PERRIN (J.-F.)................. Capitaine, *blessé* le 11.
LANDRE (J.-L.)................. Capitaine, *blessé* le 11.
DE CARSALADE DU PONT (M.-J.-E.)... Lieutenant, *blessé* le 11.
LABADIE (B.)................... Lieutenant, *blessé* le 11.

90ᵉ Régiment provisoire (Sarthe, Corrèze).

DELAVAUR DE SAINTE-FORTUNADE (A.) Capitaine, *blessé* le 12.

6ᵉ Bataillon (Côtes-du-Nord).

GROUAZELLE (F.-L.)............. Capitaine, *tué* le 11.
DU CLÉZIEUX (A.) .... Capitaine, *tué* le 11.
DE LA NOÜE (Ch.)............... S.-Lieutenant, *blessé* le 11, mort le 13.
LECORGUILLÉ (L.-F.)............ S.-Lieutenant, *blessé* le 11, mort le 15.

6ᵉ Bataillon (Ille-et-Vilaine).

CHARPENTIER (L.)............... Capitaine, *blessé* le 12.
TALABARDON (O.)................ S.-Lieutenant, *blessé* le 11.
BEDEL (M.-A.).................. S.-Lieutenant, *blessé* le 11.
BENARD (L.).................... S.-Lieutenant, *blessé* le 12.

7ᵉ Bataillon (Loire-Inférieure).

TOSTEN......................... Capitaine, *blessé* le 11.

Bataillon (Finistère-Morbihan) (2).

BLAISE......................... Capitaine, *blessé* le 12.
FOURNIER (A.) .... Capitaine, *blessé* le 12.
JEFFROY (J.-C.)................ S.-Lieutenant, *blessé* le 12.

---

(1) 1ᵉʳ et 2ᵉ bataillons (Gers). — 4ᵉ bataillon (Vienne).
(2) Formé de 2 compagnies de marche du Morbihan et des 5 compagnies de dépôt du Finistère.
Etat nominatif.

GARDE NATIONALE MOBILISÉE

4ᵉ Légion (Côtes-du-Nord).

BRIANT.......................... Lieutenant, *blessé* le 11.

1ʳᵉ Légion (Ille-et-Vilaine).

BAGOT (J.-B.).................... Lieutenant, *blessé* le 11, mort le 13.
FOUCQUET (J.).................... Lieut., *blessé* le 11, mort le 2 février.

1ʳᵉ Légion (Loire-Inférieure).

CHAUVET.......................... Capitaine, *blessé*.

4ᵒ Légion (Loire-Inférieure).

AUBERT DE TRÉGOMAIN (F.-M.-J.-S.). Chef de bataillon *tué* le 11.
KERDAVID......................... Capitaine, *blessé*, mort le 11.

2ᵉ Légion (Morbihan).

DE BEKR.......................... Lieutenant, *blessé* le 11.
MOREL............................ Lieutenant, *blessé* le 11.

2ᵉ Légion (Sarthe).

HUREAU (E.-F.-P.)................ S.-Lieutenant, *tué* le 12.
LAMBELIN (L.).................... Chef de bataillon, *blessé* le 12.

CORPS FRANCS

Francs-tireurs (de la Sarthe).

DEMORIEUX........................ Capitaine, *tué* le 12.

Francs-tireurs (de l'Hérault).

DIVIER (J.-F.)................... Capitaine, *disparu* le 11.

Éclaireurs (de Maine-et-Loire) (1).

VALET (M.-L.).................... Capitaine, *blessé* le 12, m. le 12 avril
AMELINEAU (F.-B.)................ S.-Lieutenant, *blessé* le 12.

Légion des Volontaires de l'Ouest.

BELON (P.-F.).................... Capitaine, *tué* le 11.
DU BOURG (M.-M.)................. Capitaine, *tué* le 11.
DE BELLEVUE (H.)................. Capitaine, *tué* le 11.

---

(1) Affaire de Courcebœuf au nord du Mans.

ARMÉES DE PROVINCE 147

Bergeron (E.)	S.-Lieutenant, *blessé* le 11, mort le 21.
Le Bailly (Ch.)	Lieutenant, *blessé* le 11.
Benoist (E.)	Lieutenant, *blessé* le 11.
Benart	Lieutenant, *blessé* le 11.
Garnier (H.)	S.-Lieutenant, *blessé* le 11.
Bonvallet (A.)	S.-Lieutenant, *blessé* le 11.
Fouqueray (abbé)	Aumônier volontaire, *tué* le 11.

MARINE
ÉQUIPAGES DE LA FLOTTE

3ᵉ Bataillon de fusiliers marins (1).

Raoul (A.-V.-M.)	Lieutenant de vaisseau, *tué* le 11.
Martin (G.-E.)	Lieut. de vaiss., *blessé* le 11, m. le 18.
Gros-Desvaud (L.)	Lieutenant de vaisseau, *blessé* le 10.
Lacourné (I.-T.)	Enseigne de vaisseau, *blessé* le 11.

108. — 13 janvier 1871. Combat d'Yvré-l'Evêque (Sarthe).

CORPS FRANCS

Bataillon breton du génie.

Le Bourhis	Lieutenant, *blessé*.

5ᵉ Compagnie des francs-tireurs de Tours.

Hildenbrand	Capitaine, *blessé* (C.).

109. — 13 et 14 janvier 1871. Combats de Chassillé (Sarthe).

INFANTERIE DE LIGNE

31ᵉ Régiment de marche.

Ermel (A.-F.-M.)	Lieutenant, *blessé*.

GARDE NATIONALE MOBILE

66ᵉ Régiment provisoire (Mayenne).

Jousselin (A.)	S.-Lieutenant, *blessé*.
De Lastic (E.)	S.-Lieutenant, *blessé*.
Grandguillot (A.)	Médecin aide-major, *blessé*.
Batard (L.-T.)	Aumônier, *blessé*.

---

(1) 3ᵉ bataillon de Brest.

110. — 14 janvier 1871. Combat de Beaumont-sur-Sarthe.

GARDE NATIONALE MOBILISÉE

2ᵉ Légion (Mayenne).

Pichot (E.-S.)	Capitaine adjudant-major, *tué*.
Bouchain (H.)	Capitaine, *blessé*.

111. — 15 janvier 1871. Combat de Sillé-le-Guillaume (Sarthe).

INFANTERIE DE LIGNE

26ᵉ Régiment (bataillon de marche).

Durmort (H.-A.) .... S.-Lieutenant, *blessé*.

ARTILLERIE

10ᵉ Régiment (21ᵉ batterie).

Dubois (C.-V.) .... S.-Lieutenant, *blessé*.

112. — 15 janvier 1871.
Affaire de Saint-Remy-le-Guillaume (Sarthe).

GARDE NATIONALE MOBILE

76ᵉ Régiment provisoire (Ain, Aude, Isère).

Dat (J.-L.) .... S.-Lieutenant, *tué*.

113. — 15 janvier 1871. Affaire de Nonneville (Eure-et-Loir).

CORPS FRANCS

1ᵉʳ Régiment des Éclaireurs de la Seine (1).

Mory	Lieutenant, *tué*.
De Picciotto	Lieutenant, *blessé*.

114. — 15 janvier 1871. Affaire de Meslay (Mayenne).

CORPS FRANCS

Francs-tireurs de la Sarthe.

Seybaud .... Lieutenant, *tué*.

---

(1) 3ᵉ bataillon.

115. — 15 janvier 1871. Combat d'Alençon.

GARDE NATIONALE MOBILE

ARTILLERIE

Batterie des Côtes-du-Nord.

Charner (F.)...................... Capitaine, *blessé* (C.).

GARDE NATIONALE MOBILISÉE

1re Légion (Orne).

Frébet........................... Lieutenant, *tué*.

CORPS FRANCS

Francs-tireurs de Paris (1er et 2e bataillons).

Duchamp (G.-J.-F.-A.)............. Capitaine, *tué*.
Dussol........................... Capitaine, *blessé*.
Ducrot (J.)...................... Lieutenant, *blessé*.
Lamarre.......................... Lieutenant, *blessé*.

MARINE

Régiment d'artillerie (2e batterie de montagne).

Cusenier (J.-B.)................. S.-Lieutenant, *blessé*.

116. — 15 janvier 1871. Combat de Saint-Jean-sur-Erve (Mayenne).

ÉTAT-MAJOR

Béraud (A.-H.)................... Colonel, *tué*.

ARTILLERIE

10e Régiment (23e batterie).

Cognon (E.-Ch.).................. S.-Lieutenant, *blessé*.

15e Régiment (24e batterie).

Rovel (H.)....................... S.-Lieutenant, *blessé*.

GARDE NATIONALE MOBILE

22ᵉ Régiment provisoire (Dordogne).

Visconti (C.-E.)	Capitaine, *blessé*.
Du Rouget	Capitaine, *blessé*.
Létard (P.)	Capitaine, *blessé*.
De Pouget (V.)	Lieutenant, *blessé*.
De Bouilhac (L.-C.-A.)	S.-Lieutenant, *blessé*.

33ᵉ Régiment provisoire (Sarthe).

Joly (A.-J.-H.)	Lieutenant, *blessé*.
Lemeunier (A.)	Lieutenant, *blessé*.

117. — 16 janvier 1871. Affaire d'Avallon (Yonne).

GARDE NATIONALE SÉDENTAIRE

Garde nationale de Lormes.

Bizot	Capitaine, *blessé*.

118. — 17 janvier 1871. Combat de Bolbec (Seine-Inférieure).

CORPS FRANCS

Bataillon des Francs-Tireurs du Nord.

Duflos	Lieutenant, *tué*.

119. — 17 janvier 1871. Affaire de Saint-Romain (Seine-Inférieure).

CORPS FRANCS

Tirailleurs havrais (1).

Bellanger (F.-A.)	Lieutenant, *tué*.

120. — 18 janvier 1871. Affaire de Sainte-Mélaine, près Laval.

GARDE NATIONALE MOBILE

27ᵉ Régiment provisoire (Isère).

Julhiet (C.)	Sous-Lieutenant, *blessé*, mort le 19.

---

(1) Bataillon : 1ʳᵉ, 2ᵉ compagnies de Tirailleurs havrais, compagnie de Bolbec.

ARMÉES DE PROVINCE

88ᵉ Régiment provisoire (Indre-et-Loire).

Aubert du Petit Thouars......... Lieutenant, *blessé.*

121. — 21 janvier 1871. Affaire de La Flèche (Sarthe).

INFANTERIE DE LIGNE

14ᵉ Régiment (une Compagnie de marche) (1).

Richard (E.).................... Sous-lieutenant, *blessé*, mort le 5 fév.

GARDE NATIONALE MOBILE

85ᵉ Régiment provisoire (Gers et Vienne).

Dubarry (G.-J.-U.-C.)............. Lieutenant, *blessé.*

122. — 21 janvier 1871. Combat de Bernay (Eure).

GARDE NATIONALE SÉDENTAIRE

Garde nationale de l'Eure.

Charpentier (N.).................. Capitaine, *blessé,*

123. — 25 janvier 1871. Surprise de la Roche-sur-Yonne.

GARDE NATIONALE MOBILISÉE

1ʳᵉ Légion (Nièvre).

Moulinot (M.).................... Capitaine, *blessé*, mort le 28.
Morisset .... Capitaine, *blessé.*

2ᵉ Légion mixte (Aube et Nièvre) (2).

Grangé (G.) .... Capitaine, *blessé.*

124. — 27 janvier 1871. Reconnaissance sur Blois.

CAVALERIE

9ᵉ Régiment mixte (cavalerie légère) (3).

De Saint-Julien (P.).............. Sous-lieutenant, *blessé*, mort le 2 fév.

---

(1) 8ᵉ compagnie de marche.
(2) 1ᵉʳ et 2ᵉ bataillons (Aube); 1ᵉʳ bataillon (Nièvre).
(3) Formé d'un escadron des 3ᵉ, 4ᵉ, 8ᵉ chasseurs et d'un escadron du 2ᵉ hussards.

125. — **28 janvier 1871. Combat du faubourg de Vienne (Blois).**

INFANTERIE DE LIGNE

77ᵉ Régiment de marche (1).

MARCHEVAL (E.).................... Sous-Lieutenant, *blessé*.

CHASSEURS A PIED

7ᵉ Bataillon bis de marche (2).

DE VILLEBOIS-MAREUIL (G.-H.-A.-M.-V.) (3).   Lieutenant, *blessé*.

GARDE NATIONALE MOBILISÉE

1ʳᵉ Légion (Cher).

VERMEIL (A.)..................... Lieutenant-Colonel, *blessé*.
RORET (D.)....................... Capitaine, *blessé*.
BERTRAND (P.).................... Capitaine, *blessé*.
GUILLAUME .... Capitaine, *blessé*.
ROGER............................ Sous-lieutenant, *blessé*.

2ᵉ Légion (Indre).

PORIGNOT......................... Sous-lieutenant, *blessé*, mort le 30.
GAUBERT.......................... Lieutenant-colonel, *blessé*.
DONADIEU (G.).................... Capitaine, *blessé*.

---

(1) Formé d'une compagnie de marche des 3ᵉ, 4ᵉ, 7ᵉ, 21ᵉ, 31ᵉ, 42ᵉ, 47ᵉ, 51ᵉ, 54ᵉ, 56ᵉ, 92ᵉ de ligne et de détachements des 60ᵉ, 61ᵉ, 66ᵉ et 82ᵉ de ligne.
(2) Formé à 7 compagnies : 8ᵉ bataillon (2 compagnies), 4ᵉ bataillon (1 compagnie), 12ᵉ bataillon (1 compagnie), 16ᵉ bataillon (1 compagnie) et 2 compagnies formées des débris de l'ancien 7ᵉ bataillon de marche.
(3) Colonel tué au Transvaal.

III°
ARMÉE DES VOSGES

1ʳᵉ ARMÉE DE L'EST

1. — 25 septembre 1870. Affaire de Celles-sur-Plaine (Vosges).

GARDE NATIONALE SÉDENTAIRE

Garde nationale des Vosges.

CLAIRE (J.-B.)..................... Capitaine, *tué*.

2. — 27 septembre 1870. Combat de Raon-l'Etape (Vosges).

GARDE NATIONALE MOBILE

2ᵉ Bataillon (Meurthe).

PIERRON (H.-A.).................... Lieutenant, *blessé*.
CASSAS (F.)........................ Lieutenant, *blessé*.

3. — 6 octobre 1870. Combat de la Bourgonce (Vosges).

ÉTAT-MAJOR GÉNÉRAL

DUPRÉ (L.-F.)...................... Général de brigade, *blessé*.

INFANTERIE DE LIGNE

32ᵉ Régiment de marche (1).

VILLEDIEU (E.)..................... Lieutenant, *tué*.
COGNEUX (S.-E.).................... Sous-Lieutenant, *tué*.
HOCÉDÉ (L.-F.)..................... Lieutenant-Colonel, *blessé*, mort le 9.
VITRE (L.-F.) (2).................. Chef de bat., *blessé*, mort le 10 déc.
GUÉRIN (E.-T.)..................... Capitaine, *blessé*.
ANCELLE (J.-T.-E.) .... Capitaine, *blessé*.

---

(1) Formé par les 8ᵉ compagnies du 3ᵉ bataillon des 23ᵉ, 27ᵉ, 30ᵉ, 31ᵉ, 34ᵉ, 35ᵉ, 36ᵉ, 37ᵉ, 39ᵉ, 66ᵉ, 78ᵉ, 79ᵉ, 81ᵉ, 82ᵉ, 84ᵉ, 85ᵉ, 87ᵉ et 95ᵉ de ligne.
(2) Avait été nommé lieutenant-colonel avant sa mort.

LEYMARIE (J.).................... Lieutenant, *blessé*.
DE LAPORTE DE LA THÉBAUDIÈRE (G.) Lieutenant, *blessé*.
SAVIÈRES (M.-J.)................. Lieutenant, *blessé*.
BATY (L.-E.)..................... Lieutenant, *blessé*.
MERLIN (E.-E.-F.)................ Lieutenant, *blessé*.
SACRESTE (L.-P.)................. Lieutenant, *blessé*.
MÉNESTREL (F.)................... Sous-Lieutenant, *blessé*.

ARTILLERIE

14ᵉ Régiment (18ᵉ Batterie).

LAFFON DE LADÉBAT (E.-E.)........ Lieutenant, *blessé*.

20ᵉ Régiment.

SCHAEDLEN (F.-J.) (1)............ Capitaine, *tué*.

GÉNIE

État-major particulier.

VARAIGNE (J.-A.)................. Capitaine, *blessé*.

GARDE NATIONALE MOBILE

34ᵉ Régiment provisoire (Deux-Sèvres).

BELOT............................ Lieutenant, *tué*.
MOREAU........................... Médecin aide-major, *tué*.
LEBEDEL.......................... S.-Lieutenant, *blessé*, mort le 30 nov.
BARBIER (J.-P.-L.)............... Capitaine, *blessé*.
MOREAU (A.)...................... Capitaine, *blessé*.
BERTRAND (J.).................... Capitaine, *blessé*.
ROUGET (F.-A.)................... Capitaine, *blessé*.
BRÉE (P.-A.-M.).................. Lieutenant, *blessé*.
DUTIER........................... Lieutenant, *blessé*.
CHABAUTY (A.-I.-E.).............. Lieutenant, *blessé*.
GENTIL (A.-H.-A.)................ Lieutenant, *blessé*.

58ᵉ Régiment provisoire (Vosges).

FROMENT (G.)..................... Lieutenant, *tué*.
DURAND (J.-B.-N.)................ Lieutenant, *blessé*, mort le 6 nov.
COLLOT (J.-CH.).................. Capitaine, *blessé*.
JEANNOT (J.-A.).................. Capitaine, *blessé*.

---

(1) Était détaché à l'état-major particulier.

COMPAGNON (J.-B.) .... Capitaine, *blessé*.
DURAND (E.) .... Lieutenant, *blessé*.
MALJEAN (CH.-H.) .... Sous-lieutenant, *blessé*.

2ᵉ Bataillon (Meurthe).

VERDELET (O.-L.) .... Capitaine, *blessé*.
RENAUX (C.) .... Lieutenant, *blessé*.
CHARDIN (P.-J.-E.) .... Médecin-sous-aide-major, *blessé*.

CORPS FRANCS

Francs-tireurs volontaires de Colmar.

DE KLOPSTEIN .... Lieutenant, *blessé*.

Francs-tireurs de Neuilly.

SAGERET (P.-E.) .... Capitaine, *blessé*, mort le 11.
PEYRUSSET .... Lieutenant, *tué*.

Francs-tireurs de Saint-Denis.

LETOURNEUR (L.) .... Lieutenant, *tué*.

Corps franc des Vosges (Bourras).

PISTOR (A.-F.-E.) (1) .... Lieutenant, *blessé*.

4. — 9 octobre 1870. Combat de Rambervillers (Vosges).

GARDE NATIONALE SÉDENTAIRE

Garde nationale des Vosges.

BESSON .... Capitaine, *blessé*.
DUSSOURT .... Capitaine, *blessé*.

5. — 12 octobre 1870. Combat d'Epinal.

GARDE NATIONALE SÉDENTAIRE

Garde nationale des Vosges.

MARTIN .... Chef de bataillon, *blessé*.
SIBIEN .... Capitaine, *blessé*.
ENARD .... Sous-Lieutenant, *blessé*.

---

(1) Commandait l'artillerie du corps franc des Vosges.

6. — 15 octobre 1870.
Reconnaissance près de Labat-Roche (Haut-Rhin).

GARDE NATIONALE SÉDENTAIRE

Garde nationale du Haut-Rhin.

MUNIER (J.-J.).................... Lieutenant, *tué*.

7. — 21 octobre 1870. Combat de Cussey-sur-l'Oignon (Doubs).

GARDE NATIONALE MOBILE

Bataillon (Hautes-Alpes) (1).

BAUNY (T.-A.)..................... Chef de bataillon, *blessé*.
JEAUFFRET (M.).................... Capitaine, *blessé*.
MÉALHIÉ (A.)...................... Capitaine, *blessé*.
GARNIER........................... Capitaine, *blessé*.
AUBERT (C.-J.).................... Lieutenant, *blessé*.
CLÉMENT (F.)...................... S.-Lieutenant, *blessé*.
GAUTHIER.......................... S.-Lieutenant, *blessé* (C.).

8. — 22 octobre 1870. Combat de Châtillon-le-Duc (Doubs).

INFANTERIE DE LIGNE

47ᵉ régiment de marche.

NAPOLETTI (P.-G.)................. Capitaine, *blessé*, mort le 18 déc.

9. — 22 octobre 1870. Combat d'Auxon-Dessus (Doubs).

GARDE NATIONALE MOBILE

67ᵉ régiment provisoire (Haute-Loire).

JAUFFRET (M.)..................... Capitaine, *blessé*.

---

(1) Bataillon indépendant.

ARMÉES DE PROVINCE 157

10. — 23 octobre 1870.
2ᵉ combat de Cussey-sur-l'Oignon (Doubs).

GARDE NATIONALE MOBILE

58ᵉ Régiment provisoire (Vosges) (1).

Delang (Ch.)....................	S.-Lieutenant, *tué*.
Brachet.........................	Chef de bataillon, *blessé*.
Colle (H.-H.)...................	Capitaine, *blessé*.
Blaison.........................	Capitaine, *blessé*.
Méline (L.-J.)..................	Lieutenant, *blessé*.
Pierre..........................	S.-Lieutenant, *b'essé*.

11. — 27 octobre 1870. Combat de Saint-Seine (Côte-d'Or).

GARDE NATIONALE MOBILE

14ᵉ Régiment provisoire (Yonne) (2).

Sonnet (L.-A.)..................	S.-Lieutenant, *blessé*.

4ᵉ Bataillon (Loire).

De Franqueville (E.-A. d'Orthal)...	Capitaine, *blessé*.
Hedde (I.)......................	Lieutenant, *b'essé*.
Chandelux.......................	Médecin aide-major, *blessé*.

CORPS FRANCS

Volontaires d'Alger.

Landsman........................	Capitaine, *blessé*.

12. — 27 octobre 1870. Combat de Talmay (Côte-d'Or).

GARDE NATIONALE MOBILE

27ᵉ Régiment provisoire (Isère).

Kleber (G.).....................	Lieutenant, *blessé*.
De Sérezin (P.).................	S.-Lieutenant, *blessé*.

---

(1) 3ᵉ bataillon.
(2) 1ᵉʳ, 2ᵉ et 3ᵉ bataillons.

13. — 29 octobre 1870. Affaire du Mont-Rolant, près Dôle.

GARDE NATIONALE MOBILE

2ᵉ Bataillon (Basses-Pyrénées).

Echevers (B.)........................... S.-Lieutenant, *blessé.*

14. — 30 octobre 1870. Combat de Dijon.

ÉTAT-MAJOR GÉNÉRAL

Fauconnet (A.-F.-L.).............. Général de brigade, *tué.*

INFANTERIE DE LIGNE

71ᵉ Régiment (1).

Olive (A.)........................ S.-Lieutenant, *blessé.*

90ᵉ Régiment (2).

Thomassin (A.-A.-L.).............. S.-Lieutenant, *blessé.*

GARDE NATIONALE MOBILE

14ᵉ Régiment provisoire (Yonne).

Bard (S.-G.)...................... Capitaine, *blessé.*

Bataillon unique (Lozère).

Berthou (F.-M.)................... Capitaine, *blessé.*

GARDE NATIONALE SÉDENTAIRE DE DIJON

Guichard (C.-F.).................. Capitaine, *tué.*
Michel (J.-T.).................... Capitaine, *tué.*
Voisin (P.-F.).................... Capitaine adjudant-major, *blessé.*
Godillot (J.-B.).................. Capitaine, *blessé.*
Calamy (F.)....................... Lieutenant, *blessé.*
Noël-Cordès....................... Lieutenant, *blessé.*
Lecouteux (P.).................... Lieutenant, *blessé.*
Truchetet (A.).................... S.-Lieutenant, *blessé.*

---

(1) 2ᵉ, 3ᵉ et 4ᵉ compagnies de marche.
(2) 1ʳᵉ, 2ᵉ, 3ᵉ et 5ᵉ compagnies de marche.

CORPS FRANCS

Francs-tireurs de la Côte-d'Or.

VINCENT........................... Lieutenant, *blessé.*

3ᵉ Compagnie des Francs-tireurs libres du Rhône.

MERLE (A.)....................... Capitaine, *blessé.*

15. — 5 novembre 1870. Combat de Germigney (Haute-Saône).

CORPS FRANCS

Francs-tireurs provençaux (1).

NICOLAS (L.-A.).................. S.-Lieutenant, *blessé.*

16. — 18 novembre 1870. Affaire de Mantoche (Haute-Saône).

CORPS FRANCS

Francs-tireurs du Midi.

BLONDEL (A.).................... Capitaine, *tué.*

17. — 20 novembre 1870, Combat de Chagny (Saône-et-Loire).

CORPS FRANCS

Bataillon des Enfants perdus de Paris.

VAVASSEUR (Ch.-J.-P.)......... S.-Lieutenant, *blessé.*

18. — 22 novembre 1870. Combat de Vougeot (Côte-d'Or).

CORPS FRANCS

Corps franc des Vosges (2).

DAUTEL (M.).................... Capitaine, *blessé*, mort le 22 déc.
VITALI (J.-M.).................. S.-Lieutenant, *blessé.*

---

(1) Bataillon à 4 compagnies d'infanterie et une compagnie du génie.
(2) Le corps franc des Vosges comprenait à cette époque : 18 compagnies d'infanterie, 30 cavaliers et 2 pièces de montagne.

19. — 23 novembre 1870. Combat d'Arnay-le-Duc (Côte-d'Or).

CORPS FRANCS

Compagnie des Francs-tireurs du Mont-Blanc.

MICHARD (L.) .... Capitaine, *blessé.*

20. — 25 novembre 1870. Affaire de Velars (Côte-d'Or).

CORPS FRANCS

Compagnie des Éclaireurs oe Gray.

FABRY (A.)...................... S.-Lieut., *blessé*, mort le 13 janv. 1871.
LAMBERT......................... S.-Lieutenant, *blessé.*

21. — 25 novembre 1870. Affaire d'Auxon-sur-Aube.

CORPS FRANCS

Bataillon des Tirailleurs francs-comtois.

PANOUZE (L.-P.).................. Capitaine, *blessé.*
CÉRON (J.-B.).................... S.-Lieutenant, *blessé*, mort le 26.
LARGIER......................... Lieutenant, *blessé.*

22. — 26 novembre 1870.
Combats de Pasques, Prenois et Hauteville (Côte-d'Or).

ARTILLERIE

12ᵉ Régiment (1ʳᵉ batterie de montagne).

POHIN (S.-F.-F.)................. S.-Lieutenant, *blessé.*

GARDE NATIONALE MOBILE

2ᵉ Bataillon (Basses-Pyrénées).

DE CROISŒUIL-CHATEAURENARD (L.-C.-M.). Capitaine, *blessé.*
HIRIART (L.)..................... Capitaine, *blessé.*
JAMME (L.-A.).................... Capitaine, *blessé.*
DE VIVIÉ (C.).................... Lieutenant, *blessé.*

ARMÉES DE PROVINCE

CORPS FRANCS

Carabiniers génois.

CANEPA........................ S.-Lieutenant, *blessé.*

23. — 27 novembre 1870.
Combats de Talant-Pasques-Lantenay (Côte-d'Or).

GARDE NATIONALE MOBILE

42ᵉ Régiment provisoire (Aveyron) (1).

JALABERT (G.-T.)................. Lieutenant, *blessé.*
VILLA (J.-S.-L.).................. S.-Lieutenant, *blessé.*

CORPS FRANCS

1ʳᵉ Compagnie des francs-tireurs de Constantine.

CHATET (L.)..................... Capitaine, *blessé.*
COTTET......................... Capitaine, *blessé* (C.).

Guérilla marseillaise (bataillon).

CHAPEAU........................ Chef de bataillon, *tué.*
GANDOULF (E.).................. Capitaine, *blessé.*

2ᵉ Bataillon de l'Egalité.

RAIMOND-DEFAISSE (L.) .... Chef de bataillon, *blessé.*

24. — 30 novembre 1870. Combat de Nuits (Côte-d'Or).

GARDE NATIONALE MOBILISÉE

2ᵉ Légion (Rhône).

PERRET (M.-F.-J.) .... Capitaine, *blessé*, mort le soir.

CORPS FRANCS

Corps franc des Vosges.

DYEN........................... S.-Lieutenant, *blessé.*

---

(1) 1ᵉʳ, 2ᵉ et 3ᵉ bataillons.
Etat nominatif.

25. 1ᵉʳ décembre 1870. Combat d'Autun (Saône-et-Loire).

OFFICIERS AUXILIAIRES HORS CADRES

De Lessardières (G.).............. Capitaine, *blessé*.

ARTILLERIE

12ᵉ Régiment (1ʳᵉ batterie de montagne).

Pohin (S.-F.-F.).................. Lieutenant, *blessé*.

GARDE NATIONALE MOBILE

42ᵉ Régiment provisoire (Aveyron).

Clapier (E.-V.).................... Capitaine, *blessé*.
De Gissac (Ch.).................... Capitaine, *blessé*.

Régiment des Alpes-Maritimes (1).

Guide (J.-M.)..................... Capitaine, *blessé*.
Barbe (A.)........................ Capitaine, *blessé*.
Michel (J.)....................... Capitaine, *blessé*.
Muraour (H.),..................... Lieutenant, *blessé*.

ARTILLERIE

2ᵉ Batterie (Charente-Inférieure).

Sicard (P.-V.).................... Capitaine, *blessé*.

CORPS FRANCS

2ᵉ Compagnie francs-tireurs du Vaucluse.

Faisse (J.-A.-L.-P.).............. Lieutenant, *blessé*.

Volontaires algériens.

Ertlé (J.-M.)..................... S.-Lieutenant, *blessé*.

Volontaires garibaldiens.

Fraville.......................... S.-Lieutenant, *blessé*.

---

(1) 1ᵉʳ et 2ᵉ bataillons.

26. — 3 décembre 1870. Combat de Châteauneuf (Côte-d'Or).

GARDE NATIONALE MOBILISÉE

1re Légion (Rhône) (1).

PITRAT (J.) (2)......................	Capitaine, *blessé.*
BAIZELON (S.-A.)..................	Lieutenant, *blessé.*
N...............................	Lieutenant, *blessé.*
N...............................	Lieutenant, *blessé.*

27. — 11 décembre 1870.
Reconnaissance en avant d'Oiselay (Haute-Saône).

CORPS FRANCS

3e Compagnie de francs-tireurs du Doubs.

HUOT.............................	Capitaine, *blessé.*

Compagnie franche du Doubs.

GIROD............................	Capit., *blessé* le 14 déc., route de Gray.

28. — 13 décembre 1870.
Reconnaissance près de Vierzon (Cher).

CAVALERIE

6e Régiment de hussards.

ROCHET (Ch.-F.)...................	S.-Lieutenant, *blessé.*

29. — 18 décembre 1870. Bataille de Nuits (Côte-d'Or).

INFANTERIE DE LIGNE

32e Régiment de marche.

GRAZIANI (A.-J.) (3)...............	Lieutenant-Colonel, *tué.*
LEMAIRE (J.-B.-C.).................	Lieutenant, *disparu.*
SAUDADIER (E.-A.).................	S.-Lieutenant, *disparu.*
THONIER-LAFORÊT (C.-A.-F.).........	Lieutenant, *blessé,* mort le 23.
ARNAUD (L.-J.)....................	Capitaine adjudant-major, *blessé.*

---

(1) 4 officiers blessés d'après l'historique de la légion.
(2) Commandant la batterie d'artillerie.
(3) Colonel au titre auxiliaire par décret du 17 décembre 1870.

57ᵉ Régiment de marche (1).

Tochon (J.-F.) .... Chef de bataillon, *blessé.*
Santelli (P.-M.) .... Capitaine adjudant-major, *blessé.*
Thomas (P.) .... Lieutenant, *blessé.*
Faurax (P.-M.) .... Lieutenant, *blessé.*
Féraud (J.-J.) .... Lieutenant, *blessé.*
Troyon (G.-O.) .... Lieutenant, *blessé.*
Ageau (F.-M.) .... Lieutenant, *blessé.*
Chauvin (J.-A.) .... Lieutenant, *blessé.*
Marion (G.-A.-L.) .... S.-Lieutenant, *blessé.*

ARTILLERIE

9ᵉ Régiment (22ᵉ batterie).

Aubrion (P.-A.) .... Capitaine, *blessé.*

GARDE NATIONALE MOBILE

3ᵉ Bataillon (Gironde).

Paris (J.) .... Lieutenant, *blessé.*

GARDE NATIONALE MOBILISÉE

1ʳᵉ Légion (Rhône) (2).

Bourgougnon (J.) .... Capitaine adjudant-major, *tué.*
Thiébault (Ch.-J.-Ed.) .... Lieutenant, *tué.*
Bac .... Lieutenant, *tué.*
Pattin (Ch.-A.) .... Lieutenant, *tué.*
Henriout (J.-F.) .... S.-Lieutenant, *tué.*
Celler (F.-P.) (3) .... Lieutenant-Colonel, *blessé*, mort le 24.
Fénédot (P.-E.) .... Capitaine, *blessé*, mort le 20.
Mélon (J.-M.) .... Capitaine, *blessé*, mort le 28.
Bridet (J.-M.) .... Lieutenant, *blessé*, mort le 26.
Bertrand (J.-N.) .... Lieutenant, *b'essé*, mort.
Clot (E.) .... Chef de bataillon, *blessé.*
Ricci (A.-J.) .... Capitaine, *blessé.*
Pouvillon (V.-M.-M.-H.) .... Capitaine, *blessé.*
Peluard (L.) .... Capitaine, *blessé.*
Guyot (F.) .... Capitaine, *blessé.*

(1) Formé d'une compagnie des 4ᵉ, 70ᵉ, 71ᵉ et de 3 compagnies de chacun des 66ᵉ, 69ᵉ, 90ᵉ et 93ᵉ de ligne.
(2) 10 officiers tués et 19 officiers blessés d'après l'historique.
(3) Capitaine d'état-major hors cadre.

ARMÉES DE PROVINCE

Defournoux.....................	Lieutenant, *blessé*.
Bellemain (M.-A.-F.).............	Lieutenant, *blessé*.
Allusse (J.)......................	Lieutenant, *b'essé*.
Pinet............................	S.-Lieutenant, *blessé*.
Pascal (J.-H.-G.).................	S.-Lieutenant, *blessé*.
Vallette.........................	S.-Lieutenant, *b'essé*.
Fontaine (L.)....................	S.-Lieutenant, *blessé*.
Pitrat (S.).......................	S.-Lieutenant, *blessé*.

2ᵉ Légion (Rhône).

Genetier.........................	Lieutenant, *tué*.
Rollet............................	S.-Lieutenant, *tué*.
Mouton (J.)......................	Capitaine, *blessé*.
Gourdan (Cl.)....................	Capitaine, *blessé*.
Jeauffret (L.)....................	Capitaine, *blessé*.
Fayolle..........................	S.-Lieutenant, *blessé*.
Chaine...........................	S.-Lieutenant, *blessé*.
Bévalet (A.).....................	S.-Lieutenant, *blessé*.

CORPS FRANCS

Eclaireurs du Rhône (dit de la 8ᵉ division militaire).

Millot...........................	Capitaine, *tué*.
Coursager (L.-B.)................	Capitaine, *blessé*.
Olivier...........................	Capitaine, *blessé*.

29 *bis*. — 18 décembre 1870. Reconnaissance sur Montrambert (rive gauche de l'Oignon) (Doubs).

GARDE NATIONALE MOBILISÉE

2ᵉ Légion (Jura) (1).

Bruchon.........................	Capitaine, *blessé*, mort le 20.

30. — 31 décembre 1870. Affaire de Crésancey (Haute-Saône).

CORPS FRANCS

Corps franc des Vosges.

Ferry (L.).......................	Lieutenant, *blessé*.

---

(1) 1ᵉʳ bataillon.

31. — 2 janvier 1871. Affaire du village de Courceaux (Yonne).

CORPS FRANCS

Francs-tireurs de Tarn-et-Garonne (1).

Teulières....................	Capitaine, *tué*.
N...........................	S.-Lieutenant, *blessé*.

Francs-tireurs d'Alger (2).

N........................... S.-Lieutenant, *blessé*.

32. — 2 janvier 1871. Affaire d'Abbévillers (Doubs).

CORPS FRANCS

Escadron polonais du corps des Vengeurs.

D'Insky (P.-L.) .... Lieutenant, *blessé*.

33. — 5 janvier 1871. Combat de Lévrecy (Haute-Saône).

INFANTERIE DE LIGNE

42° Régiment de marche.

Platel (M.-F.-V.).................	Lieutenant, *blessé*.
Schorr (E.-J.)....................	S.-Lieutenant, *blessé*.

34. — 6 janvier 1871.
Combat de Mont-Levernois (Haute-Saône).

INFANTERIE

4° Régiment de marche de zouaves.

Pascal (A.-J.-B.).................. Lieutenant, *blessé*.

35. — 7 janvier 1871. Combat de Clerval (Doubs).

INFANTERIE DE LIGNE

34° Régiment de marche.

Jaugeon (F.)...................... Capitaine, *blessé*.

---

(1) Compagnie.
(2) Compagnie.

36. — 9 janvier 1871. Bataille de Villersexel (Haute-Saône).

ÉTAT-MAJOR

BIGEON DE COURCY (R.-M.-L.)......	Capitaine auxiliaire, *blessé.*
MICHEL (M.-E.)..................	Lieutenant auxiliaire, *blessé.*

INFANTERIE DE LIGNE

92ᵉ Régiment.

ROCHE (L.-F.-V.) (1)..............	Chef de bataillon, *blessé.*
AUBRON (A.).....................	Capitaine adjudant-major, *blessé.*

44ᵉ Régiment de marche.

DUBOIS (J.-L.)....................	Lieutenant, *tué.*
BELLANGER (G.-V.)..............	S.-Lieutenant, *tué.*
ODOARD (L.).....................	Lieutenant, *blessé*, mort le 19.
MASSON (J.-P.)..................	S.-Lieutenant, *blessé*, mort le 14 fév.
MOURGUES DE CARRÈRE (E.-L.)......	Chef de bataillon, *blessé.*
GAVARY (L.-P.-N.)................	Capitaine, *blessé.*
PANIER DES TOUCHES (G.-L.-J.)......	Lieutenant, *blessé.*
SCHIÉS (A.)......................	S.-Lieutenant, *blessé.*

47ᵉ Régiment de marche.

POTHIER (A.-Ch.).................	Chef de bataillon, *tué.*
DEFORGES (N.-E.)................	Capitaine, *tué.*
CRESPEL (F.)....................	Capitaine, *tué.*
DELESQUEN (E.-M.-A.-M.)........	Lieutenant, *tué.*
MARTIN (J.-B.-Ch.-L.-Ed.).........	Capitaine, *blessé.*
ESPALLAC (J.)...................	Capitaine, *blessé.*
LIAUTEY (M.-D.).................	S.-Lieutenant, *blessé.*
LARROUY (J.-B.-I.)...............	S.-Lieutenant, *blessé.*

52ᵉ Régiment de marche (2).

HOUILLON (J.-J.).................	Capitaine, *tué.*
BRUN (L.-P.)....................	Capitaine, *blessé*, mort le 10.
ROUÈDE (J.-M.-J.)...............	Capitaine, *blessé*, mort le 21.

---

(1) Nommé lieutenant-colonel le 30 décembre 1870, pour commander le 67ᵉ régiment de mobiles.
(2) Formé de compagnies de marche. — 86ᵉ de ligne (3 compagnies). — 55ᵉ de ligne (2 compagnies). — 41ᵉ, 42ᵉ, 58ᵉ, 67ᵉ, 76ᵉ, 89ᵉ, 100ᵉ de ligne (1 compagnie).

CHASSEURS A PIED

9ᵉ Bataillon de marche.

Ball (L.-J.-B.)	S.-Lieutenant, *blessé*.
Troller (E.)	S.-Lieutenant, *blessé*.

3ᵉ Régiment de marche de zouaves.

Colomer (F.-J.)	S.-Lieutenant, *blessé*.

CAVALERIE

6ᵉ Régiment de marche de cuirassiers (1).

Hérissant (A.-C.-L.)	Capitaine, *blessé*.

5ᵉ Régiment de marche de dragons (2).

Leroy (V.-A.) (3)	Lieutenant, *blessé*.

ARTILLERIE

14ᵉ Régiment (18ᵉ batterie).

Derennes (E.-R.-F.)	Capitaine, *blessé*.
Laffon de Ladébat (E.-E.)	Lieutenant, *blessé*.

GARDE NATIONALE MOBILE

19ᵉ Régiment provisoire (Cher).

Durand de Lançon (A.)	Capitaine, *blessé*, mort le 19.

58ᵉ Régiment provisoire (Vosges).

Mathieu (J.-B.-L.)	S.-Lieutenant, *blessé*, mort le 21.
Anthoine (H.-L.-E.)	Capitaine, *blessé*.
Durand (E.-J.-B.)	Lieutenant, *blessé*.

Régiment provisoire (Corse) (4).

Parran (B.-Ch.)	Lieutenant-Colonel, *tué*.
Carboni (J.)	S.-Lieutenant, *blessé*.

---

(1) Formé d'un escadron des 2ᵉ, 3ᵉ, 4ᵉ et 10ᵉ cuirassiers.
(2) Formé d'un escadron des 7ᵉ, 8ᵉ, 9ᵉ et 12ᵉ dragons.
(3) Commandait l'escorte du général Bourbaki.
(4) 1ᵉʳ et 2ᵉ bataillons.

1ʳ et 2ᵉ Bataillons (Pyrénées-Orientales).

SCHNEIDER (A.)......................	Capitaine, *blessé.*
AUDONNET (P.)........................	S.-Lieutenant, *blessé.*
DONNEZAN (J.-C.-H.-A.)............	Médecin aide-major, *blessé.*
ARIBAUD (J.)...........................	Lieutenant, *blessé.*

37. — 9 janvier 1871. Affaire de Villers-la-Ville (Haute-Saône).

GARDE NATIONALE MOBILE

55ᵉ Régiment provisoire (Jura).

BAILLE (L.-C.)...................... Capitaine, *blessé.*

38. — 13 janvier 1871. Combat d'Arcey-Sainte-Marie (Doubs).

CHASSEURS A PIED

4ᵉ Bataillon de marche.

DESMOTS (E.-E.)...................... Lieutenant, *blessé.*

GARDE NATIONALE MOBILE

18ᵉ Régiment provisoire (Charente) (1).

BELON (P.)........................	Capitaine, *blessé.*
LAUGÉE (J.-L.-J.)..................	Capitaine, *blessé.*
ANGÉLY (J.-A.).....................	Lieutenant, *blessé.*
GRANDMAISON (F.-H.)..............	S.-Lieutenant, *blessé* (C).

87ᵉ Régiment provisoire (Basses-Pyrénées, Lozère) (2).

FORETS (A.-J.-E.)...................	Capitaine, *tué.*
JAMME (L.-A.).......................	Capitaine, *blessé.*

GARDE NATIONALE MOBILISÉE

1ʳᵉ Légion (Rhône).

VALENTIN...........................	Colonel, *blessé.*
PINET................................	Lieutenant, *blessé.*
BASSET (A.).........................	S.-Lieutenant, *blessé.*

---

(1) 1ᵉʳ, 2ᵉ et 3ᵉ bataillons.
(2) 1ᵉʳ et 3ᵉ bataillons (Basses-Pyrénées). — Bataillon unique (Lozère).

39. — 13 janvier 1871. Combat de Croix (Doubs).

CORPS FRANCS

Corps franc des Vosges.

PÉRONNE....................	S.-Lieutenant, *blessé.*

40. — 15, 16 et 17 janvier 1871. Bataille d'Héricourt (Haute-Saône).

ÉTAT-MAJOR GÉNÉRAL

CARROLL-TEVIS (Ch.) (1)............	Gén. de brig. auxiliaire, *blessé* le 16.

ÉTAT-MAJOR

LARKYNS (Harry)....................	Chef d'escadron auxiliaire, *blessé* le 16.
JUVENET (J.-P.)....................	Capitaine auxiliaire, *blessé* le 17.
COURCIER (Ch.-J.-L.) (2)............	Capitaine auxiliaire, *blessé* le 16.
MAUR (P.-J.-B.)....................	Capitaine auxiliaire, *blessé* le 15.
DE SAINT-RAYMOND.................	Lieutenant auxiliaire, *blessé* le 16.

INFANTERIE DE LIGNE

16ᵉ Régiment.

OUDIN (L.-E.).....................	Capitaine, *blessé* le 15.

92ᵉ Régiment (3).

BERTHONNAUD (J.-A.)..............	Capitaine, *blessé* le 16, mort le 23.
GUÉRIN (J.-M.)....................	Lieutenant, *blessé* le 16, mort le 17.
LEUNBERGER (H.-E.-B.)............	S. Lieut., *blessé* le 16, m. le 23 fév.
CACHON (J.-J.)....................	Lieutenant, *blessé* le 16.
MARTIN (Ch.)......................	S.-Lieutenant, *blessé* le 16.
PAUTRE (J.-A.)....................	S.-Lieutenant, *blessé* le 16.

Régiment de marche étranger.

TRICOT (M.).......................	Capitaine, *tué* le 19, au Montchevis.
LATESTÈRE (P.)....................	Lieutenant, *tué* le 15.
CAUMEL (A.)......................	Lieutenant, *blessé* le 17, mort le 18.
AMAND (E.-T.)....................	S.-Lieut., *blessé* le 16, m. le 19 fév.

---

(1) Général de brigade américain.
(2) Sous-inspecteur des forêts. — Etat-major de la 1ʳᵉ division du 20ᵉ corps.
(3) 1 officier tué et 6 officiers blessés (rapport du colonel Bardin).

ARMÉES DE PROVINCE 171

Séjal (J.-L.-E.)	Capitaine, *blessé* le 15.
Gabalda (A.-P.)	Capitaine, *blessé* le 16.
Cérésole (A.-D.-V.)	Capitaine, *blessé* le 15.
Dumont (M.-M.)	Lieutenant, *blessé* le 17.
Martinetti (J.-P.)	S.-Lieutenant, *blessé* le 16.
Béroud	S.-Lieutenant, *blessé* le 15.

32ᵉ Régiment de marche.

Pardieu (Ch.-L.)	Chef de bataillon, *tué* le 17.
Ménestrel (F.)	Capitaine, *blessé* le 17.
Ruamps (A.-P.-A.)	Lieutenant, *blessé* le 17.
Dubois (F.)	Lieutenant, *blessé* le 17.

33ᵉ Régiment de marche.

Zampa (J.-J.)	Capitaine, *blessé* le 15.
Aloïsi (D.-P.)	Capitaine, *blessé* le 15.

42ᵉ Régiment de marche.

Brignon (A.)	Chef de bataillon, *blessé* le 15.
Pasquier (V.)	Lieutenant, *blessé* le 15.
Boë (G.)	Lieutenant, *blessé* le 15.

44ᵉ Régiment de marche.

Carrié (J.-M.-C.-L.)	Capitaine, *blessé* le 15.
Domet de Mont (R.)	Capitaine, *blessé* le 15.
Escalup (Ch.-L.-U.)	S.-Lieutenant, *blessé* le 15.

47ᵉ Régiment de marche.

Pilleyre (A.)	S.-Lieutenant, *blessé* le 16.

50ᵉ Régiment de marche.

Ferrier (E.-V.-L.)	Chef de bataillon, *blessé* le 18.
Reculet (C.)	Lieutenant, *blessé* le 18.

52ᵉ Régiment de marche.

De la Briffe (A.-L.)	Capitaine, *blessé* le 17.
Sipaire (B.)	Lieutenant, *blessé* le 17.

53ᵉ Régiment de marche.

Decker (J.-G.)	Capit. adjud.-maj., *blessé* le 15, m. le 31.
Carayron (A.-A.)	Médecin aide-major, *blessé* le 15.
Coursilly (J.-F.)	S.-Lieutenant, *blessé* le 15.
Stivalet (R.)	S.-Lieutenant, *blessé* le 15.
Bourde (D.-J.-B.)	S.-Lieutenant, *blessé* le 15.

Rousseau........................ S.-Lieutenant, *blessé* le 15.
Berti (L.)....................... S.-Lieutenant, *blessé* le 17.

57ᵉ Régiment de marche.

Petit (F.)....................... Capitaine, *tué* le 16.
Turpin (F.-L.-J.)................ Lieutenant, *blessé* le 16, mort le 17.
Arnaud (L.-J.)................... Chef de bataillon, *blessé* le 16.
Regnault (L.-V.-E.).............. S.-Lieutenant, *blessé* le 16.
Soumet (J.-J.)................... S.-Lieutenant, *blessé* le 17.

60ᵉ Régiment de marche (1).

Boudin (J.-V.-V.-R.)............. Lieutenant, *blessé* le 16.

61ᵉ Régiment de marche (2).

Hayet............................ S.-Lieutenant, *tué* le 15.
Lepot............................ S.-Lieutenant, *tué* le 16.
Michard (E.-A.).................. Capitaine, *blessé* le 15, mort le 9 fév.
Schleininger (M.-I.)............. Capitaine, *blessé* le 15, mort le 16.
Senault (E.)..................... S.-Lieutenant, *blessé* le 16.
Astier (H.)...................... S.-Lieutenant, *blessé* le 16.

CHASSEURS A PIED

5ᵉ Bataillon de marche.

Métrot (A.-A.)................... Lieutenant, *blessé* le 16.
Bonnard (A.)..................... S.-Lieutenant, *blessé* le 16.

6ᵉ Bataillon de marche.

Clausset (L.-P.)................. Lieutenant, *blessé* le 15, m. le 26 fév.

12ᵉ Bataillon de marche (3).

Schletzen (J.-P.)................ S.-Lieutenant, *tué* le 17.

14ᵉ Bataillon de marche (4).

Vaster (J.-N.)................... S.-Lieutenant, *blessé* le 15.

---

(1) Formé de 4 compagnies du 27ᵉ, 5 compagnies du 93ᵉ et de 3 compagnies de chacun des 71ᵉ, 90ᵉ et 98ᵉ de ligne.
(2) Formé de 2 compagnies des 2ᵉ, 38ᵉ, 67ᵉ et 68ᵉ et d'une compagnie des 1ᵉʳ, 8ᵉ, 9ᵉ, 34ᵉ, 35ᵉ, 36ᵉ, 58ᵉ, 76ᵉ, 77ᵉ et 100ᵉ de ligne.
(3) Formé de 4 compagnies de marche du 5ᵉ bataillon.
(4) Formé de 4 compagnies de marche du 12ᵉ bataillon.

ARMÉES DE PROVINCE

15ᵉ Bataillon de marche (1).

Maurin (P.-J.)	Capitaine, *tué* le 16.
Sarda (J.-F.-G.)	Capitaine, *blessé* le 16.
Goudal (E.-L.)	Lieutenant, *blessé* le 16.
Tempère (A.)	S.-Lieutenant, *blessé* le 16.
Chassagnac (A.)	S.-Lieutenant, *blessé* le 16.
Grillat (F.-C.-E.)	S.-Lieutenant, *blessé* le 16.
Mourey (B.-J.-B.)	S.-Lieutenant, *blessé* le 16.

21ᵉ Bataillon de marche (2).

Dubesch	Lieutenant, *blessé* le 16.

25ᵉ Bataillon de marche (3).

Mariani (C.)	Capitaine, *blessé* le 16.
Tixier (H.)	S.-Lieutenant, *blessé* le 16.

ZOUAVES

1ᵉʳ Régiment de marche.

Picquet (C.-J.)	Capitaine, *tué* le 14.
Donnat (M.-E.)	S.-Lieutenant, *tué* le 14.
Petoletti (J.)	S.-Lieutenant, *blessé* le 15.
Mahieu (J.-A.-A.)	S.-Lieutenant, *blessé* le 15.
Billard (P.-A.-B.-L.)	S. Lieutenant, *blessé* le 15.

3ᵉ Régiment de marche.

Contier (A.-J.-L.)	Lieutenant, *blessé* le 17.

4ᵉ Régiment de marche.

Hanoteau (G.)	Capitaine, *tué* le 16.
Fraenkel (E.)	Capitaine, *tué* le 16.
Brajeux (L.-R.)	S.-Lieutenant, *tué* le 16.
Boulé (J.-P.)	Lieutenant, *blessé* le 16, mort le 22.
Boerner (Ch.-H.)	Capitaine, *blessé* le 16.
Pierre (V.-I.)	Capitaine, *blessé* le 16.
Bourgougnon (L.-M.)	Capitaine, *blessé* le 16.
Germond (J.)	S.-Lieutenant, *blessé* le 16.

---

(1) Formé de 6 compagnies de marche du 16ᵉ bataillon.
(2) Formé de 6 compagnies de marche venant des 3ᵉ, 5ᵉ, 6ᵉ, 8ᵉ et 9ᵉ bataillons.
(3) Formé de 4 compagnies de marche du 14ᵉ bataillon.

1ᵉʳ Régiment de marche de tirailleurs algériens (1).

Mohamed-ben-Sadek............	Lieutenant, *blessé* le 16, m. le 14 fév.
Omar-ben-Mohamed-Chaouch......	Lieutenant, *blessé* le 16.
Leroux (J.-M.)................	S.-Lieutenant, *blessé* le 15.
Chaume (E.-E.-N.)..............	S.-Lieutenant, *blessé* le 15.
Meslé (J.-L. de Gonzague)........	S.-Lieutenant, *blessé* le 15.

ARTILLERIE

ÉTAT-MAJOR PARTICULIER

Tessier (F.-J.-A.)................	Lieutenant-Colonel, *blessé* le 16.

2ᵉ Régiment (18ᵉ batterie).

Schwartz (N.)...................	Lieutenant, *blessé* le 16.
Prinvault.......................	S.-Lieutenant, *blessé* le 16.

3ᵉ Régiment (4ᵉ batterie de montagne et 7ᵉ batterie).

Beitz (P.).......................	S.-Lieutenant, *blessé* le 15.
Bastien (J.-R.)..................	S.-Lieutenant, *blessé* le 17.

6ᵉ Régiment (18ᵉ batterie).

Bonnel (F.-A.)..................	S.-Lieutenant, *tué* le 15.
Des Essarts (M.-M.).............	Capitaine, *blessé* le 15, mort le 27.

7ᵉ Régiment (18ᵉ et 20ᵉ batteries).

Duplessis de Grenedan (A.-R.-A.-F.)	Capitaine, *blessé* le 15.
Lefebvre (G.-P.).................	S.-Lieutenant, *blessé* le 16.
Chartier (A.)...................	S.-Lieutenant, *blessé* le 15.

9ᵉ Régiment (18ᵉ batterie).

Parriaud (C.-M.)................	Capitaine, *blessé* le 16.

13ᵉ Régiment (21ᵉ batterie).

Vaquier (L.)....................	S.-Lieutenant, *blessé* le 16.

14ᵉ Régiment (22ᵉ batterie).

Allix (A.-T.)...................	S.-Lieutenant, *blessé* le 15.

15ᵉ Régiment (23ᵉ batterie).

De Malet (G.-F.-V.-J.)...........	Capitaine, *blessé* le 15.

(1) A la date du 1ᵉʳ janvier 1871. — Ce régiment se composait de 8 compagnies de marche du 1ᵉʳ régiment, de 3 compagnies de marche du 2ᵉ régiment et de 7 compagnies de marche du 3ᵉ régiment.

ARMÉES DE PROVINCE 175

GARDE NATIONALE MOBILE

12ᵉ Régiment provisoire (Nièvre).

Mignot (G.)	Capitaine, *blessé* le 16.

14ᵉ Régiment provisoire (Yonne).

Marion (T.-G.)	S.-Lieutenant, *blessé* le 17, mort le 19.
Collomb (H.-F.-E.)	Capitaine, *blessé* le 17.
Serrebource (J.-M.-E.-P.)	Lieutenant, *blessé* le 15.

18ᵉ Régiment provisoire (Charente).

De Marcellus (L.) (1)	Capitaine, *tué* le 17.
Esroches de Chassay (J.-F.-L.-R. d')	Lieutenant, *blessé* le 15, mort le 16.
Vivier (A.-F.)	Chef de bataillon, *blessé* le 17.
Couzy (A.)	Capitaine adjudant-major, *blessé* le 16.
Masfrand (L.-E.-E.)	Capitaine, *blessé* le 15.
Motteau (J.-E.)	Capitaine, *blessé* le 17.
Guimbellot (F.-M.)	Capitaine, *blessé* le 17.
Veyret-Logerias (J.-B.-N.)	Capitaine, *blessé* le 16.
De Laurière (Pasquet du Bousquet).	Lieutenant, *blessé* le 16.
Thomas (L.-J.-M.)	S.-Lieutenant, *blessé* le 16.
Grandmaison (F.-H.)	S.-Lieutenant, *blessé* le 16.

32ᵉ Régiment provisoire (Puy-de-Dôme).

De Champrobert (P.-M.)	Lieutenant, *blessé* le 15.
De Goy (Ch.-F.-A.)	Lieutenant, *blessé* le 15.
Parry (Ch.-S.)	Lieutenant, *blessé* le 15.
Gerbe (V.)	S.-Lieutenant, *blessé* le 15.

55ᵉ Régiment provisoire (Jura).

De Vaulchier (B.-E.-F.-A.)	Chef de bataillon, *blessé* le 16.
Baille (L.-C.)	Capitaine, *blessé* le 19.
Gaucher (G.)	Capitaine, *blessé* le 15.

73ᵉ Régiment provisoire (Loiret-Isère).

Favril (J.-B.)	Lieutenant, *tué* le 16.
De Rancourt de Mimerand (G.-M.-P.)	Lieutenant-colonel, *blessé* le 15.
De Barrin (H.)	Chef de bataillon, *blessé* le 16.
Rinjard (E.-F.-J.)	Lieutenant, *blessé* le 15.
Viarmé (E.)	Lieutenant, *blessé* le 15.

---

(1) Martin de Tyrac de Marcellus (M.-L.-A.).

Dumet (L.-V.) .... S.-Lieutenant, *blessé* le 15.
Mathé (J.) .. .. S.-Lieutenant, *blessé* le 15.

77ᵉ Régiment provisoire (Tarn, Maine-et-Loire, Allier) (1).

Pasqueraye de Rouzay (L.-E.) ...... Lieutenant, *blessé* le 17, mort le 30.
De Villeneuve (P.-L.-R.-R.) .... Capitaine, *blessé* le 15.
Géronis (F.) .... Lieutenant, *blessé* le 17.

83ᵉ Régiment provisoire (Aude-Gers) (2).

Pech de Lestanière (M.-A.-J.-A.) ... Lieutenant-Colonel, *tué* le 16.
Mir (J.) .... Capitaine adjudant-major, *blessé* le 16.
Lapasset (B.-A.-J.-B.) .... Lieutenant, *blessé* le 16.
Gleizes .... S.-Lieutenant, *b'essé* le 16.
Boudet (A.) .... S.-Lieutenant, *blessé* le 16.

86ᵉ Régiment provisoire (Saône-et-Loire) (3).

Margue (T.) .... Capitaine, *tué* le 17.
Duréault (A.) .... Lieutenant, *blessé* le 17.

4ᵉ Bataillon (Loire).

Deville (J.-C.-L.) .... S.-Lieutenant, *tué* le 17.

3ᵉ Bataillon (Gironde) (4).

N .... Lieutenant, *blessé* le 16.

1ᵉʳ Bataillon (Savoie).

Besancenot (F.) .... Capitaine, *tué* le 16.
Milan (F.-S.) .... Capitaine, *tué* le 16.
Desmoulins .... Médecin aide-major, *blessé* le 16, mort.
Costa de Beauregard (M.-C.-A.) .... Chef de bataillon, *blessé* le 16.
De Cordon (J.-M.) .... Capitaine, *blessé* le 16.
Dorlut (F.) .... Lieutenant, *blessé* le 16.
Hugard (L.-P.-M.) .... Lieutenant, *blessé* le 16.
Fayol (L.-A.) .... Lieutenant, *blessé* le 16.

---

(1) 4ᵉ bataillon (Tarn). — 5ᵉ bataillon (Maine-et-Loire). — 4ᵉ bataillon (Allier).
(2) 1ᵉʳ et 2ᵉ bataillons (Aude). — 3ᵉ bataillon (Gers).
(3) 6ᵉ, 7ᵉ et 8ᵉ bataillons (Saône-et-Loire).
(4) Formant bataillon de chasseurs à la division Cremer.

ARMÉES DE PROVINCE 177

ARTILLERIE

2ᵉ Batterie (Isère).

LABOUREUX (P.-A.-H.).............. Capitaine, *blessé* le 17.

GARDE NATIONALE MOBILISÉE

1ʳᵉ Légion (Rhône).

SAVOYE........................... Lieutenant, *tué* le 15.

2ᵉ Légion (Rhône).

GERBOZ........................... Capitaine, *blessé* le 18.
GOBLET........................... Lieutenant, *blessé* le 15.
DESCHET (G.)..................... S.-Lieutenant, *blessé* le 15.

CORPS FRANCS

Eclaireurs du Haut-Rhin.

LAGRELETTE (P.-A.) .... Lieutenant, *tué* le 16.

Eclaireurs du Rhône (dit de la 8ᵉ division militaire).

MILLOT........................... Capitaine, *tué* le 17.

Légion alsacienne et lorraine de la Gironde.

VAUTRAIN (A.-N.)................. Capitaine, *tué* le 16.
MOLITOR.......................... Lieutenant, *tué* le 16.

MARINE

Régiment d'artillerie (35ᵉ batterie).

LA BERGE (E.-J.-V.).............. Capitaine, *blessé* le 16.

41. — **18 janvier 1871. Combat d'Abbévillers (Doubs).**

CORPS FRANCS

Corps franc des Vosges.

FERRIER (F.)..................... S.-Lieutenant, *blessé*, mort le 24.
MARQUISET........................ Lieutenant, *blessé*.

Etat nominatif.

42. — 19 janvier 1871. Combat de Vesoul.

CORPS FRANCS

3ᵉ Compagnie des Francs-tireurs libres du Rhône.

JOLY .... Lieutenant, *blessé*.

43. — 21 janvier 1871. Combat de Dôle (Jura).

GARDE NATIONALE SÉDENTAIRE

Garde nationale du Jura.

BERTHET (X.) .... Lieutenant, *blessé*, mort le 22.
MARLIN-MACHUREY................ Capitaine, *blessé*.
CRETIN .... Lieutenant, *blessé*.

44. — 21, 22 et 23 janvier 1871. Combats autour de Dijon.

ÉTAT-MAJOR GÉNÉRAL

BOSACK-HAUKÉ (J.) (1)............. Général de brig. auxiliaire, *tué* le 21.

OFFICIERS AUXILIAIRES HORS CADRES

LABAT............................ Chef de bataillon, *blessé* le 23.
CIOTTI (M.) .... Chef de bataillon, *blessé* le 23.
RAYMOND-LÉON DE FRAES (L.)....... Chef de bataillon, *blessé* le 23.
VICHARD.......................... Capitaine, *blessé* le 21.
AVELINE (E.)..................... Lieutenant, *blessé* le 23.

GARDE NATIONALE MOBILE

42ᵉ Régiment provisoire (Aveyron).

CHAMPAGNEUR (C.)................. Chef de bataillon, *blessé* le 21.
DE GISSAC (Ch.).................. Capitaine, *blessé* le 21.
FRANQUES (P.).................... Capitaine, *blessé* le 21.
VILLA (J.-S.-L.)................. Lieutenant, *blessé* le 21.

87ᵉ Régiment provisoire (Basses-Pyrénées, Lozère).

DE SAINT-JULIEN (H.-A.-M.)........ Capitaine, *blessé* le 23.

---

(1) Ancien colonel de l'armée russe.

ARMÉES DE PROVINCE

Régiment des Alpes-Maritimes.

Dubois (Ch.-A.-M.)	Lieutenant, *tué* le 21.
Guide (J.-M.)	Chef de bataillon, *blessé* le 21.

GARDE NATIONALE MOBILISÉE

1re Légion (Ain).

Maitrepierre (P.)	Capitaine, *blessé* le 23.

1re Légion (Isère).

Odru (A.-J.)	Capitaine, *tué* le 22.
Bleton (A.-A.-B.)	Colonel, *blessé* le 21.
Fossorier (M.-C.)	Chef de bataillon, *blessé* le 21.

2e Légion (Saône-et-Loire).

Armangeon (P.)	Lieutenant, *tué* le 23.
Boissot (P.)	S.-Lieutenant, *tué* le 23.
Paillard (P.)	S.-Lieutenant, *tué* le 23.
Mellenot (L.)	Capitaine, *blessé* le 22.

3e Légion (Saône-et-Loire).

Braconnier	Chef de bataillon, *tué* le 23.
Jeunet (C.-C.)	Capitaine, *tué* le 23.
Journet (J.)	S.-Lieutenant, *tué* le 23.
Lafaye (B.)	S.-Lieutenant, *tué* le 23.
Milliat (E.)	Médecin aide-major, assassiné le 22.
Morin (A.)	Médecin aide-major, assassiné le 22.
Dautun (J.)	Capitaine, *blessé* le 23, mort le 25.
Perrier	Capitaine, *blessé* le 23, mort le 1er fév.
Chèze (J.-B.)	S.-Lieutenant, *blessé* le 23, mort.
Sarrien	Capitaine, *blessé* le 23.
Merle	Lieutenant, *blessé* le 23.

CORPS FRANCS

Francs-tireurs de la Savoie (1).

Challier (J.)	S.-Lieutenant, *tué* le 21.
Michard (L.)	Capitaine, *blessé* le 23.

---

1) Compagnie du Mont-Blanc.

Chasseurs des Alpes-Maritimes.

LEWITZKY (A.)..................... Lieutenant, *blessé* le 21, mort le 29.
GIAUME (F.-T.-J.-B.).............. Lieutenant, *blessé* le 21.

Chasseurs de la Croix de Nice.

ROUX (J.-E.)....................... Lieutenant, *blessé* le 23.

Francs-tireurs de l'Aveyron.

RODAT (L.)......................... Capitaine, *blessé* le 23.

Francs-tireurs de Constantine.

COTTET............................. Capitaine, *blessé* le 21.

Francs-tireurs garibaldiens-toulonnais.

DANILO............................. Capitaine, *tué* le 21.

Francs-tireurs volontaires du Rhône (1).

BARABAN........................... Capitaine, *blessé* (C.) le 21.
GERMAIN............................ Capitaine, *blessé* (C.) le 23.
MICHAUD............................ Lieutenant, *blessé* le 21.

Francs-tireurs des Vosges.

LOSTE (J.).......................... Colonel, *blessé* le 22, mort le 31.
FERRIER............................. S.-Lieutenant, *blessé* le 21, mort le 24.

Volontaires garibaldiens, légion Ravelli (2).

RAVELLI............................. Colonel, *tué* le 21.
PERLA............................... Major, *tué* le 21.
ORENSE............................. Capitaine, *tué* le 21.
CAVALOTTO (G.).................... S.-Lieutenant, *tué* le 21.
LAZARINO (F.)...................... Lieutenant, *blessé* le 21, mort le 31.
BETTINI (Ch.)....................... S.-Lieutenant, *blessé* le 21, m. le 7 fév.
DENOBILIT (A.)..................... S.-Lieutenant, *blessé* le 21, mort le 29.
FILO (I.)............................. S.-Lieutenant, *blessé* le 21, mort le 25.
AJUTI (F.).......................... Capitaine, *blessé* le 21.
DELL-ISOLA (L.).................... S.-Lieutenant, *blessé* le 23,
CÉRUTI (C.)........................ S.-Lieutenant, *blessé* le 21.
CAPELLI............................ S.-Lieutenant, *blessé* le 21.

---

(1) Bataillon à 4 compagnies.
(2) Légion à 3 bataillons.

ARMÉES DE PROVINCE

Guérilla marseillaise (1).

PETIT............................... S.-Lieutenant, *tué* le 23.

45. — 23 janvier 1871. Combat de Clerval (Doubs).

INFANTERIE DE LIGNE

63ᵉ Régiment de marche (2).

GUYON (M.-D.)..................... Lieutenant, *blessé*.

46. — 23 janvier 1871. Combat de Blamont (Doubs).

INFANTERIE DE LIGNE

60ᵉ Régiment de marche.

VINCIGUERRA (J.-P.)............... Lieutenant, *blessé*.
DE LA BERNARDERIE................. Sous-Lieutenant, *blessé*.

47. — 26 janvier 1871. Combat de Vorges (Doubs).

INFANTERIE DE LIGNE

39ᵉ Régiment.

ANTOINE (F.-N.).................... Lieutenant, *tué*.
LAIRE (CH.-J.-T.).................. Lieutenant, *blessé*.
DUDAC (M.-J.)...................... Lieutenant, *blessé* le 25.

GARDE NATIONALE MOBILE

25ᵉ Régiment provisoire (Gironde).

TAVERNIER (J.-J.).................. Capitaine, *blessé*, mort le 6 mars.
LASSERRE (F.-L.)................... S.-lieutenant, *blessé*, mort le 18 février.

48. — 29 janvier 1871. Affaire de Chaffois (Doubs).

CHASSEURS A PIED

25ᵉ Bataillon de marche.

DE FALAISEAU (A.-CH.-H.)........... Capitaine, *tué*.
BAILLY (V.-A.)..................... Chef de bataillon, *blessé*.
LAUNAY (A.-F.-M.).................. Sous-Lieutenant, *blessé*.

---

(1) Bataillon à 4 compagnies.
(2) Formé d'un bataillon de marche de chacun des 78ᵉ, 84ᵉ et 85ᵉ de ligne.

49. — 29 janvier 1871. Affaire près de Pontarlier (Doubs).

INFANTERIE

1ᵉʳ Régiment de marche de tirailleurs algériens.

BAILLEUL (C.-A.).................. Lieutenant, *blessé*.

50. — 29 janvier 1871. Affaire de Sombacourt (Doubs).

GARDE NATIONALE MOBILE

12ᵉ Régiment provisoire (Nièvre).

FLAMEN D'ASSIGNY (H.-J.).......... Capitaine, *blessé*.

18ᵉ Régiment provisoire (Charente).

PLUMEREL (CH.-A.-A.).............. Sous-Lieutenant, *tué*.

51. — 31 janvier 1871. Combat de Vaux (Doubs).

GARDE NATIONALE MOBILISÉE

1ʳᵉ Légion (Rhône).

N............................... Capitaine, *blessé*.

52. — 1ᵉʳ et 2 février 1871. Combat de la Cluse (Doubs).

INFANTERIE DE LIGNE

42ᵉ Régiment de marche.

LEPAIN (J.)....................... Sous-Lieutenant, *tué* le 2.
COUSTON (P.-H.-A.)................ Lieutenant-Colonel, *blessé* le 1ᵉʳ.

44ᵉ Régiment de marche.

ACHILI (P.)....................... Lieutenant-Colonel, *tué* le 1ᵉʳ.
GORINCOURT (J.)................... Chef de bataillon, *tué* le 1ᵉʳ.
SCHROEDER (J.).................... Sous-Lieutenant, *tué* le 1ᵉʳ.
BELLENEY (D.-F.-E,)............... Capitaine, *blessé* le 1ᵉʳ.
REBEYROTTES (L.).................. Capitaine, *blessé* le 1ᵉʳ.
FOUQUET (D.-L.)................... Lieutenant, *blessé* le 1ᵉʳ.
BOESCH (J.-E.).................... Sous-Lieutenant, *blessé* le 1ᵉʳ.
JOUVE (A. JAY).................... Sous-Lieutenant, *blessé* le 1ᵉʳ.

MARINE

Régiment de marche d'infanterie.

BEAUPOIL DE SAINT-AULAIRE (C.-F.)..	Chef de bataillon, *tué* le 1er.
PELAT........................	Sous-Lieutenant, *disparu* le 1er.
GINISTI (F.-P.)..................	Lieutenant, *blessé*.

IV° ARMÉE DU NORD

1. — 20 novembre 1870. Affaire de Vouel, près Saint-Quentin.

GARDE NATIONALE MOBILISÉE

1re Légion (Somme).

Petit (Ch.-Z.-H.).................... Capitaine, *tué.*

2. — 24 novembre 1870. Reconnaissance sur Démuin (Somme).

INFANTERIE DE LIGNE

69e Régiment de marche (1er bataillon de marche du 43e de ligne).

Blain (J.-J.-F.).................... S.-Lieutenant, *tué.*
Jouvainroux (L.-Ch.-A.)............ S.-Lieutenant, *blessé* mort le 3 déc.

ARTILLERIE

15e Régiment (2e batterie principale).

Laviolette (P.-L.-J.).............. S.-Lieutenant, *tué.*

3. — 26 novembre 1870. Combat de Gentelles (Somme).

INFANTERIE DE LIGNE

68e Régiment de marche (1er bataillon de marche du 33e de ligne, 1er et 2e bataillons de marche du 24e).

Desquilbé (L.).................... S.-Lieutenant, *blessé.*

CHASSEURS A PIED

18e Bataillon de marche (5 compagnies de marche du 1er bataillon).

Jean (J.-L.)...................... Chef de bataillon, *tué.*

20e Bataillon de marche (5 compagnies de marche du 20e bataillon).

Thiébaud (H.)..................... S.-Lieutenant, *blessé.*

4. — 27 novembre 1870. Bataille de Villers-Bretonneux (Somme).

OFFICIERS HORS CADRES

Dufaure du Bessol (J.-A.).......... Colonel, *blessé* (C.).

INFANTERIE DE LIGNE

67ᵉ Régiment de marche (1ᵉʳ bataillon de marche du 65ᵉ et 1ᵉʳ et 2ᵉ bataillons de marche du 75ᵉ de ligne).

Souville (L.-P.)..................	Lieutenant, *tué*.
Tournebize (J.)..................	Lieutenant, *tué*.
Barbier de Villeneuve (P.-C.-E.)...	Lieutenant, *blessé*, mort le 16 déc.
Dohen (J.-F.-E.)..................	Lieutenant, *blessé*, mort le 29.
Gaches (D.).......................	S.-Lieutenant, *blessé*, mort le 4 déc.
Labriet (F.)......................	Capitaine, *blessé*.
Sicre (B.)........................	Lieutenant, *blessé*.
Huet (L.-E).......................	S.-Lieutenant, *blessé*.
Paulet (A.-L.)....................	S.-Lieutenant, *blessé*.
Kuntzel (C.-J.)...................	S.-Lieutenant, *blessé*.

68ᵉ Régiment de marche (1 bataillon du 33ᵉ et 2 bataillons du 24ᵉ).

Moussaud (A.-D.).................. Médecin aide-major, *blessé*.

69ᵉ Régiment de marche (1ᵉʳ et 2ᵉ bataillons de marche du 43ᵉ de ligne).

Roslin (O.).......................	Chef de bataillon, *tué*.
Dancla (J.-J.)....................	Capitaine, *blessé*.
Wahlen (E.-M.)....................	Capitaine, *blessé*.
Lemaitre (L.-P.)..................	Lieutenant, *blessé*.
Lagrenée (R.).....................	Lieutenant, *blessé*.
Pincherelle (C.-E.)...............	Lieutenant, *blessé*.

72ᵉ Régiment de marche (1 bataillon du 91ᵉ de ligne).

Lembeye (M.)....................... Lieutenant, *blessé*.

CHASSEURS A PIED

2ᵉ Bataillon de marche (3 compagnies de marche des 1ᵉʳ, 2ᵉ et 17ᵉ bataillons).

Boisguion (M.-Ch.-A.)	Capitaine adjudant-major, *tué*.
Wannesson (H.-O.).................	S.-Lieutenant, *blessé* (C.).

ARMÉES DE PROVINCE

18ᵉ Bataillon de marche (5 compagnies du 1ᵉʳ bataillon).

SOMMERVOGEL (M.-J.-F.-X.)	Lieutenant, *blessé*.
ROUGIER (A.)	S.-Lieutenant, *blessé*.
KALME (H.)	S.-Lieutenant, *blessé*.

19ᵉ Bataillon de marche (5 compagnies de marche du 2ᵉ bataillon).

GIOVANNINELLI (A.-L.)	Chef de bataillon, *b'essé*.
DE NÉGRIER (F.-O.) (1)	Capitaine, *blessé*.
BOURELY (M.-J.-A.)	Capitaine, *blessé*.
CARBONNEL DE CANISY (M.-E.-H.)	Capitaine, *blessé*.
THOMAS (A.-J.)	Capitaine, *blessé*.
AYMÈS (G.)	Lieutenant, *blessé*.
CAVAIGNAC (G.-F.-A.)	Lieutenant, *blessé*.
COQUELET (H.-A.)	Lieutenant, *blessé*.

20ᵉ Bataillon de marche (5 compagnies de marche du 20ᵉ bataillon).

HERBIN (G.-H.)	S.-Lieutenant, *tué*.
ROUSSET (F.-S.-A.)	Lieutenant, *blessé*.

CAVALERIE

8ᵉ Régiment de dragons (1 détachement).

PERROT DE THANNBERG (G.) (2)	Capitaine, *blessé*.

ARTILLERIE

15ᵉ Régiment.

DURAND (P.-A.-H) (3)	Capitaine, *blessé*.

GARDE NATIONALE MOBILE

46ᵉ régiment provisoire (Nord) (4).

BOITELLE	Chef de bataillon, *blessé*.
GATUMEAU (L.)	Capitaine, *blessé*.

47ᵉ Régiment provisoire (Nord) (5).

CHOCQUEEL (A.-F.-L.)	Lieutenant, *blessé*.
QUENSON (Ch.)	Lieutenant, *blessé*.

---

(1) Chef de bataillon du 24 novembre.
(2) Officier d'ordonnance du général Paulze d'Ivoy.
(3) Était attaché à l'état-major particulier de l'artillerie.
(4) Formé des 1ʳᵉˢ, 2ᵉ, 5ᵉ, 6ᵉ, 7ᵉ compagnies du 1ᵉʳ bataillon; 1ʳᵉ, 2ᵉ, 3ᵉ, 4ᵉ, 5ᵉ compagnies du 2ᵉ bataillon et des 1ʳᵉ, 4ᵉ, 5ᵉ, 6ᵉ, 7ᵉ compagnies du 3ᵉ bataillon.
(5) Formé des 1ʳᵉ, 2ᵉ, 3ᵉ, 4ᵉ, 5ᵉ compagnies du 4ᵉ bataillon; 1ʳᵉ, 3ᵉ, 5ᵉ, 6ᵉ, 7ᵉ compagnies du 5ᵉ bataillon et des 1ʳᵉ, 2ᵉ, 3ᵉ, 4ᵉ, 5ᵉ compagnies du 6ᵉ bataillon.

48ᵉ Régiment provsoire (Nord) (1).

De Brigode (P.-O.)..............	Capitaine, *tué*.
Cocheteux (A.-J.)..............	Lieutenant, *tué*.
Pourpe (A.)....................	Lieutenant, *blessé*, mort le 28.
Sasselange (E.)................	Lieutenant, *blessé*.
Herbaux (H.)...................	Lieutenant, *blessé*.
Villers (P.-F.-R.)	Lieutenant, *blessé*.

MARINE

8ᵉ Bataillon de marche d'infanterie (2).

Lefrançois (P.)................	S.-Lieutenant, *blessé*, mort le 13 déc.
Grimal (T.)....................	Capitaine, *blessé*.

ÉQUIPAGES DE LA FLOTTE

Régiment de fusiliers marins (1ᵉʳ, 2ᵉ bataillons de Brest et 3ᵉ bataillon de Toulon).

Bertrand (F.-D.-H.)............	Lieutenant de vaisseau, *blessé*, mort.

1ʳᵉ Batterie mixte de marine (3).

Meusnier (F.-M.)...............	Lieutenant de vaisseau, *tué*.

5. — Nuit du 9 au 10 décembre. Surprise de Ham (Somme).

INFANTERIE DE LIGNE

72ᵉ Régiment de marche (1ᵉʳ bataillon de marche du 91ᵉ de ligne).

Oudard (J.-A.-C.)..............	Lieutenant, *blessé*.

6. — 23 décembre 1870. Bataille de Pont-Noyelles (Somme).

OFFICIERS HORS CADRES

Pittié (F.-G.)..................	Colonel, *blessé*.

---

(1) Formé des 1ʳᵉ, 2ᵉ, 3ᵉ, 4ᵉ, 5ᵉ compagnies du 7ᵉ bataillon; 1ʳᵉ, 2ᵉ, 3ᵉ, 4ᵉ, 5ᵉ compagnies du 8ᵉ bataillon et des 1ʳᵉ, 2ᵉ, 3ᵉ, 4ᵉ, 7ᵉ compagnies du 9ᵉ bataillon.
(2) Formé au dépôt du 2ᵉ régiment, à Brest, des compagnies H, I, J, K, L.
(3) Formée avec des marins et des gardes mobiles.

SERVICE DE SANTÉ

Mourgues (1).................... Médecin aide-major, *blessé*.

INFANTERIE DE LIGNE

67ᵉ Régiment de marche.

Didio (J.-L.)..................... Capitaine, *blessé*.
Stéfani (R.)..................... Lieutenant, *blessé*.

68ᵉ Régiment de marche (1ᵉʳ bataillon de marche du 64ᵉ et 1ᵉʳ et 2ᵉ bataillons de marche du 24ᵉ de ligne).

Lacrampe (E.).................... S.-Lieutenant, *blessé*.

69ᵉ Régiment de marche.

Haurat-Cazenave (P.-M.)......... Capitaine, *tué*.
Fradin de Linière (Ch.-L.)........ Lieutenant-Colonel, *blessé*.
Bouilly (D.-G.)................... Lieutenant, *blessé*.
Menu (A.-H.).................... Lieutenant, *blessé*.

72ᵉ Régiment de marche (1ᵉʳ bataillon de marche du 33ᵉ et 1ᵉʳ et 2ᵉ bataillons de marche du 91ᵉ de ligne).

Vinciguerra (J.-S.)............... Lieutenant, *tué*.
Tricher (Ch.-T.).................. Lieutenant, *blessé*, mort le 24.
Mauss (E.)....................... Lieutenant, *blessé*.
Miannay (L.-D.).................. Lieutenant, *blessé*.
Leschi (D.)...................... S.-Lieutenant, *blessé*.
Désorthès (P.)................... S.-Lieutenant, *blessé*.

CHASSEURS A PIED

17ᵉ Bataillon de marche (5 compagnies de marche du 17ᵉ bataillon).

Braun (M.-F.-G.)................. Capitaine, *blessé*.
Halet (D.-V.-V.).................. S.-Lieutenant, *blessé*.

18ᵉ Bataillon de marche.

Jan (J.).......................... Capitaine, *tué*.
Vaton (A.-A.).................... Chef de bataillon, *blessé*.
Burlin (E.-E.).................... Capitaine, *blessé*,

---

(1) Garde nationale mobile du Nord.

EDIGHOFFEN (J.)............ Capitaine, *blessé*.
NAUDIN (A.-A.)............. S.-Lieutenant, *blessé*.
PLANTÉ (A.-M.-L.).......... S.-Lieutenant, *blessé*.

19ᵉ Bataillon de marche.

COHENDET (A.).............. Lieutenant, *tué*.

20ᵉ Bataillon de marche.

GRIMES (A.-P.-J.-A.)....... Capitaine, *tué*.
VIROT (J.-A.).............. S.-Lieut., *blessé*, mort le 1ᵉʳ janv. 1871.

ARTILLERIE

12ᵉ Régiment (3ᵉ batterie).

COLIN (G.-R.).............. S.-Lieutenant, *blessé*.

GÉNIE

2ᵉ Régiment (2ᵉ compagnie bis de sapeurs).

LUCCHINI (D.).............. Capitaine, *blessé*.

GARDE NATIONALE MOBILE

Officiers hors cadres.

DE FOLLETAN................ Lieutenant, *blessé*.

44ᵉ Régiment provisoire (Gard) (1).

THIBAUT-RESTE (M.-P.-M.)... Lieutenant, *tué*.
LASALLE (G.)............... Lieutenant, *blessé*.

46ᵉ Régiment provisoire (Nord).

ROUSSEAU (E.-E.)........... S.-Lieutenant, *tué*.
MOTTE (A.)................. Lieutenant, *blessé*, mort le janv. 1871.
DUPONT (A.)................ Capitaine, *blessé*.
SIEBER (H.)................ Capitaine, *blessé*.
MARISCAL (L.).............. S.-Lieutenant, *blessé*.
LARGILLIÈRE (J.-B.)........ S.-Lieutenant, *blessé*.

48ᵉ Régiment provisoire (Nord).

TAUCHON (Ch.).............. Chef de bataillon, *blessé*.
BOSSUT (A.-P.)............. Lieutenant, *blessé*.

---

1) 2ᵉ, 3ᵉ, 3ᵉ *bis* bataillons.

91ᵉ Régiment provisoire (Pas-de-Calais) (1).

Lauthiez (A.-C.)	Capitaine, *blessé*.
Baudinet (J.)	Capitaine, *blessé*.
Dhuime (F.-A.-A.)	Lieutenant, *blessé*.
Gros (P.-M.-L.)	Lieutenant, *blessé*.

101ᵉ Régiment provisoire (Somme et Marne) (2).

Huré (A.-E.)	Chef de bataillon, *blessé*.
Degove (G.-M.-E.)	Capitaine adjudant-major, *blessé*.
Lambert (L.-E.-P.)	S.-Lieutenant, *blessé*.

GARDE NATIONALE MOBILISÉE

3ᵉ Régiment (Nord) (3).

Houdard	Capitaine adjudant-major, *blessé*.
Bouchery	Capitaine, *blessé*.
Bartier	Capitaine, *blessé*.
Duriez	Capitaine, *blessé*.
Leleu	Capitaine, *blessé*.
Delannoy	Lieutenant, *blessé*.
Laignel	Lieutenant, *blessé*.
Gaudin	S.-Lieutenant, *blessé*.
Buisine	S.-Lieutenant, *blessé*.

4ᵉ Régiment (Nord) (4).

Moreau (P.)	Lieutenant, *blessé*.

1ᵉʳ Bataillon de voltigeurs (Nord).

Blin	Lieutenant, *blessé*.

2ᵉ Bataillon de voltigeurs (Nord).

Levèque	Capitaine, *blessé*.

CORPS FRANCS

Éclaireurs de l'armée du Nord (5).

Bayle (P.)	Chef de bataillon, *blessé*.

---

(1) 5ᵉ bataillon (1ʳᵉ, 2ᵉ, 3ᵉ, 4ᵉ, 6ᵉ compagnies). — 6ᵉ bataillon (2ᵉ, 3ᵉ, 5ᵉ, 7ᵉ, 8ᵉ compagnies). 7ᵉ bataillon (1ʳᵉ, 3ᵉ, 4ᵉ, 7ᵉ, 8ᵉ compagnies).
(2) 3ᵉ bataillon (Marne). — 4ᵉ bataillon (Somme). — 1 bataillon (Somme et Marne).
(3) 1ʳᵉ, 2ᵉ, 5ᵉ bataillons (3ᵉ légion).
(4) 5ᵉ, 6ᵉ, 7ᵉ bataillons (9ᵉ légion).
(5) Formé à 3 compagnies avec des volontaires de la garde nationale mobile.

MARINE

8ᵉ Bataillon de marche d'infanterie (3ᵉ bataillon du 69ᵉ de marche).

GRIMAL (T.)	Capitaine, *blessé*.
DANZELLE (L.-P.)	Capitaine, *blessé*.
NOBLE (C.-H.-N.)	Lieutenant, *blessé*.

ÉQUIPAGES DE LA FLOTTE

Régiment de fusiliers marins (1).

ROUQUETTE (P.-M.-H.)	Capitaine de frégate, *blessé*.
THOMAZI (A.-R.)	Lieutenant de vaisseau, *blessé*.
BÉNIER (E.-A.)	Lieutenant de vaisseau, *blessé*.
PUJO (E.-G.-L.)	Lieutenant de vaisseau, *blessé*.

1ʳᵉ Batterie mixte de marine.

SALAUN DE KERTANGUY (F.-M.)	Enseigne de vaisseau, *blessé*,

2ᵉ Batterie mixte de marine.

FÉLIX (V.-G.)	Enseigne de vaisseau, *blessé*.

7. — 25 décembre 1870. Affaire de Nouzon (Ardennes).

CORPS FRANCS

Éclaireurs de la Sormonne.

BEAUCART	Capitaine, *blessé*.

8. — 28 décembre 1870. Affaire de Longpré (près d'Abbeville).

GARDE NATIONALE MOBILE

4ᵉ Bataillon du Pas-de-Calais.

SPRIET (E.)	Capitaine, *blessé*.

9. — 2 janvier 1871. Combat d'Achiet-le-Grand-Béhagnies (Pas-de-Calais).

CHASSEURS A PIED

20ᵉ Bataillon de marche.

AMBROSINI (F.)	Capitaine, *blessé*.

---

(1) 1ᵉʳ, 2ᵉ bataillons de Brest et 3ᵉ bataillon de Toulon.

10. — 3 janvier 1871. Bataille de Bapaume (Pas-de-Calais).

SERVICES AUXILIAIRES

Farinaux .... Interprète (auxiliaire), *blessé.*

INFANTERIE DE LIGNE

65ᵉ Régiment (2ᵉ bataillon de marche).

Marion (J.)....................... Capitaine, *tué.*
Cazevieille (D.)................... S.-Lieutenant, *blessé.*
Verdier (J.-V.-F.)................. S.-Lieutenant, *blessé.*

67ᵉ Régiment de marche.

Roux (J.-J.)....................... Capitaine, *blessé*, mort le 5.
Enduran (J.-A.).................... Chef de bataillon, *blessé.*
Bouché (J.-B.-A.).................. Lieutenant, *blessé.*
Escoffier (J.-T.).................. S.-Lieutenant, *blessé.*
Téfani (R.)........................ S.-Lieutenant, *blessé.*

68ᵉ Régiment de marche (1ᵉʳ et 2ᵉ bataillon de marche du 24ᵉ de ligne) (1).

Cuinguet (A.)...................... S.-Lieutenant, *tué.*
Levavasseur (B.-F.-L.-R.).......... Capitaine, *blessé.*
Thierry (Ch.-M.)................... Capitaine, *blessé.*
Mangin (A.-P.)..................... Lieutenant, *blessé.*
Badenhuyer (O.-M.-N.).............. Lieutenant, *blessé.*

69ᵉ Régiment de marche.

Outtier (J.-L.).................... Lieutenant, *tué.*
Guttmann (F.)...................... S.-Lieutenant, *blessé.*
Hollebecque (J.-A.)................ S.-Lieutenant, *blessé.*

72ᵉ Régiment de marche (1ᵉʳ et 2ᵉ bataillons de marche du 91ᵉ de ligne) (2).

Martin (M.-P.)..................... Capitaine, *tué.*

CHASSEURS A PIED

2ᵉ Bataillon de marche.

Ducôté (J.-H.)..................... Capitaine, *tué.*

---

(1) Le bataillon de marche du 64ᵉ de ligne était détaché à Abbeville.
(2) Le bataillon de marche du 33ᵉ de ligne avait quitté le 72ᵉ de marche le 28 décembre.

Etat nominatif.

18ᵉ Bataillon de marche.

Robin (J.-A.) .... Lieutenant, *blessé*.
Nicolas (P.-A.) .... S.-Lieutenant, *blessé*.

20ᵉ Bataillon de marche.

Massiet du Biest (A. L.-M.) .... S.-Lieutenant, *blessé* le 2.

24ᵉ Bataillon de marche (5 compagnies de marche des 2ᵉ, 6ᵉ et 20ᵉ bataillons).

Dougnac (J.-T.) .... S.-Lieutenant, *tué*.
Pfliéger (A.-P.) .... S.-Lieutenant, *tué*.
Avrial (B.) .... Capitaine, *blessé*.
Buré (M.-V.) .... S.-Lieutenant, *blessé*.

ARTILLERIE

15ᵉ Régiment (4ᵉ batterie bis).

Dubois (L.-A.-G.) .... Lieutenant, *blessé*.

GARDE NATIONALE MOBILE

44ᵉ Régiment provisoire (Gard).

Taveau de Lavigerie (L.-M.) .... Lieutenant, *blessé*.

48ᵉ Régiment provisoire (Nord).

Aubert (P.-T.) .... Capitaine, *tué*.
Pyot (L.-A.) .... Chef de bataillon, *blessé*, *amputé*, mort.
Bigot (J.-E.) .... Lieutenant, *blessé*, mort le 19 février.
Decagny .... Lieutenant, *blessé*, mort.
Vernhette (Ch.-E.-H) .... Chef de bataillon, *blessé*.
Tauchon (Ch.) .... Chef de bataillon, *blessé*.
Testelin (A.) .... Capitaine adjudant-major, *blessé*.
Carton (H.-G.) .... Capitaine, *blessé*.
Billon (H.-L.-Ch.) .... Capitaine, *blessé*.
Duchatel (Ch.) .... Capitaine, *blessé*.
De La Grange (F.) .... Capitaine, *blessé*.
Dherbigny .... Capitaine, *blessé*.
Desreumaux (G.-F.-J.) .... Lieutenant, *blessé*.
Lesage .... Lieutenant, *blessé*.
Théry .... Lieutenant, *blessé* le 2.
Desmazières (R.-J.-M.-E.) .... Lieutenant, *blessé* le 2.
Verboomen (F.) .... S.-Lieutenant, *blessé*.

ARMÉES DE PROVINCE 195

Duchatel (E.)	S.-Lieutenant, blessé.
Demesmay	S.-Lieutenant, blessé.

ARTILLERIE

Batterie du Finistère.

Jourdan (F.)	Lieutenant, blessé.

GARDE NATIONALE MOBILISÉE

1er Bataillon de voltigeurs (Nord).

Deleporte	Lieutenant, blessé.

MARINE

ÉQUIPAGES DE LA FLOTTE

Régiment de fusiliers marins.

De la Frégeolière (A.-H.-L.-R.)	Enseigne de vaisseau, tué.
Granger (F.-X.-H.-M.)	Capitaine de frégate, blessé, mort.
Parrayon (A.)	Lieut. de vaisseau, blessé, mort le 4.

11. — 15 janvier 1871. Affaire de Pozières (Somme).

GARDE NATIONALE MOBILE

91e Régiment provisoire (Pas-de-Calais).

Lereuil (D.-J.-A.)	Capitaine, blessé.

12. — 15 janvier 1871. Combat de Masnières (Nord).

GARDE NATIONALE MOBILE

ARTILLERIE

4e Régiment (Nord).

Giraud	Lieutenant, blessé.

13. — 19 janvier 1871. — Bataille de Saint-Quentin.

ÉTAT-MAJOR GÉNÉRAL

Dufaure du Bessol (J.-A.)	Général de brigade, blessé.

OFFICIERS HORS CADRES

Aynès (J.-C.)	Lieutenant-Colonel, *tué*.
De la Serre	Capitaine (auxiliaire), *blessé*.
Lefebvre (E.)	Lieut. (garde nat^le mobilisée), *blessé*.
Bergeranet	S.-Lieutenant, *blessé*.

SERVICES ADMINISTRATIFS

Gilbert (J.-P.)	Officier comptable, *blessé*.

INFANTERIE DE LIGNE

24ᵉ Régiment (3ᵉ bataillon de marche).

Merlen (E.-A.)	Capitaine, *tué*.
Molinari (J.-T.)	S.-Lieutenant, *tué*.
Morlet (L.-J.)	Chef de bataillon, *blessé*.
Dabrin (P.-R.)	Capitaine, *blessé*.
Monnot (F.-E.)	Lieutenant, *blessé*.
Terrier (A.-H.)	S.-Lieutenant, *blessé*.
Pelisson (V.)	S.-Lieutenant, *blessé*.
Angeli	S.-Lieutenant, *blessé*.

33ᵉ Régiment (1ᵉʳ bataillon de marche).

Basset (A.-T.)	Capitaine, *blessé*, mort le 4 mars 1871.
Dumas (Cl.)	Capitaine, *blessé*.
Herbillon (M.)	Lieutenant, *blessé*.
Picavet (J.-L.)	S.-Lieutenant, *blessé*.

65ᵉ Régiment (2ᵉ bataillon de marche).

Rolland-Piègue (L.-F.)	S.-Lieutenant, *blessé*.
Dupire (Ch.-S.)	S.-Lieutenant, *blessé*.

67ᵉ Régiment de marche
(1ᵉʳ bataillon de marche du 65ᵉ et 1ᵉʳ et 2ᵉ bataillons de marche du 75ᵉ).

Biot (G. *dit* Maillard)	S.-Lieutenant, *tué*.
Fernandez (E.-A.-J.-M.)	Capitaine, *blessé*.
François (J.)	S.-Lieutenant, *blessé*.
Prévôt	S.-Lieutenant, *blessé*.

68ᵉ Régiment de marche.
(1ᵉʳ bataillon de marche du 64ᵉ et 1ᵉʳ et 2ᵉ bataillons de marche du 24ᵉ).

Grégoire (Ch.)	Capitaine, *disparu*.
Chomette (J.-E.-A.)	Lieutenant, *tué*.

ARMÉES DE PROVINCE

LEVAVASSEUR (B.-F.-L.-R.)	Capitaine, *blessé*, mort le 28.
HEINTZ (L.-V.-A.)	Capitaine, *blessé*.
D'HALLUIN (H.-J.)	Lieutenant, *blessé*.
GENTAIS (R.)	S.-Lieutenant, *blessé*.
JOSSET (A.)	S.-Lieutenant, *blessé*.
BOURCERET (F.)	S.-Lieutenant, *blessé*.
DELMAS (J.-B.-V.)	S.-Lieutenant, *blessé*.

69° Régiment de marche (1ᵉʳ et 2ᵉ bataillons de marche du 43ᵉ de ligne).

PINCHERELLE (C.-E.) (1)	Capitaine, *tué* le 18.
LÉONARD (F.)	S.-Lieutenant, *blessé*, mort le 2 février.
PERRIER (J.)	Chef de bataillon, *blessé* le 19.
DANCLA (J.-J.)	Capitaine, *blessé* le 18.
LELEU (J.-F.)	Capitaine *blessé* le 18.
PELTEY (J.-B.-A.-B.)	Capitaine, *blessé* le 19.
LIEUTARD (C.-M.-G.)	Capitaine, *blessé* le 19.
DONGUY (A.)	S.-Lieutenant, *blessé* le 18.
MILLIET (P.-J.)	S.-Lieutenant, *blessé* le 18.
BLOCH (O.-M.)	S.-Lieutenant, *blessé* le 18.

72° Régiment de marche (1ᵉʳ et 2ᵉ bataillons de marche du 91ᵉ de ligne) (2).

MIANNAY (L.-D.)	Capitaine, *tué*.
PARSY (V.-C.)	Lieutenant, *tué*.
BARGE (A.)	Lieutenant, *blessé*.
DARBOUR (E.)	S.-Lieutenant, *blessé*.
CHEVALIER	S.-Lieutenant, *blessé*.
VICTORIN (A.)	S.-Lieutenant, *blessé*.
DOISY (E.)	S.-Lieutenant, *blessé*.
GUÉMAREST	S.-Lieutenant, *blessé*.

73° Régiment de marche
(1ᵉʳ et 2ᵉ bataillons de marche du 3ᵉ et 1ᵉʳ bataillon de marche du 40ᵉ de ligne).

CROZAT (E.-J.-A.)	Lieutenant, *tué*.
ALGAY (G.)	Chef de bataillon, *blessé*.
DE VAULX D'ACHY (F.-J.)	Capitaine, *blessé*.
FERRY (C.-M.-F.)	Capitaine, *blessé*.
VIROLLEAU (J.)	Lieutenant, *blessé*.

---

(1) 18 janvier 1871. Combat de Vermand.
(2) Du 28 décembre 1870 au 20 février 1871, le 72ᵉ de marche ne se trouve plus composé que des 2 bataillons du 91ᵉ de ligne.

ADAM (F.-J.-B.) .... Lieutenant, *blessé*.
CHAMPION (C.-Cl.-F.) .... S.-Lieutenant, *blessé*.
APER (J.-B.) .... S.-Lieutenant, *blessé*.
BLANCAL (J.-M.) .... S.-Lieutenant, *blessé*.

CHASSEURS A PIED

17ᵉ Bataillon de marche.

BAILLEUX (E.) .... Capitaine, *blessé*.

18ᵉ Bataillon de marche.

MARTIN (E.-Ch.-S.) .... Capitaine, *blessé*, mort le 8 février.
LE GUEN (T.-F.-P.) .... Capitaine, *blessé*.
BERQUEZ (A.-E.-H.) .... Lieutenant, *blessé*.

19ᵉ Bataillon de marche.

WASMER (L.-Ch.) (1) .... Chef de bataillon, *blessé* le 18.
CHAVANNES DE CHASTEL (E.-S.) .... Capitaine, *b'essé*.
PASCHAL (E.) .... S.-Lieutenant, *blessé*.

20ᵉ Bataillon de marche.

LUCIEN DE CHILLY (V. DE) .... S.-Lieutenant, *tué*.
TROLY (P.-E.-L.) .... Lieutenant, *blessé*.
LAVAL (H.-A.) .... Lieutenant, *blessé*.
GODON (Ch.-A.) .... S.-Lieutenant, *blessé*.

24ᵉ Bataillon de marche.

DE NÉGRIER (F.-O.) (1) .... Chef de bataillon, *blessé* le 18.
JOXE (A.-C.) .... Capitaine, *blessé*.
JOLLET (E.-J.-B.) .... S.-Lieutenant, *blessé*.
MÉNY (G.) .... S.-Lieutenant, *blessé*.

CAVALERIE

11ᵉ Régiment de marche de dragons (2).

BAUSSIN (F.-C.) .... Lieutenant-Colonel, *blessé*.
DUMANOIS (J.-G.) .... S.-Lieutenant, *blessé*.

---

(1) Combat de Vermand.
(2) Formé des 2 escadrons de dragons de l'armée du Nord (400 hommes) et d'un détachement de 50 hommes du 8ᵉ dragons.

ARTILLERIE

12ᵉ Régiment (3ᵉ batterie).

Brienne (J.-F.)...................... Lieutenant, *blessé*.

15ᵉ Régiment (2ᵉ batterie P, 2ᵉ batterie ter, 3ᵉ batterie bis, 4ᵉ batterie bis).

Chastang (D.-L.).................. Capitaine, *blessé*.
Dieudonné (O.-V.)................ Capitaine, *blessé*.
Halphen (G.-H.).................. Capitaine, *blessé*.
André............................. Capitaine (auxiliaire), *blessé*.
Joachim (L.-M.).................. S.-Lieutenant, *blessé*.
Bourrillon (J.).................. S.-Lieutenant, *blessé*.

GÉNIE

2ᵉ Régiment, 2ᵉ compagnie (bis) (sapeurs).

Sambuc (A.)....................... Capitaine, *blessé*.

GARDE NATIONALE MOBILE

44ᵉ Régiment provisoire (Gard).

Pascal (A.-N.).................... Capitaine, *blessé*.
Lamoureux (S.).................... Lieutenant, *blessé*.
Bonijoly (J.)..................... S.-Lieutenant, *blessé*.
Celon (H.)........................ S.-Lieutenant, *blessé*.

46ᵉ Régiment provisoire (Nord).

Gabet (J.)........................ Lieutenant, *tué*.
Gabet (D.)........................ Lieutenant, *blessé*, mort le 31.
Crucis (L.)....................... Capitaine adjudant-major, *blessé*.
Wattebled (G.).................... Capitaine adjudant-major, *blessé*.
Soum (J.)......................... Capitaine, *blessé*.
Wattinne (E.)..................... Lieutenant, *blessé*.
Caude (C.)........................ S.-Lieutenant, *blessé*.

47ᵉ Régiment provisoire (Nord).

Cortyl (F.-M.) (1)................ Capitaine, *tué*.
Hovelt (Ch.)...................... S.-Lieutenant, *tué*.
Marécaux (A.-J.).................. Capitaine, *blessé*.

---

(1) Cortyl, capitaine, tué le 18 janvier 1871 au combat de Vermand.

GUERRE DE 1870-1871

Legent..................... Capitaine, blessé.
Desmyttères (A).................. Lieutenant, blessé.
Maës (H.-A.-R.).................. S.-Lieutenant, blessé.

48ᵉ Régiment provisoire (Nord).

Lambert..................... S.-Lieutenant, tué.
Lefebvre (F.)................... Capitaine, blessé.
Boutry (A.)..................... Capitaine, blessé.
Lhuillier...................... Lieutenant, blessé.
Desreumaux (G.-F.-J.)............ S.-Lieutenant, blessé.

91ᵉ Régiment provisoire (Pas-de-Calais).

Dhuime (F.-A.-A.).................. Lieutenant, tué.
Lhôtellier (V.).................... Capitaine, blessé, mort le 29.
Thellier (J.)...................... Capitaine, blessé, mort le 4 février.
Fovel (J.-A.)..................... Lieutenant-Colonel, blessé.
Pessez (J.-P.-E.)................. Chef de bataillon, blessé.
Nouguier (E.-M.-A.)............... Capitaine, blessé.
Sotomayor (L.-L.-G.).............. Capitaine, blessé.
Lonquety (J.).................... Capitaine, blessé.
Fourmentin (G.-P.-G.-C.).......... Lieutenant, blessé.
Courden (E.-J.-B.-J.)............. Lieutenant, blessé.
Guiot (J.-C.).................... Lieutenant, blessé.
Dubourg (P.).................... S.-Lieutenant, blessé.
Lefebvre (A.-J.)................. S.-Lieutenant, blessé.

101ᵉ Régiment provisoire (Somme et Marne).

Goutant..................... Lieutenant, blessé, mort le 23 février.
Levasseur de Précourt........... Lieutenant, blessé.
Lebouffy (J.).................... Lieutenant, blessé.

102ᵉ Régiment provisoire (Nord) (1).

Parent (A.)..................... Lieutenant, tué.
Béccue (E.-E.)................... S.-Lieutenant, tué.
Bigo (E.)...................... Lieutenant blessé.
Margerin du Metz (E.)............ Lieutenant, blessé.

---

(1) 1ᵉʳ bataillon (2ᵉ, 3ᵉ compagnies, 3ᵉ bataillon); (3ᵉ, 7ᵉ compagnies, 8ᵉ bataillon); (7ᵉ compagnie, 2ᵉ bataillon); — 2ᵉ bataillon (3ᵉ, 4ᵉ compagnies, 1ᵉʳ bataillon), (3ᵉ, 7ᵉ compagnies, 7ᵉ bataillon), (2ᵉ compagnie, 5ᵉ bataillon); — 3ᵉ bataillon (1ʳᵉ compagnie, 2ᵉ bataillon), (6ᵉ compagnie, 4ᵉ bataillon), (6ᵉ, 7ᵉ compagnies, 6ᵉ bataillon), (5ᵉ compagnie 9ᵉ bataillon).

Régiment provisoire (Ardennes) (1).

Verzeaux (F.-N.)	Chef de bataillon, *tué*.
Vanier (A.-P.)	S.-Lieutenant, *blessé*, mort le 20 fév.
Lemaire (A.)	Capitaine, *blessé*.
Fontaine de Cramayel (R.-E.)	Capitaine, *blessé*.
Stackler (C.)	Capitaine, *blessé*.
Ronnet (E.-A.)	Lieutenant, *blessé*.
Antoine (P.-C.-J.)	Lieutenant, *blessé*.
Berthélemy (L.-E.-F.)	Lieutenant, *blessé*.
Bloch (H.)	Lieutenant, *blessé*.
Puiseux (E.-P.)	S.-Lieutenant *blessé*.

ARTILLERIE

Batterie du Finistère.

Leroux (T.-A.-V.)	Lieutenant, *blessé*.

7ᵉ Batterie du Pas-de-Calais.

Dupuich (G.-C.-A.)	Capitaine, *blessé*.

GARDE NATIONALE MOBILISÉE

1ᵉʳ Régiment (Aisne).

Michel	S.-Lieutenant, *blessé*, mort le 25.

2ᵉ Régiment (Aisne).

Droy (E.)	S.-Lieutenant, *tué*.
Morel (E.)	Lieutenant, *blessé*, mort le 27.

1ᵉʳ Régiment (Nord) (2).

Levezier	Chef de bataillon, *blessé*.
Vaniscotte (F.)	Capitaine, *blessé*.
Roussel (Ch.)	Capitaine, *blessé*.

4ᵉ Régiment (Nord).

Vallez (C.)	S.-Lieutenant, *tué*.

6ᵉ Régiment (Nord) (3).

Kaux (T.)	Lieutenant, *tué*.

---

(1) 1ᵉʳ et 2ᵉ bataillons.
(2) 1ᵉʳ, 2ᵉ, 3ᵉ bataillons (1ʳᵉ légion).
(3) 1ᵉʳ, 2ᵉ, 4ᵉ bataillons (9ᵉ légion).

Morival (F.).................... Lieutenant, *tué.*
Lepoivre (L.).................... S.-Lieutenant, *tué.*
Mollet (F.).................... S.-Lieutenant, *tué.*
Nocq (F.).................... S.-Lieutenant, *tué.*
Payen (H.).................... S.-Lieutenant, *blessé*, m. le 3 mars 1871.
Gléneur (D.).................... Capitaine, *blessé.*
Vallez (A.).................... Lieutenant, *blessé.*
Bont (L.).................... Lieutenant, *blessé.*
Dhaussy.................... S.-Lieutenant, *blessé.*
Delcroix.................... S.-Lieutenant, *blessé.*

1er Bataillon de voltigeurs (Nord).

Benoist (C.).................... Capitaine adjudant-major, *tué.*
Cordonnier (L.).................... Lieutenant, *tué.*
Pourrez (B.-D.-J.-B.).................... Capitaine, *blessé*, mort le 25.
Mercier.................... S.-Lieutenant, *blessé.*
Foussadier.................... S.-Lieutenant, *blessé.*

3e Bataillon de voltigeurs (Nord).

Monnier (J.).................... Chef de bataillon, *blessé.*
Desmaker (B.).................... Capitaine, *blessé.*
Rousselle.................... Capitaine, *blessé.*
Dewulf.................... S.-Lieutenant, *blessé.*
Thiriet.................... S.-Lieutenant, *blessé.*

1er Régiment (Pas-de-Calais).

Wautier (A.-S.).................... Capitaine, *blessé*, mort le 13 février.
Degez.................... Capitaine adjudant-major, *blessé.*
Gravelines.................... Capitaine, *blessé.*
Defermez.................... Capitaine, *blessé.*
Foulon.................... Lieutenant, *blessé.*
Saugy.................... S.-Lieutenant, *blessé.*

Bataillon de chasseurs (Pas-de-Calais).

Garreau.................... Chef de bataillon, *blessé*, mort le 6 fév.

MARINE

8e Bataillon de marche d'infanterie (1).

Genoël (J.-P.).................... Lieutenant, *blessé.*
Noble (Ch.-N.).................... Lieutenant, *blessé.*

---

(1) 3e bataillon du 69e régiment de marche.

ÉQUIPAGES DE LA FLOTTE

Régiment de fusiliers marins (1).

Jacquemin (M.-J.)..................	Enseigne de vaisseau, *blessé*.
Schlumberger (A.).....	Enseigne de vaisseau, *blessé*.

(1) 1ᵉʳ et 2ᵉ bataillons de Brest et 3ᵉ bataillon de Toulon.

V° DÉFENSE DES PLACES

1. — Du 28 au 30 novembre 1870.
Défense de la Citadelle d'Amiens.

ÉTAT-MAJOR DES PLACES

VOGEL (J.-P.)...................... Capitaine, *tué* le 29.

GARDE NATIONALE MOBILE

10° Bataillon du Nord (1re, 2°, et 7° Compagnies)

GATUMEAU (L.)...................... Capitaine, *blessé* le 28.

2. — Du 2 novembre 1870 au 16 février 1871.
Défense de Belfort.

ÉTAT-MAJOR DES PLACES

DEJEAN (J.-G.)...................... Capitaine adjudant de place, *blessé* le 26 janv. 1871.

SERVICES ADMINISTRATIFS

SPIRE (P.)...................... Sous-Intendant, *blessé* le 5 déc. 1870, mort le 5 mai 1871.

INFANTERIE DE LIGNE

45° Régiment (1).

HUET (A.-E.)...................... Capitaine, *blessé* le 23 nov.
QUONIAM (L.-A.)...................... Capitaine, *blessé* le 10 janv. 1871.
GALOTEAU (E.-A.)...................... S.-Lieutenant, *blessé* le 26 janv.

---

(1) Dépôt du 45° de ligne (8°, 9°, 10°, 11° c^{ies} de marche).

35ᵉ Régiment de marche (1).

Rossignol (Ch.)	S.-Lieutenant, *blessé* le 15 nov., mort le 23 janv. 1871.
Rinieri (A.)	S.-Lieutenant, *blessé* le 31 janv. 1871, mort le 3 fév. 1871.
Arnal (J.-P.-A.)	Capitaine, *blessé* les 10 et 26 janv. 1871.
Leroux (A.-R.)	S.-Lieutenant, *blessé* le 25 janv. 1871.
Dugast (F.-R.)	S.-Lieutenant, *blessé* le 26 janv. 1871.

3ᵉ Bataillon de marche (2).

Bachelier (J.-L.)	Lieutenant, *blessé* le 16 janv. 1871.
Faivre (Ch.-F.)	S.-Lieutenant, *blessé* le 18 déc. 1870 et une 2ᵉ fois le 31 janv. 1871.

ARTILLERIE

7ᵉ Régiment (1ʳᵉ Batterie principale).

De Formel de la Laurencie (P.-M.-L.)	Lieutenant, *blessé* le 15 janv. 1871.

12ᵉ Régiment (1ʳᵉ, 2ᵉ batteries principales et 1ʳᵉ, 2ᵉ batteries bis).

Schuller (A.)	S.-Lieutenant, *tué* le 31 déc.
Roussel (C.)	Capitaine, *blessé* le 29 janv. 1871, mort le 1ᵉʳ fév.
Spilmann (P.-M.)	S.-Lieutenant, *blessé* le 5 déc.

GÉNIE

Etat-major particulier

Dégombert (A.-E.)	Capitaine, *tué* le 8 janv. 1871.
Choulette (J.)	Capitaine, *blessé* le 7 fév. 1871, mort le 9.

2ᵉ Régiment (1ʳᵉ Compagnie de mineurs).

Journet (A.-E.-F.)	Lieutenant, *blessé* le 31 déc.
Journet (A.-E.-F.)	Capitaine, *tué* le 26 janv. 1871.

---

(1) Formé des 4ᵉ bataillons des 45ᵉ et 84ᵉ de ligne.
(2) Formé des compagnies de marche du 45ᵉ de ligne (1ʳᵉ, 3ᵉ, 4ᵉ, 5ᵉ, 6ᵉ, 7ᵉ cᵉˢ de marche).

GARDE NATIONALE MOBILE

16ᵉ Régiment provisoire (Rhône) (1).

Salet (G.)	Lieutenant, *tué* le 16 janv.
Fusy	S.-Lieutenant, *tué* le 7 janv.
Raffin (J.-G.)	Capitaine, *blessé* le 22 janv.
Porret (J.-M.)	Capitaine, *blessé* le 13 déc. 1870.
Balouzet (J.)	Capitaine, *blessé* le 13 déc.
Porret (J.-M.)	Capitaine, *blessé* le 2 janv. 1871.
Vayssière (V.-A.)	Capitaine, *blessé* le 7 janv. 1871.
Vacquier (J.-V.-H.)	Lieutenant, *blessé* le 2 nov. 1870
Vallet (G.)	Lieutenant, *blessé* le 18 janv. 1871.
Bretillon (A.-Ch.)	S.-Lieutenant, *blessé* le 26 janv. 1871.
Chamecin (J.-Ch.-S.)	S.-Lieutenant, *blessé* le 4 fév. 1871.

57ᵉ Régiment provisoire (Haute-Saône) (2).

Lanoir (J.-D.-E.)	Chef de bataillon, *tué* le 15 nov. 1870.
Coustard de Nerbonne (J.-J.)	Capitaine, *tué* le 15 nov.
Perret (F.-M.-J.)	Capitaine, *tué* le 15 nov.
Morel (P.-L.-A.)	Capitaine, *tué* le 2 nov. (3).
Guillet (G.)	Capitaine, *blessé* le 20 janv. 1871, mort le 1ᵉʳ fév.
Nachon (J.-L.)	Chef de bataillon, *blessé* le 19 déc.
Grillot (J.)	Capitaine, *blessé* le 2 nov.
Baret (G.-J.)	Lieutenant, *blessé* le 23 nov.
Frahier	Lieutenant, *blessé* le 15 nov. (4).
Dubois (M.-B.-P.)	Lieutenant, *blessé* le 5 nov.
Dubost (S.)	Lieutenant, *blessé* le 7 janv.
Baret (G.-J.)	Lieutenant, *blessé* le 21 janv. 1871.
Gaildraud (P.)	S.-Lieutenant, *blessé* le 3 déc. 1870.
Hutz (F.)	S.-Lieutenant, *blessé* le 7 janv. 1871.
Simonin (E.-A.-B.-M.-J.)	Médecin aide-major, *blessé* le 1ᵉʳ fév.

65ᵉ Régiment provisoire (Rhône) (5).

Charrin (J.-E.)	Lieutenant, *tué* le 29 nov. 1870.
Martin (J.-M.-L.)	Lieutenant, *tué* le 8 janv. 1871.
Soulary (J.-M.)	Chef de bataillon, *blessé* le 12 fév.

---

(1) 3ᵉ et 5ᵉ bataillons. Le 2ᵉ bataillon était détaché à Neuf-Brisach.
(2) 1ᵉʳ, 2ᵉ, 3ᵉ bataillons.
(3) 2 novembre 1870. — Combat de Rougemont-Grosmagny.
(4) 15 novembre. — Combat de Bessoncourt.
(5) 1ᵉʳ et 4ᵉ bataillons.

2ᵉ Bataillon (Saône-et-Loire) (1).

GREUZARD (A.)	Médecin sous-aide-major, *blessé* le 8 janv. 1871, mort le 23.
DE CHARDONNET (B.-J.-M.)	Lieutenant, *blessé* le 8 janv.
DRUARD (E.-P.)	Lieutenant, *blessé* le 8 janv.
DE CHARDONNET (B.-J.-M.)	Lieutenant, *blessé* le 9 fév.

Compagnies de dépôt (Haut-Rhin).

KŒCHLIN (I.)	Capitaine, *blessé* le 7 janv.

4ᵉ Bataillon (Haute-Saône).

DE CHABAUD (L.-M.-M.)	Chef de bataillon, *blessé* le 20 nov. 1870.
MAUSSIRE (E.)	S.-Lieutenant, *blessé* le 18 janv. 1871.

ARTILLERIE

3ᵉ, 4ᵉ et 5ᵉ Batteries du Haut-Rhin.

SIMOTTEL (M.-A.-X.-F.)	Lieutenant, *blessé* le 20 janv., mort le 23.
DEFFAYET (V.-J.)	Capitaine, *blessé* le 6 déc. 1870.

1ʳᵉ et 2ᵉ Batteries de la Haute-Garonne.

MARIAGE (J.-B.-J.)	Capitaine, *blessé* le 22 janv. 1871.
BAUT (L.-P.)	Lieutenant, *blessé* le 22 janv.
SAINT-MARTIN	Lieutenant, *blessé* le 12 déc.
ANCELY (P.-J.-P.-G.)	Lieutenant, *blessé* le 11 fév. 1871.

CORPS FRANCS

Francs-tireurs d'Altkirch.

GIMGEMBRE	Capitaine, *blessé* le 10 janv. 1871.

GARDE NATIONALE SÉDENTAIRE

INFANTERIE

GEHIN (N.-F.) (2)	Lieutenant, *tué* le 2 nov. 1870.
FREUND (J.-A.-X.-T.) (2)	S.-Lieutenant, *tué* le 2 nov.
THUET (L.) (2)	Capitaine, *blessé* le 2 nov., mort le 13.
SCHERMÉ	Lieutenant, *blessé* le 11 janv. 1871.

---

(1) 5 compagnies.
(2) Combat de Rougement.

ARTILLERIE

Clerc.......................... Capitaine, *blessé* le 10 fév. 1871.

3. — 13 septembre 1870. Défense de Bitche.

ETAT-MAJOR PARTICULIER DU GENIE

Guéry (L.)....................... Capitaine, *blessé*.

4. — Du 7 novembre 1870 au 24 janvier 1871. Défense de Langres.

---

7 novembre 1870. Affaire de Bretenay (Haute-Marne).

CORPS FRANCS

Volontaires de la Haute-Marne.

Levie-Ramolino (A.-L.) (1).......... Capitaine, *tué*.
Dubos (Ch.-H.).................... Capitaine, *blessé*, mort le 8.

7 novembre 1870. Affaire de Provenchères (Haute-Marne).

INFANTERIE DE LIGNE

29ᵉ Régiment.

Riu (E.-M.-D.-J.-C.)................ Capitaine, *blessé*.

26 novembre 1870. Engagement de Couzon (près Langres).

GARDE NATIONALE SÉDENTAIRE

Garde nationale de Prauthoy.

Jacques (2)...................... Capitaine, *blessé*.

16 décembre 1870. Combat de Longeau (Haute-Marne).

INFANTERIE DE LIGNE

50ᵉ Régiment (4ᵉ Bataillon).

Koch (M.-C.-H.)................... Chef de bataillon, *blessé*, mort le 17.

---

(1) Etait lieutenant au 5ᵉ de ligne.
(2) Maire de la commune de Prauthoy.
Etat nominatif.

GARDE NATIONALE MOBILE

56ᵉ Régiment provisoire (Haute-Marne)(1).

De Regel (P.-L.-S.)...............	Chef de bataillon, *tué*.
Legros (A.)......................	Capitaine, *blessé*.
Gauthier (A.)....................	S.-Lieutenant, *blessé*.

18 décembre 1870. Affaire devant Langres.

GARDE NATIONALE MOBILISÉE

1ʳᵉ Légion (Haute-Marne).

Fort............................	Chef de bataillon, *blessé*.

2ᵉ Légion (Haute-Marne).

Henry...........................	Chef de bataillon, *blessé*.

23 décembre 1870. Affaire devant Langres.

GARDE NATIONALE MOBILE

4ᵉ Bataillon du Gard.

Thibaut-Reste (M.-P.-M.)..........	Lieutenant, *tué*.

25 décembre 1870. Affaire de Bricon, près de Langres.

MARINE

Régiment d'artillerie (détachement).

Javouhey (L.-M. J.) (2)............	Capitaine, *blessé*.

18 janvier 1871. Affaires de Brennes, près Langres.

GARDE NATIONALE MOBILE

97ᵉ Régiment provisoire (Haute-Savoie) (3).

Barnabé-Dion (M.)................	S.-Lieutenant, *blessé*, mort le 29.

---

(1) 1ᵉʳ, 2ᵉ et 3ᵉ bataillons.
(2) Commandant un détachement de 25 hommes de la 2ᵉ compagnie d'ouvriers.
(3) 1ᵉʳ, 2ᵉ et 3ᵉ bataillons.

21 janvier 1871. Affaire de Villiers-sur-Suize (Langres).

GARDE NATIONALE MOBILE

56ᵉ Régiment provisoire (Haute-Marne).

Elie (J.-E.-A.).................... Capitaine, *blessé.*
Suderie (P.-H.-C.)................. Lieutenant, *blessé.*

24 janvier 1871. Combat de Prauthoy, près de Langres.

CORPS FRANCS

Chasseurs d'Orient.

Deschamps........................ Capitaine adjudant-major, *blessé.*

Francs-tireurs marins.

Geynet........................... Chef de bataillon, *blessé.*

27 janvier 1871. Affaire de Bricon (Haute-Marne).

OFFICIERS HORS CADRES

Riu (E.-M.-D.-J.-C.).............. Lieutenant-Colonel, *blessé.*

5. — 25 novembre 1870. Défense de La Fère (Aisne).

GARDE NATIONALE MOBILE

1ʳᵉ, 3ᵉ, 4ᵉ et 5ᵉ Batteries de l'Aisne (1).

Dujardin (A.-S.-J.)............... Capitaine, *blessé.*
Choteau (T.-J.)................... Lieutenant, *blessé.*

6. — 22 novembre 1870. Défense de Longwy (Meurthe).

ÉTAT-MAJOR DES PLACES

Debay (R.-A.).................... Capitaine, *blessé.*

---

(1) La 2ᵉ batterie de l'Aisne, prisonnière le 9 septembre 1870, à la citadelle de Laon.

7. — Du 13 novembre 1870 au 1er janvier 1871.
Défense de Mézières.

INFANTERIE DE LIGNE

6e Régiment (dépôt).

Dubois (J.) (1) .... Capitaine, *blessé* le 13 novembre.

GARDE NATIONALE MOBILE

ARTILLERIE

1re Batterie des Ardennes.

Picard (J.-B.) .... Capitaine, *blessé* le 1er janvier.

CORPS FRANCS

Compagnie franche dite des Sangliers.

Merlin (H.-E.) .... Capitaine, *blessé* le 25 décembre.
Beaucart .... Lieutenant, *blessé* le 17 novembre.

8. — Du 12 octobre au 18 novembre 1870.
Défense de Montmédy (Meuse).

INFANTERIE DE LIGNE

Bataillon de marche (de Montmédy).

Jacquet (L.-A.) .... Lieut., *blessé* le 16 nov., mort le 17.
De Beylié (L.-M.-E.) .... S.-Lieutenant, *blessé* le 12 octobre.

GARDE NATIONALE MOBILE

3e Bataillon (Meuse).

Pasquin (L.) .... Capitaine, *blessé* le 16 novembre.
Ganot (N.-A.) .... Capitaine, *blessé*   novembre.
Destival .... Médecin aide-major, *blessé*   novemb.

---

(1) Déjà blessé à Metz.

9. — Du 1ᵉʳ septembre au 10 novembre 1870. Défense de Neuf-Brisach (Haut-Rhin).

INFANTERIE DE LIGNE

74ᵉ Régiment (1).

ROBARDET (J.-F.-H.)............... Capitaine, *blessé* le 6 novembre.

ARTILLERIE

2ᵉ Régiment.

MARSAL (M.-S.).................... Chef d'escad., *blessé* le 6 nov., m. le 7.

GARDE NATIONALE MOBILE

2ᵉ Bataillon (Haut-Rhin) (2).

HARTMANN (A.-A.)................. Capitaine, *blessé* le 1ᵉʳ septembre.
GUISSE (A.-M.-A.).................. S.-Lieutenant, *blessé* le 1ᵉʳ septembre.

CORPS FRANCS

Francs-tireurs de Mirecourt.

COTI............................. S.-Lieutenant, *blessé* le 15 octobre.

10. — 25 novembre 1870. Défense de Phalsbourg (Meurthe).

INFANTERIE

3ᵉ Régiment de tirailleurs algériens (3).

LARBI-BEN-EL-HAOUSSIN............. S.-Lieutenant, *blessé*.

ARTILLERIE

9ᵉ Régiment (1ʳᵉ batterie principale).

DEJEAN (J.)....................... Capitaine, *blessé*.

---

(1) 4ᵉ bataillon et dépôt.
(2) Combat de Chalampé (Haut-Rhin).
(3) Détachement formé avec des hommes réfugiés dans la place après la bataille de Frœschwiller.

11. — 21 et 25 janvier. Défense de Salins (Jura).

GARDE NATIONALE MOBILE

Compagnies de dépôt (Jura).

GAUCHER (G.)...................... Lieutenant, *blessé* le 21.

GARDE NATIONALE SÉDENTAIRE

Batterie d'artillerie.

PRETET (J.-C.)...................... Lieut., *blessé* le 25, mort le 12 mai.

12. — Du 24 septembre au 14 octobre 1870. Défense de Soissons.

INFANTERIE DE LIGNE

15ᵉ Régiment (dépôt).

DENIS (Ch.-A.-J.).................. Major, *blessé* le 24 septembre.
PRETET (P.-A.)...................... S.-Lieutenant, *blessé* le 24 septembre.

ARTILLERIE

8ᵉ Régiment (1ʳᵉ batterie bis).

DE MONERY (R.-A. de Caylus de Marchesan).   Capitaine, *blessé* le 13 octobre.

GARDE NATIONALE MOBILE

17ᵉ Régiment provisoire (Aisne) (1).

WOLFF............................... Lieut., *blessé* nuit du 13 au 14 octobre.

CORPS FRANCS

Artilleurs volontaires de Soissons.

RINGUER............................ Capitaine, *blessé* le 13 octobre.

---

(1) 2ᵉ et 6ᵉ bataillons.

13. — Du 20 septembre au 24 novembre 1870. Défense de Thionville (Moselle).

ÉTAT-MAJOR DES PLACES

TURNIER (P.-A.).................. Colonel, *blessé* le 24 novembre.

INFANTERIE DE LIGNE

44ᵉ Régiment (4ᵉ bataillon, 2 compagnies) (1).

BERNARDY DE SIGOYER (E. de) ...... Chef de bataillon, *blessé* le 27 sept.
METTON (L.)...................... S.-Lieutenant, *blessé* le 23 novembre.

GARDE NATIONALE MOBILE

4ᵉ Bataillon (Moselle).

PINCKER (P.-J.).................. Capitaine, *blessé* le 22 novembre.
TISSOT (H.-E.)................... Lieutenant, *blessé* le 20 septembre.

14. — Du 24 août au 28 octobre 1870. Défense de Verdun.

ÉTAT-MAJOR DES PLACES

GARIEL (L.-C.-M.)................ Capitaine, *blessé* le 24 août.
LARZILLIÈRE (Ch.-E.) .... Lieutenant, *blessé* le 24 août.

OFFICIERS HORS CADRES

ROTHWILLER (A.-E.)............... Capitaine, *blessé* le 16 septembre.

INFANTERIE DE LIGNE

57ᵉ Régiment (4ᵉ bataillon et dépôt).

ALBERT-FÉLIX (L.)................ S.-Lieutenant, *tué* le 28 octobre.
MANGENOT (A.-E.)................. Lieutenant, *blessé* le 28 octobre.
THIVOLET (J.).................... S.-Lieutenant, *blessé* le 28 octobre.

CAVALERIE

5ᵉ Régiment de chasseurs (dépôt).

REMAURY (J.-H.).................. Capitaine, *blessé* le 28 octobre.
BOUGON (M.-A.)................... S.-Lieutenant, *blessé* le 28 octobre.

---

(1) 3ᵉ et 4ᵉ compagnies du 4ᵉ bataillon.

ARTILLERIE

4ᵉ Régiment (1ʳᵉ batterie principale).

Lorgeré (F.-M.) .... Capitaine, *blessé* le 14 octobre.
Bergère (A.-L.) .... Capitaine, *blessé* le 14 octobre.

GÉNIE

1ᵉʳ Régiment (1ʳᵉ compagnie de mineurs).

Delort (J.-M.-J.) .... Lieutenant, *blessé* le 26 septembre.

3ᵉ Régiment.

Dehaye (P.-A.) .... Capitaine, *tué* le 26 septembre.
N. (1) .... *blessé* le 15 octobre.

GARDE NATIONALE MOBILE

2ᵉ et 3ᵉ Batteries de la Meuse.

Lagrue (J.) .... Lieutenant, *blessé* le 15 octobre.

GARDE NATIONALE SÉDENTAIRE

ARTILLERIE

Loison (E.-F.) .... Lieutenant, *blessé* le 15 octobre.

MARINE

Régiment d'artillerie.

D'Audignac (R.-A.) (2) .... Lieutenant, *tué* le 14 octobre.

---

(1) Le porter au 1ᵉʳ régiment.
(2) Évadé de Sedan.

I
RÉCAPITULATION NUMÉRIQUE
DES
PERTES EN OFFICIERS

	TUÉS.	MORTS de blessures.	BLESSÉS.	TOTAL.
I° Armées de la défense de Paris :				
1. Combat de Montmesly (17 septembre).......	»	»	3	3
2. Combat de Châtillon (19 septembre)........	4	3	25	32
3. Reconnaissance sur Chevilly (19 septembre)..	»	1	»	1
4. Affaire de Bobigny (20 septembre)..........	1	»	»	1
5. Devant Maisons-Alfort (22 septembre).......	»	»	1	1
6. Aux avant postes du Bourget (23 septembre).	»	»	1	1
7. Combat de Villejuif (23 septembre)..........	»	»	2	2
8. A la redoute des Hautes-Bruyères (23 sept.).	»	»	1	1
9. Combat de Pierrefitte (23 septembre)........	»	1	2	3
10. Aux avant-postes de Créteil (30 septembre).	»	1	2	3
11. Combat de Clamart (30 septembre)..........	»	»	1	1
12. Combat de Chevilly (30 septembre).........	19	12	49	80
13. Combat de Notre-Dame-des-Mèches (30 sept.)	»	»	1	1
14. Au Moulin-Saquet (30 septembre)...........	»	»	1	1
15. Aux avant-postes de Drancy (1er octobre)....	»	»	1	1
16. Aux avant-postes de Bondy (6 octobre)......	1	»	»	1
17. Aux avant-postes de Villetaneuse et de Bezons (7 octobre).	»	»	2	2
18. En avant du fort de Vanves (8 octobre)	»	»	2	2
19. Reconnaissance sur la Malmaison (10 oct.)...	»	»	1	1
20. Aux avant-postes de Stains (11 octobre)	»	»	1	1
21. Attaque de Châtillon (13 octobre)	»	2	4	6
22. Aux avant-postes de Fontenay-sous-Bois (13 octobre).	1	»	»	1
23. Combat de Bagneux (13 octobre)............	3	»	9	12
A reporter........	29	20	109	158

	TUÉS.	MORTS de blessures.	BLESSÉS.	TOTAL.
Report	29	20	109	158
24. Aux avant-postes du Raincy (15 octobre)....	1	»	»	1
25. Aux avant-postes de Bondy (18 octobre).....	»	»	1	1
26. Combat de la Malmaison (21 octobre)........	9	2	22	33
27. Aux avant-postes de Champigny (21 oct.) ...	»	»	2	2
28. Défense du Moulin-Cachan (21 octobre)......	»	»	1	1
29. Devant Maison-Alfort (21 octobre)	1	»	»	1
30. Aux avant-postes de Bondy (24 octobre).....	»	»	1	1
31. A la plâtrière de Vitry (30 octobre).........	»	»	1	1
32. Combat du Bourget (30 octobre)............	8	4	14	26
33. En avant du fort de Nogent (3 novembre)...	»	1	»	1
34. Aux avant-postes d'Arcueil-Cachan (9 nov.)..	»	»	1	1
35. A la barricade de Vitry (15 novembre)......	»	»	1	1
36. En avant de la Varenne-Saint-Hilaire (16 nov.)	»	»	1	1
37. Au Petit-Brie (19 novembre)................	»	1	»	1
38. Au fort de Nogent (20 novembre)..........	»	1	1	2
39. Aux avant-postes de Bondy (24 novembre)..	»	»	1	1
40. A la barricade du pont de Sèvres (25 nov.)..	1	»	1	2
41. Combat de l'Hay (29 novembre)............	8	4	16	28
42. Défense de la barricade de la route de Choisy (nuit du 29 au 30 novembre).	»	»	1	1
43. Combat d'Epinay (30 novembre)	2	3	20	25
44. Combat de Montmesly (30 novembre).......	3	10	40	53
45. Reconnaissance sur Choisy-le-Roi (30 nov.)..	1	2	»	3
46. Combat de la Gare-aux-Bœufs (30 nov.)	»	»	1	1
47. Bataille de Villiers (30 novembre)..........	40	41	166	247
48. Bataille de Champigny (2 décembre)........	33	28	121	182
49. Aux avant-postes de Montmesly (2 déc.).....	»	»	1	1
50. Affaire de la ferme du Tremblay (6 déc.)....	»	1	»	1
51. Aux avant-postes de la Folie-Nanterre (18 décembre).	»	»	1	1
52. Aux avant-postes du Bourget et de Montrouge (19 décembre).	1	»	1	2
53. Combat du Bourget (21 décembre)..........	12	7	34	53
54. Combat du Moulin-Saquet (21 décembre)....	»	»	3	3
55. Combat de Ville-Evrard (21 décembre)......	»	1	4	5
A reporter........	149	126	566	841

RÉCAPITULATION DES PERTES EN OFFICIERS

	TUÉS.	MORTS de blessures	BLESSÉS.	TOTAL.
Report........	149	126	566	841
56. Aux avant-postes de l'Ile-du-Chiard (Nanterre) (21 et 22 décembre).	1	»	1	2
57. Au parc de Maison-Blanche (22 décembre)...	»	»	1	1
58. Aux avant-postes de Clamart (22 décembre).	»	1	»	1
59. Affaire de Maison-Blanche (26 décembre)....	»	1	1	2
60. Aux avant-postes de Vitry (27 décembre)....	»	»	1	1
61. Aux avant-postes de Meudon (27 décembre).	»	»	1	1
62. Bombardement du plateau d'Avron (déc.)....	6	5	22	33
63. Défense du fort de Rosny (28 décembre).....	»	»	1	1
64. Défense du fort de Nogent (29 décembre)....	»	»	2	2
65. Affaire de Bondy (29 décembre)............	»	»	1	1
66. Aux avant-postes de Rueil (1er janv. 1871)...	1	»	»	1
67. A la Folie-Nanterre (3 janvier).............	»	1	»	1
68. Aux avant-postes de Boulogne (5 janvier)....	»	»	1	1
69. Aux avant-postes de Villejuif (5 janvier).....	»	»	1	1
70. Aux Hautes-Bruyères (5 janvier)............	1	»	1	2
71. Défense du fort de Vanves (du 5 au 22 janv.).	1	3	4	8
72. Aux avant-postes de Noisy (5 janvier).......	1	»	»	1
73. Aux avant-postes du Bas-Meudon (6 janv.)...	»	»	1	1
74. Défense du fort d'Issy (du 7 au 27 janvier)...	»	»	2	2
75. Défense de Paris (7 janvier)................	»	»	1	1
76. A la Courtine 68-69. Enceinte de Paris (7 janvier).	»	»	1	1
77. Au Moulin-de-Pierre (10 janvier)............	»	»	1	1
78. Batterie de la Courneuve. Défense de Saint-Denis (11 janvier).	»	»	1	1
79. Aux avant-postes de Créteil (12 janvier).....	1	»	»	1
80. Redoute de la Boissière (12 janvier).........	1	2	»	3
81. Coup de main sur le Moulin-de-Pierre (13 janvier).	»	»	2	2
82. Bastion 65. Enceinte de Paris (16 janvier)....	»	»	1	1
83. Bombardement du fort de Montrouge (du 8 au 19 janvier).	1	2	6	9
84. A Arcueil-Cachan (17 janvier)..............	»	»	1	1
85. Défense de Paris (18 janvier)...............	»	»	1	1
A reporter........	162	141	622	925

	TUÉS.	MORTS de blessures.	BLESSÉS.	TOTAL.
Report........	162	141	622	925
86. Bataille de Buzenval (19 janvier)................	51	30	124	205
87. Aux Hautes-Bruyères (19 janvier)............	»	1	»	1
88. Devant le Bourget (20 janvier)...............	»	»	1	1
89. Bombardement de Paris (21 janvier)........	1	»	1	2
90. Défense du fort de l'Est (21 janvier)........	»	»	1	1
91. Bombardement de Paris (22 janvier)........	»	1	»	1
92. A l'Hôtel-de-Ville (22 janvier)...............	»	»	1	1
93. Aux avant-postes du Bas-Meudon (23 janv.)..	»	1	»	1
94. Bombardement de Paris (24 janvier)........	»	»	1	1
95. Défense du fort de l'Est (25 janvier)........	»	»	1	1
96. Bombardement de Saint-Denis (du 21 au 26 janvier)	2	»	11	13
97. Devant la Courneuve (26 janvier)...........	»	»	1	1
TOTAUX........	216	174	764	1.154

ARMÉES DE PROVINCE

II° Armée de la Loire. — Corps de troupe en Normandie. — 2° armée de la Loire.

	TUÉS.	MORTS de blessures.	BLESSÉS.	TOTAL.
1. Reconnaissance sur Chilleurs-aux-Bois (23 septembre 1870)........................	»	»	1	1
2. Engagement de Crouy-en-Thelle (24 septembre)...........................	»	1	»	1
3. Affaire de la Croix-Briquet (26 septembre)..	»	»	2	2
4. Escarmouche des Alluets (30 septembre)....	»	»	1	1
5. Dans le clocher de Neuville-sous-Bois (1er octobre)...........................	»	»	1	1
6. Affaire d'Epernon (4 octobre)...............	2	»	»	2
7. Combat de Toury (5 octobre)...............	»	1	2	3
8. Affaire de Fontaine-la-Rivière (8 octobre)...	»	»	1	1
9. Combat d'Artenay (10 octobre).............	1	2	8	11
10. Combat d'Orléans (11 octobre).............	11	4	26	41
A reporter........	14	8	42	64

RÉCAPITULATION DES PERTES EN OFFICIERS

	TUÉS.	MORTS de blessures.	BLESSÉS.	TOTAL.
Report........	14	8	42	64
11. Combat de Breteuil (12 octobre)............	»	»	1	1
12. Combat d'Ecouis (14 octobre)..............	»	»	1	1
13. Combat de Châteaudun (18 octobre).........	2	»	12	14
14. Escarmouche d'Etrépagny (19 octobre)......	»	»	1	1
15. Affaire de Grand-Puits (21 octobre).........	1	»	2	3
16. Combat de Dreux (21 octobre).............	»	1	»	1
17. Combat devant Chartres (21 octobre)........	»	»	2	2
18. Combats de Luisant et de Jouy (21 octobre).	1	»	1	2
19. Combat d'Hécourt (22 octobre).............	»	»	1	1
20. Méprise de Dreux (24 octobre).............	»	»	5	5
21. Affaire de la forêt d'Héricourt (24 octobre)..	»	»	1	1
22. Combat de Binas (25 octobre).............	»	»	1	1
23. Combat de Nogent-sur-Seine (25 octobre)....	»	»	3	3
24. Combat de Formerie (28 octobre)..........	»	»	2	2
25. Combat d'Illiers (31 octobre)..............	»	»	1	1
26. Combat de Vallière (7 novembre)..........	»	1	1	2
27. Bataille de Coulmiers (9 novembre)........	5	8	49	62
28. Combat de Dreux (17 novembre)..........	1	»	»	1
29. Combat de la Berchères (17 novembre).....	»	»	1	1
30. Combat de Tréon (17 novembre)...........	2	»	1	3
31. Affaire d'Illiers (18 novembre).............	»	»	1	1
32. Affaire de Chevannes (18 novembre).......	1	»	»	1
33. Affaire de Jaudrais (18 novembre).........	»	»	2	2
34. Combat de Torçay (18 novembre)..........	1	1	1	3
35. Affaire de Villeneuve-sur-Yonne (18 novembre)...............................	1	»	»	1
36. Affaire de Thiron-Gardais (21 novembre)...	»	»	1	1
37. Combats de la Fourche, de la Madeleine et de Bretoncelles (21 novembre)............	2	3	12	17
38. Affaire de la Ferté-Bernard (22 novembre)..	»	»	1	1
39. Combats de Chilleurs, Ladon, Boiscommun et Maizières (24 novembre)................	4	»	11	15
40. Affaire de Broué (25 novembre)............	»	»	1	1
41. Affaire de Connerré (25 novembre).........	»	»	1	1
42. Affaire de Maulu (26 novembre)...........	2	»	»	2
A reporter........	37	22	159	218

	TUÉS.	MORTS de blessures.	BLESSÉS.	TOTAL.
Report.......	37	22	159	218
43. Combat de Lorcy (26 novembre)............	2	»	2	4
44. Reconnaissance en avant de Châteaudun (26 novembre)...............................	»	»	1	1
45. Bataille de Beaune-la-Rolande (28 novembre).	18	10	95	123
46. Affaire de Saint-Denis-le-Ferment (29 novembre)...................................	»	»	1	1
47. Affaire de la Chapelle-Onzerain (29 novembre).....................................	»	»	1	1
48. Défense du pont de Varize (29 novembre)...	»	»	2	2
49. Combat d'Etrépagny (nuit du 29 au 30 novembre)......................................	1	»	4	5
50. Combat de Boiscommun (30 novembre).....	2	1	9	12
51. Combat de Terminiers et de Villepion (1er décembre).....................................	4	2	12	18
52. Combat de Bellegarde (1er décembre)........	»	»	1	1
53. Bataille de Loigny (2 décembre)............	35	35	186	256
54. Combats d'Artenay, Chevilly et Cercottes (3 décembre)...........................	7	2	28	37
55. Bataille autour d'Orléans (4 décembre).....	10	8	79	97
56. Combat de Buchy (4 décembre).............	»	»	2	2
57. Combat de Meung (6 décembre)............	1	»	1	2
58. Affaire de Sully-sur-Loire (6 décembre).....	»	»	1	1
59. Combats de Villorceau, Josnes, Cravant, Lorges et Beaugency (7, 8, 9, 10 et 11 décembre)...................................	24	32	183	239
60. Combats de Fréteval et de Morée (14 décembre).....................................	3	3	12	18
61. Prise de la ferme de la Thibaudière (15 déc.).	1	»	1	2
62. Combat de Vendôme (15 décembre)........	1	2	9	12
63. Aux avant-postes de Pezou (Loir-et-Cher) (16 décembre).	1	»	»	1
64. Au château de la Tuilerie (16 décembre)....	»	»	1	1
65. Combat de Morée (16 décembre)...........	1	»	2	3
66. Combat de Droué (17 décembre)............	3	2	2	7
67. Bernay (Eure), (17 décembre) (1)...........	»	»	1	1
A reporter.......	151	119	795	1.065

(1) Dans une émeute de gardes nationaux.

RÉCAPITULATION DES PERTES EN OFFICIERS

	TUÉS.	MORTS de blessures.	BLESSÉS.	TOTAL.
Report........	151	119	795	1.065
68. A Dreux (17 décembre)....................	»	»	1	1
69. Combat de Monnaie (20 décembre).........	»	2	20	22
70. Affaire près de la Ferté-Bernard (Sarthe) (21 décembre).	»	»	1	1
71. Affaire de Nointot-Bolbec (24 décembre).....	»	»	1	1
72. Combat de Montoire (27 décembre).........	»	1	5	6
73. Combat de Saint-Quentin (Loir-et-Cher) (27 décembre).	2	»	1	3
74. Affaire d'Essertine (27 décembre)	»	»	1	1
75. Dans une embuscade près de Montmirail (29 décembre).	»	»	2	2
76. Affaire des Moulineaux (30 décembre)......	»	1	»	1
77. Combat de Châtillon-sur-Loire (31 décembre)	»	»	2	2
78. Affaire de la Tuilerie (31 décembre)........	»	»	1	1
79. Affaire de Bourgtheroulde (31 décembre)....	»	»	1	1
80. Combat de Château-Robert (31 décembre)...	1	»	4	5
81. Combats de Vendôme, Bel-Air et Danzé (31 décembre).	3	1	13	17
82. Affaire de Conflans-sur-Seine (Marne) (2 janvier 1871).	1	»	»	1
83. Dans une reconnaissance sur Lancé (2 janv.)	»	»	1	1
84. Combats de Robert-le-Diable et de Bourgtheroulde (4 janvier).	1	1	7	9
85. Affaire de la Londe (4 janvier).............	»	1	»	1
86. Affaire des Roches (6 janvier).............	1	»	»	1
87. Affaire du Gué-du-Loir (6 janvier).........	2	1	7	10
88. Combat de la Fourche (6 janvier)..........	3	1	10	14
89. Affaire de Lunay (6 janvier)	»	1	1	2
90. Combat d'Epuisay (6 janvier)..............	1	»	1	2
91. Combats d'Azay et de Mazangé (6 janvier)..	5	1	7	13
92. Affaire de la forêt de Vendôme (6 janvier)..	»	»	1	1
93. Combat de Villeporcher (7 janvier).........	»	»	1	1
94. Combat près de Nogent-le-Rotrou (7 janvier)	»	»	1	1
95. Combat de Villechauve (7 janvier)..........	»	»	1	1
96. Affaire près de Château-Renault (7 janvier).	»	1	»	1
97. Affaire en avant de Saint-Laurent (8 janvier)	»	»	1	1
A reporter........	171	131	887	1.189

GUERRE DE 1870-1871

	TUÉS.	MORTS de blessures.	BLESSÉS.	TOTAL.
Report........	171	131	887	1.189
98. Combat de Bellême (8 janvier)............	1	»	»	1
99. Combat de Villechaumont (8 janvier)........	1	1	»	2
100. Combat de Vancé (8 janvier)............	»	1	3	4
101. Combat d'Ardenay (9 janvier)............	»	»	6	6
102. Combat de Duneau (9 janvier)............	4	»	»	4
103. Affaire de Brives (9 janvier)............	»	»	2	2
104. Affaire de Saint-Pierre-de-Lorouer (9 janv.)	1	»	»	1
105. Affaire de Saint-Georges (Sarthe) (9 janvier)	1	»	»	1
106. Combats de Parigné-l'Évêque, de Changé et de Champagné (10 janvier 1871)........	18	10	56	84
107. Bataille du Mans (11 et 12 janvier)........	39	26	110	175
108. Combat d'Ivré-l'Évêque (13 janvier)........	»	»	2	2
109. Combats de Chassillé (13 et 14 janvier).....	»	»	5	5
110. Combat de Beaumont-sur-Sarthe (14 janv.).	1	»	1	2
111. Combat de Sillé-le-Guillaume (15 janvier)...	»	»	2	2
112. Affaire de Saint-Remy-le-Guillaume (15 janv.)	1	»	»	1
113. Affaire de Nonneville (15 janvier)..........	1	»	1	2
114. Affaire de Meslay (15 janvier)............	1	»	»	1
115. Combat d'Alençon (15 janvier)............	2	»	5	7
116. Combat de Saint-Jean-sur-Erve (15 janv.).	1	1	9	11
117. Affaire d'Avallon (16 janvier)............	»	»	1	1
118. Combat de Bolbec (17 janvier)............	1	»	»	1
119. Affaire de Saint-Romain (17 janvier).......	1	»	»	1
120. Affaire de Sainte-Mélaine près Laval (18 janv.)	»	1	1	2
121. Affaire de La Flèche (21 janvier)..........	»	1	1	2
122. Combat de Bernay (21 janvier)............	»	»	1	1
123. Surprise de la Roche-sur-Yonne et de Brienou (25 janvier).	»	1	2	3
124. Reconnaissance sur Blois (27 janvier)	»	1	»	1
125. Combat du faubourg de Vienne (Blois) (28 janvier).	»	1	9	10
TOTAUX........	245	175	1.104	1.524

RÉCAPITULATION DES PERTES EN OFFICIERS

III° Armée des Vosges. 1re armée de l'Est.

	TUÉS.	MORTS de blessures.	BLESSÉS.	TOTAL.
1. Affaire de Celles (25 septembre)	1	»	»	1
2. Combat de Raon-l'Etape (27 septembre)	»	»	2	2
3. Combat de la Bourgonce (6 octobre)	8	5	30	43
4. Combat de Rambervillers (9 octobre)	»	»	2	2
5. Combat d'Epinal (12 octobre)	»	»	3	3
6. Reconnaissance près de Labat-Roche (15 oct.)	1	»	»	1
7. Combat de Cussey-sur-l'Oignon (21 octobre)	»	»	7	7
8. Combat de Châtillon-le-Duc (22 octobre)	»	1	»	1
9. Combat d'Auxon-Dessus (22 octobre)	»	»	1	1
10. 2e combat de Cussey-sur-l'Oignon (23 oct.)	1	»	5	6
11. Combat de Saint-Seine (27 octobre)	»	»	5	5
12. Combat de Talmay (27 octobre)	»	»	2	2
13. Affaire du Mont-Roland près Dôle (29 oct.)	»	»	1	1
14. Combat de Dijon (30 octobre)	3	»	12	15
15. Combat de Germigney (5 novembre)	»	»	1	1
16. Affaire de Mantoche (18 novembre)	1	»	»	1
17. Combat de Chagny (20 novembre)	»	»	1	1
18. Combat de Vougeot (22 novembre)	»	1	1	2
19. Combat d'Arnay-le-Duc (23 novembre)	»	»	1	1
20. Affaire de Velars (25 novembre)	»	1	1	2
21. Affaire d'Auxon-sur-Aube (25 novembre)	»	1	2	3
22. Combats de Pasques, Prenois et Hauteville (26 novembre)	»	»	6	6
23. Combats de Talant, Pasques et Lantenay (27 novembre)	1	»	6	7
24. Combat de Nuits (30 novembre)	»	1	1	2
25. Combat d'Autun (1er décembre)	»	»	12	12
26. Combat de Châteauneuf (3 décembre)	»	»	4	4
27. Reconnaissance en avant d'Oiselay (11 déc.)	»	»	1	1
28. Reconnaissance près de Vierzon (13 déc.)	»	»	1	1
29. Bataille de Nuits (18 décembre)	11	6	3	50
29 bis. Reconnaissance sur Montrambert, rive gauche de l'Oignon (18 décembre)	»	1	»	»
A reporter	27	17	141	184

Etat nominatif.

GUERRE DE 1870-1871

	TUÉS.	MORTS de blessures.	BLESSÉS.	TOTAL.
Report..........	27	17	141	184
30. Affaire de Crésancey (31 décembre).........	»	»	1	1
31. Affaire du village de Courceaux (2 janv. 1871).	1	»	2	3
32. Affaire d'Abbévillers (2 janvier 1871).........	»	»	1	1
33. Combat de Levrecy (5 janvier 1871)..........	»	»	2	2
34. Combat de Mont-Levernois (6 janvier).......	»	»	1	1
35. Combat de Clerval (7 janvier)...............	»	»	1	1
36. Bataille de Villersexel (9 janvier)...........	8	6	26	40
37. Affaire de Villers-la-Ville (9 janvier)........	»	»	1	1
38. Combat d'Arcey-Sainte-Marie (13 janvier)...	1	»	9	10
39. Combat de Croix (13 janvier)................	»	»	1	1
40. Bataille d'Héricourt (15, 16 et 17 janvier)...	26	17	124	167
41. Combat d'Abbévillers (18 janvier)..........	»	1	1	2
42. Combat de Vesoul (19 janvier)	»	»	1	1
43. Combat de Dôle (21 janvier)	»	1	2	3
44. Combats autour de Dijon (21, 22 et 23 janv.).	18	10	29	57
45. Combat de Clerval (23 janvier).............	»	»	1	1
46. Combat de Blamont (23 janvier)............	»	»	2	2
47. Combat de Vorges (26 janvier).............	1	2	2	5
48. Affaire de Chaffois (29 janvier)............	1	»	2	3
49. Affaire près de Pontarlier (29 janvier)......	»	»	1	1
50. Affaire de Sombacourt (29 janvier).........	1	»	1	2
51. Combat de Vaux (31 janvier)..............	»	»	1	1
52. Combat de la Cluse (1er et 2 février 1871)...	6	»	7	13
Totaux........	90	54	3	503

IV° Armée du Nord.

1. Affaire de Vouel près Saint-Quentin (20 nov.)	1	»	»	1
2. Reconnaissance sur Demuin (24 novembre)..	2	1	»	3
3. Combat de Gentelles (26 novembre).........	1	»	2	3
4. Bataille de Villers-Bretonneux (27 nov.).....	8	6	36	50
5. Surprise de Ham (nuit du 9 au 10 déc.)......	»	»	1	1
6. Bataille de Pont-Noyelles (23 décembre).....	7	3	57	67
7. Affaire de Nouzon (25 décembre)...........	»	»	1	1
A reporter........	19	10	97	126

RÉCAPITULATION DES PERTES EN OFFICIERS

	TUÉS.	MORTS de blessures.	BLESSÉS.	TOTAL.
Report........	19	10	97	126
8. Affaire de Longpré près d'Abbeville (28 déc.)	»	»	1	1
9. Combat d'Achiet-le-Grand-Béhagnies (2 janvier 1871)...............................	»	»	1	1
10. Bataille de Bapaume (3 janvier)............	9	5	37	51
11. Affaire de Pozières (15 janvier).............	»	»	1	1
12. Combat de Masnières (15 janvier)...........	»	»	1	1
13. Bataille de Saint-Quentin (19 janvier)........	28	15	135	178
TOTAUX........	56	30	273	359

V° Défense des places.

	TUÉS.	MORTS de blessures.	BLESSÉS.	TOTAL.
1. Défense de la citadelle d'Amiens (du 28 au 30 novembre)............................	1	»	1	2
2. Défense de Belfort (du 2 novembre 1870 au 2 février 1871)............................	13	9	45	67
3. Défense de Bitche (13 septembre)............	»	»	1	1
4. Défense de Langres (du 7 novembre 1870 au 27 janvier 1871)........................	3	3	12	18
5. Défense de La Fère (25 novembre)...........	»	»	2	2
6. Défense de Longwy (22 novembre)..........	»	»	1	1
7. Défense de Mézières (du 13 novembre 1870 au 1ᵉʳ janvier 1871)........................	»	»	4	4
8. Défense de Montmédy (du 12 octobre au 18 novembre)............................	»	1	4	5
9. Défense de Neuf-Brisach (du 1ᵉʳ septembre au 10 novembre)............................	»	1	4	5
10. Défense de Phalsbourg (25 novembre)........	»	»	2	2
11. Défense de Salins (24 et 25 janvier 1871).....	»	1	1	2
12. Défense de Soissons (du 24 septembre au 14 octobre)...............................	»	»	5	5
13. Défense de Thionville (du 20 septembre au 24 novembre)............................	»	»	5	5
14. Défense de Verdun (du 24 août au 28 oct.)...	3	»	13	16
TOTAUX........	20	15	100	135

	TUÉS.	MORTS de blessures.	BLESSÉS.	TOTAL.
1° Armées de Paris..........................	216	174	764	1154
2° Armée de la Loire....................... Troupes en Normandie.................. 2° Armée de la Loire....................	245	175	1104	1524
3° Armée des Vosges........................ 1re Armée de l'Est.........................	90	54	360	504
4° Armée du Nord..........................	56	30	273	359
5° Défense des places......................	20	15	100	135
6° Liste supplémentaire...................	3	1	42	46
TOTAL GÉNÉRAL........	630	449	2643	3722

3.722 officiers hors de combat du 17 septembre 1870 au 2 février 1871, dont **1.079** tués ou morts des suites de leurs blessures.

II

LISTE SUPPLÉMENTAIRE

INFANTERIE DE LIGNE

Régiment de marche....... SIMON (Ch.), s.-lieutenant, *blessé* le 11 janv. 1871.

ARTILLERIE

6ᵉ Régiment............... LOBRY (A.-F.), s.-lieutenant, *blessé*, défense de Paris.
10ᵉ   —   .... FRESCHARD (E.-J.-Ch.), s.-lieutenant, *blessé*, armée de la Loire.
16ᵉ   —   .... GENEVRIÈRE (G.), s.-lieutenant, *blessé*, défense de Paris (1).

GARDE NATIONALE MOBILE

11ᵉ Régiment............... CLAUDINON (G.), s.-lieutenant, *blessé*.
28ᵉ   —   .... DE MONTAIGU (P.-A.-J.), lieutenant, *blessé*.
29ᵉ   —   .... D'HILLERIN (A.-E.), capitaine, *blessé*.
32ᵉ   —   .... BURIN-DESROZIERS (A.), capitaine, *blessé*.
32ᵉ   —   .... FOULHOUZE (J.-L.), capitaine, *blessé*.
32ᵉ   —   .... FABRY (J.), capitaine, *blessé*.
34ᵉ   —   .... GODEFROY DE MÉNIGLAISE (D.-M.-Ch.-R.), chef de bataillon, *blessé*.
36ᵉ   —   .... CHAZAUD (P.-J.), capitaine, *blessé*.
36ᵉ   —   .... CHAUVEAU DES ROCHES, (A.), capitaine, *blessé*.
45ᵉ   —   .... DURAND (E.), s.-lieutenant, *blessé*.
46ᵉ   —   .... STAVAUX (C.), lieutenant, *blessé*.
47ᵉ   —   .... COLOMBIER (T.-D.-M.), chef de bataillon, *blessé*.
71ᵉ   —   .... DESCOUTURES (L.), capitaine, *blessé*.
81ᵉ   —   .... ARSONNEAU (Ch.), s.-lieutenant, *blessé*.
95ᵉ   —   .... DE LA TERRADE (L.), lieutenant, *blessé*.
1ᵉʳ Régiment mixte......... RASSINIER (A.), lieutenant, *blessé*.
2ᵉ   —   .... N............, lieutenant, *tué* le 18 janv. 1871, à Bondeval (Doubs).
2ᵉ   —   .... N............, lieutenant, *tué* le 18 janv. 1871, à Bondeval (Doubs).

(1) Auxiliaire.

Basses-Alpes...............	DUPLESSIS DE POUZILLAC (M.-A.-H.), lieutenant, *blessé*.
Indre......................	DE CHERGÉ (M.-Ch.-A.-R.), lieutenant, *blessé*.
Meuse......................	SCHOLTZ (J.-C.-A.), capitaine, *blessé*.
Seine......................	D'IVOLEY (A.-L.-N.), capitaine, *blessé*.

GARDE NATIONALE MOBILISÉE

Côte-d'Or..................	ANDRÉ, lieutenant, *blessé*.
Gironde....................	PEAU (J.-L.), capitaine, *blessé*.
Maine-et-Loire.............	PROUEST (J.-P.-E.), capitaine, *blessé*.
Sarthe, 4ᵉ bataillon........	N..........., capitaine, *blessé* le 9 janv. 1871.
Seine......................	HAUMESSER, lieutenant, *blessé* le 21 oct. 1870.
Seine-Inférieure...........	FARAILL (E.-L.-P.), chef de bataillon, *blessé*.
Yonne......................	1 officier de la Garde nationale sédentaire, *blessé* le 16 janvier 1871, à Avallon.

CORPS FRANCS

Chasseurs des Vosges.......	TRANNOY (A.), capitaine, *blessé*.
3ᵉ corps franc (Seine-et-Marne).	LEBEL, capitaine, *blessé* à Mortagne (Orne).
Francs-tireurs du Doubs...	RADLÉ (Ch.), capitaine, *blessé*.
Francs-tireurs de l'Ain.....	JAGR (P.-E.-A.), capitaine, *blessé*.
Francs-tireurs de Neuf-Brisach.	THIÉBAULT (E.), capitaine, *blessé*.
Francs-tireurs d'Angers....	N............, capitaine, *blessé* le 12 janv. 1871.
— —	N............, capitaine, *blessé* le 12 janv. 1871.
Légion bretonne............	1 officier *tué* le 28 déc. 1870, dans une reconnaissance sur Salbris.
Ouvriers auxiliaires d'artillerie.	HOLT, capitaine, *blessé*.

MARINE

Equipages de la flotte......	CLUTE (C.-E.-A.), lieutenant de vaisseau, *blessé*, mort le 25 fév. 1871.

DIVERS

Gardiens de la paix........	MICHAUD, capitaine, *blessé*.
Officier en retraite.........	MICHAUD, capitaine, *tué* le 18 oct. 1870, à Châteaudun.
Ingénieur civil.............	BOAS (A.), ingénieur électricien, *blessé* le 21 janv. 1871, au fort de l'Est.

III

PREMIÈRE PARTIE DE LA CAMPAGNE

(Du 25 juillet au 29 octobre 1870.)

ADDENDA

Service de santé	BINTOT (A.-A.), méd.-major, *blessé* le 6 août 1870, à Frœschwiller.
1ᵉʳ Régiment de zouaves	DIDIER (V.), lieutenant, *blessé* le 6 août 1870, à Frœschwiller.
12ᵉ Régiment d'artillerie	MONNIER (H.-M), lieutenant, *blessé* le 6 août 1870, à Frœschwiller.
13ᵉ — —	DUBRUY (E.-A.), lieutenant, *blessé* le 16 août 1870, à Rezonville.
13ᵉ — —	REUILLE (J.-B.-O.), médecin-major, (C.), *blessé* le 16 août 1870, à Rezonville.
1ᵉʳ — —	GASTINE (J.-J.-A.), capitaine, *blessé* (C.) le 1ᵉʳ septembre 1870, à Noisseville.
4ᵉ — —	GRIMARD (J.-L.), capitaine, *blessé* (C.), le 1ᵉʳ septembre 1870, à Noisseville.
17ᵉ Régiment d'infanterie de ligne.	CIAVALDINI (M.-A.), s.-lieutenant, *blessé* le 29 août 1870, à Bois-les-Dames.
Etat-major	BEAUDOUIN (L.-J.), colonel, *blessé* le 30 août 1870, à Mouzon.
17ᵉ Régiment d'infanterie de ligne.	RABOUAN (J.-B.-R.), s.-lieutenant, *blessé* le 30 août 1870, à Beaumont.
Etat-major général	LABASTIE (J.-L.-E.), général de brigade, *blessé* (C.), le 1ᵉʳ sept. 1870, à Sedan.
22ᵉ Régᵗ d'infanterie de ligne.	THUILLIER (E.-Ed.), capitaine, *blessé* le 1ᵉʳ sept. 1870, à Sedan.
43ᵉ — —	VIDAL (P.-L.), capitaine, *blessé* le 1ᵉʳ sept. 1870, à Sedan.
49ᵉ — —	DE VERDILHAC (P.-H.-E.), s.-lieutenant, *blessé* le 1ᵉʳ sept. 1870, à Sedan.
50ᵉ — —	ARDOUIN (J.-C.), colonel, *blessé* (C.), le 1ᵉʳ sept. 1870, à Sedan.
58ᵉ — —	GAYRAUD (R.-M.), chef de bataillon, *blessé* (C.), le 1ᵉʳ sept. 1870, à Sedan.
83ᵉ — —	BOURLIER (C.-F.-A.), s.-lieutenant, *blessé* le 1ᵉʳ sept. 1870, à Sedan.
10ᵉ Régiment de dragons	CLAPEYRON (G.-A.), capitaine, *blessé* le 1ᵉʳ sept. 1870, à Sedan.

232 GUERRE DE 1870-1871

1ᵉʳ Rég. d'inf. de marine....	GUICHARD (F.-L.), capitaine, *blessé* le 1ᵉʳ sept. 1870, à Sedan.
1ᵉʳ — —	GROULT-DUFÉRIER (M.-L.), s.-lieutenant, *tué* le 1ᵉʳ sept. 1870, à Sedan.
1ᵉʳ — —	PAILLOT, lieutenant, *blessé* le 1ᵉʳ sept. 1870, à Sedan.
4ᵉ — —	AUFRAY (A.-M.), lieutenant, *blessé* le 1ᵉʳ sept. 1870, à Sedan.
4ᵉ — —	ARNAULT (F.-M.-S.), s.-lieutenant, *blessé* le 1ᵉʳ sept. 1870, à Sedan.
7ᵉ Régiment d'artillerie....	DURGET (E.-E.), lieutenant, *blessé* le 1ᵉʳ sept. 1870, à Sedan.
10ᵉ — —	ALLAIN (Ch.-L.), capitaine, *blessé* le 1ᵉʳ sept. 1870, à Sedan.
10ᵉ — —	DEMMLER (A.-G.-A.), lieutenant, *blessé* le 1ᵉʳ sept. 1870, à Sedan.
12ᵉ — —	MOREL (P.-E.), capitaine *blessé* le 1ᵉʳ sept. 1870, à Sedan.
19ᵉ — —	BEAUPOIL DE SAINT-AULAIRE (A.-A.-L.), chef d'escadron, *blessé* le 1ᵉʳ sept. 1870, à Sedan.
6ᵉ — —	COLLET-MEYGRET (A.-H.-H.-T.), capitaine, *blessé* le 1ᵉʳ sept. 1870, à Sedan.
Service de santé...........	TRAPPE, médecin aide-major, *blessé* le 22 sept. 1870, à Strasbourg.
Régiment de marche infant.	COSTA (D.), s.-lieutenant, *blessé* le 2 sept. 1870, à Strasbourg.
Etat-major particulier art...	BACHMANN (J.-L.), garde, *tué* le 1ᵉʳ sept. 1870, à Strasbourg.
Francs-tireurs de Strasbourg.	GERBER (J.-G.), lieutenant, *blessé* le sept. 1870, à Strasbourg.
Garde nationale mobile. Meurthe. (3ᵉ batterie.)	BENDER (F.-X.), lieutenant, *blessé* le 23 août 1870, à Toul.

IV

PREMIÈRE PARTIE DE LA CAMPAGNE

(du 25 juillet au 29 octobre 1870.)

ERRATA

Etat-major	Page 3,	*lire :* MICHEL (F.-N.-D.) et non MICHAL (M.-Ch.-C.).
19ᵉ Régiment d'artillerie	Page 20,	*lire :* DALAMAL et non DELAMEL.
20ᵉ —	Page 20,	*lire :* BOURGEOIS (F.-F.) et non BOURGEOIS (C.-J.).
40ᵉ Rég. d'inf. de ligne	Page 23,	*lire :* GANGLOFF, Lieutenant et non S.-Lieutenant.
19ᵉ —	Page 30,	*lire :* GROJEAN et non GROSJEAN.
9ᵉ —	Page 44,	*lire :* STOECKEL et non STOEKEL.
70ᵉ —	Page 50,	*supprimer :* DAVID (P.).
94ᵉ —	Page 54,	*lire :* MATHIAS, S.-Lieutenant et non Lieutenant.
20ᵉ Régiment d'artillerie	Page 60,	*lire :* MARGUET (J.-J.-F.) et non MARQUET (J.-B.).
28ᵉ Régiment d'infanterie de ligne	Page 66,	*lire :* LAJOUANIE (J.), *blessé et non tué*.
28ᵉ —	Page 66,	*supprimer :* CATTELIN (L.-C.-J.).
28ᵉ —	Page 67,	*supprimer :* SABLON (V.-J.-E.-N.).
29ᵉ —	Page 70,	*lire :* STOUVENEL (C.-N.), S.-Lieutenant et non Lieutenant.
64ᵉ —	Page 71,	*lire :* MEUNIER (D.-P.-E.) et non MEUNIER (J.-N.).
84ᵉ —	Page 79,	*lire :* CLERC (A.-C.-J.-B.-M.), et non CLERC (L.-M.).
95ᵉ —	Page 85,	*lire :* JULLIAN (A.-R.), et non JULLIAN (A.-J.).
11ᵉ Régiment d'artillerie	Page 86,	*lire :* BRZUMIENSKI (E.), et non BRZUMIENSKI (M.).
11ᵉ Bataillon de chasseurs	Page 92,	*lire :* LEROUDIER (P.), S.-Lieutenant et non Lieutenant.
3ᵉ Régiment d'infanterie de ligne	Page 96,	*lire :* ZWILLING (P.-H.), et non ZWILLING (Ch.-A.).

Etat nominatif.

234 GUERRE DE 1870-1871

58e Régiment d'infanterie de ligne.	Page 99, *lire*: Sibillat (N.-J.), et non Sébillat.
86e —	Page 101, *lire*: Matthis (Ch.) et non Mathis.
7e Régiment d'artillerie....	Page 104, *lire*: Duport (L.-A.), et non Duport (L.).
2e Régiment de marche d'infanterie.................	Page 119, *lire*: Delteil (L.-O.), et non Delteil (L.-A.).
10e Régiment d'artillerie....	Page 125, *supprimer*: Guillaume (A.-J.-B.).
1er Rég. d'inf. de marine...	Page 126, Fremiet (J.-C.-H.), *blessé* et mort à Bruxelles et non *tué*.
1er — ...	Page 126, Véquand (E.-A.), *blessé*, mort le 22, et non *tué*.
1er — ...	Page 126, Maison (M.-E.), *tué* le 31 août et non le 1er septembre.
1er — ...	Page 126, Maurial (P.), *blessé*, mort le 9 octobre
1er — ...	Page 126, Boillon (S.-G.), *blessé*, mort le 14 octobre.
2e — ...	Page 127, Roussel (F.-L.), *tué* le 31 août et non le 1er septembre.
2e — ...	Page 127, Collot (G.-A.). *tué* le 31 août et non le 1er septembre.
2e — ...	Page 127, Thirion (J.-J.-E.), *blessé* mort le 2 octobre et non *tué*.
2e — ...	Page 127, Fréchou (G.), *blessé* le 31 août et non le 1er septembre.
2e — ...	Page 127, *supprimer* Collot (G.-A.).
3e — ...	Page 128, *lire*: Jean (J.-M.).
4e — ...	Page 128, *lire*: Chasseriau (E.), et non Chasseriaud (P.).
4e — ...	Page 128, *lire*: Bouvier (E.-E.), *blessé*, mort le 25 et non *tué*.
4e — ...	Page 128, *lire*: Morice du Lerain (A.-M.), *blessé*, mort le 16 et non *tué*.
4e — ...	Page 128, *lire*: Salicetti (N.-V.). *blessé*, mort le 17 et non *tué*.
4e —	Page 128, *lire*: Béghin (L.-E.), *tué* et non *blessé*.
3e Bataillon de mobiles Aisne	Page 130, *lire*: Ternynck de Roucy et non Terninck de Roucy.
Régiment de marche de Strasbourg (infanterie),	Page 132, *lire*: Champlon (J.-H.) tué le 26 septembre et non le 26 août.

TABLE DES MATIÈRES

I° Armée de la défense de Paris

	Pages.
1. Combat de Montmesly (17 septembre 1870)	7
2. Combat de Châtillon (19 septembre)	7
3. Reconnaissance sur Chevilly (19 septembre)	9
4. Affaire de Bobigny (20 septembre)	9
5. A Maisons-Alfort (22 septembre)	9
6. Aux avant-postes du Bourget (23 septembre)	9
7. Combat de Villejuif (23 septembre)	10
8. A la redoute des Hautes-Bruyères (23 septembre)	10
9. Combat de Pierrefitte (23 septembre)	10
10. Aux avant-postes de Créteil (30 septembre)	10
11. Combat de Clamart (30 septembre)	11
12. Combat de Chevilly (30 septembre)	11
13. Combat de Notre-Dame-des-Mèches (30 septembre)	14
14. Au Moulin-Saquet (30 septembre)	14
15. Aux avant-postes de Drancy (1er octobre)	14
16. Aux avant-postes en avant de Bondy (6 octobre)	14
17. Aux avant-postes de Villetaneuse et de Bezons (7 octobre)	15
18. En avant du fort de Vanves (8 octobre)	15
19. Reconnaissance sur la Malmaison (10 octobre)	15
20. Aux avant-postes de Stains (11 octobre)	15
21. Attaque de Châtillon (13 octobre)	16
22. Aux avant-postes de Fontenay-sous-Bois (13 octobre)	16
23. Combat de Bagneux (13 octobre)	16
24. Aux avant-postes du Raincy (15 octobre)	17
25. Aux avant-postes de Bondy (18 octobre)	17
26. Combat de la Malmaison (21 octobre)	18
27. Aux avant-postes de Champigny (21 octobre)	20
28. Défense du Moulin-Cachan (21 octobre)	20
29. Devant Maisons-Alfort (21 octobre)	20
30. Aux avant-postes de Bondy (24 octobre)	21
31. Aux avant-postes de la plâtrière de Vitry (30 octobre)	21
32. Combat du Bourget (30 octobre)	21
33. En avant du fort de Nogent (3 novembre)	22
34. Aux avant-postes d'Arcueil-Cachan (9 novembre)	22

GUERRE DE 1870-1871

	Pages.
35. A la barricade de Vitry (15 novembre).....................	22
36. En avant de La Varenne-Saint-Hilaire (16 novembre)...........	23
37. Au Petit-Brie (19 novembre)	23
38. Au fort de Nogent (20 novembre)...........................	23
39. Aux avant-postes de Bondy (24 novembre)...................	23
40. A la barricade du pont de Sèvres (25 novembre).............	23
41. Combat de L'Hay (29 novembre)............................	24
42. Défense de la barricade de la route de Choisy (nuit du 29 au 30 nov.)	25
43. Combat d'Epinay (30 novembre).............................	25
44. Combat de Montmesly (30 novembre).........................	26
45. Reconnaissance sur Choisy-le-Roi (30 novembre).............	28
46. Combat de la Gare-aux-Bœufs (30 novembre).................	28
47. Bataille de Villiers (30 novembre)........................	28
48. Bataille de Champigny (2 décembre)........................	37
49. Aux avant-postes de Montmesly (2 décembre)................	43
50. Affaire de la ferme du Tremblay (6 décembre)..............	43
51. Aux avant-postes de la Folie-Nanterre (18 décembre).......	43
52. Aux avant-postes du Bourget et de Montrouge (19 décembre)..	44
53. Combat du Bourget (21 décembre)...........................	44
54. Combat du Moulin-Saquet (21 décembre)....................	46
55. Combat de Villa-Evrard (21 décembre).....................	47
56. Aux avant-postes de l'Ile-du-Chiard (21 et 22 décembre)...	47
57. Au parc de la Maison-Blanche (22 décembre)................	47
58. Aux avant-postes de Clamart (22 décembre).................	48
59. Affaire de la Maison-Blanche (26 décembre)................	48
60. Aux avant-postes de Vitry (27 décembre)...................	48
61. Aux avant-postes de Meudon (27 décembre)..................	48
62. Bombardement du plateau d'Avron (décembre)................	48
63. Défense du fort de Rosny (28 décembre)....................	50
64. Défense du fort de Nogent (29 décembre)...................	50
65. Affaire de Bondy (29 décembre)............................	51
66. Aux avant-postes en avant de Rueil (1er janvier 1871)......	51
67. A la Folie-Nanterre (3 janvier)	51
68. Aux avant-postes de Boulogne (5 janvier)..................	51
69. Aux avant-postes de Villejuif (5 janvier).................	51
70. Aux Hautes-Bruyères (5 janvier)...........................	52
71. Défense du fort de Vanves (du 5 au 22 janvier)............	52
72. Aux avant-postes de Noisy (5 janvier).....................	53
73. Aux avant-postes du Bas-Meudon (6 janvier)................	53
74. Défense du fort d'Issy (du 7 au 27 janvier)...............	53
75. Défense de Paris (lycée de Vanves) (7 janvier)............	53
76. A la courtine 68-69. Défense de Paris (7 janvier).........	53
77. Au Moulin-de-Pierre (10 janvier)..........................	54
78. Défense de Saint-Denis, batterie de la Courneuve (11 janvier)	54

	Pages.
79. Aux avant-postes de Créteil (12 janvier)...............	54
80. Dans la redoute de la Boissière (12 janvier)..........	54
81. Coup de main sur le Moulin-de-Pierre (13 janvier).....	55
82. Défense de Paris, bastion 65 (16 janvier).............	55
83. Bombardement du fort de Montrouge (du 8 au 19 janvier)........	55
84. A Arcueil-Cachan (17 janvier).........................	55
85. Défense de Paris, bastion 67 (18 janvier).............	56
86. Bataille de Buzenval (19 janvier).....................	56
87. Aux Hautes-Bruyères (19 janvier)......................	64
88. Devant Le Bourget (20 janvier)........................	64
89. Bombardement de Paris (21 janvier)....................	64
90. Défense du fort de l'Est (21 janvier).................	65
91. Bombardement de Paris (22 janvier)....................	65
92. A l'Hôtel-de-Ville (22 janvier).......................	65
93. Aux avant-postes du Bas-Meudon (23 janvier)...........	65
94. Bombardement de Paris (24 janvier)....................	65
95. Défense du fort de l'Est (25 janvier).................	66
96. Bombardement de Saint-Denis (21 au 26 janvier)........	66
97. Devant la Courneuve (26 janvier)......................	67

II° Armées de province.

1. Reconnaissance sur Chilleurs-aux-Bois (23 septembre 1870).......	69
2. Engagement de Crouy-en-Thelle (24 septembre)............	69
3. Affaire de la Croix-Briquet (26 septembre).............	69
4. Escarmouche des Alluets (30 septembre).................	70
5. Dans le clocher de Neuville-sous-Bois (1er octobre)....	70
6. Affaire d'Epernon (4 octobre)..........................	70
7. Combat de Toury (5 octobre)............................	70
8. Affaire de Fontaine-la-Rivière (8 octobre).............	71
9. Combat d'Artenay (10 octobre)..........................	71
10. Combat d'Orléans (11 octobre)..........................	72
11. Combat de Breteuil (12 octobre)........................	73
12. Combat d'Ecouis (14 octobre)...........................	74
13. Combat de Châteaudun (18 octobre)......................	74
14. Escarmouche d'Etrépagny (19 octobre)...................	75
15. Affaire de Grand-Puits (21 octobre)....................	75
16. Combat de Dreux (21 octobre)...........................	75
17. Combat devant Chartres (21 octobre)....................	75
18. Combat de Luisant et de Jouy (21 octobre)..............	75
19. Combat d'Hécourt (22 octobre)..........................	76
20. Méprise de Dreux 24 octobre)..........................	76
21. Affaire de la forêt d'Hécourt (24 octobre).............	76
22. Combat de Binas (25 octobre)...........................	76
23. Combat de Nogent-sur-Seine (25 octobre)................	77

GUERRE DE 1870-1871

	Pages.
24. Combat de Formerie (28 octobre)....................................	77
25. Combat d'Illiers (31 octobre)..	77
26. Combat de Vallière-Saint-Laurent-des-Bois (7 novembre)..........	78
27. Bataille de Coulmiers (9 novembre)................................	78
28. Combats de Dreux et Levaville (17 novembre)....................	81
29. Affaire de Berchères sur Vesgre (17 novembre)..................	81
30. Combat de Tréon (17 novembre)....................................	82
31. Affaire d'Illiers (18 novembre)......................................	82
32. Affaire de Chevannes (18 novembre)..............................	82
33. Affaire de Jaudrais (18 novembre).................................	83
34. Combat de Torçay (18 novembre)..................................	82
35. Affaire de Villeneuve-sur-Yonne (18 novembre)..................	83
36. Affaire de Thiron-Gardais (21 novembre).........................	83
37. Combats de la Fourche, de la Madeleine et de Bretoncelles (21 novembre)..	83
38. Affaire de la Ferté-Bernard (22 novembre).......................	84
39. Combats de Chilleurs, Ladon, Boiscommun, Neuville-aux-Bois et Maizières (24 novembre)..	84
40. Affaire de Brouc (25 novembre)....................................	85
41. Affaire de Connerré (25 novembre)................................	85
42. Affaire de Maulu (26 novembre)....................................	85
43. Combat de Lorcy (26 novembre)....................................	86
44. Dans une reconnaissance en avant de Châteaudun (26 novembre)..	86
45. Bataille de Beaune-la-Rolande (28 novembre)....................	86
46. Affaire de Saint-Denis-le-Ferment (29 novembre)................	91
47. Affaire de la Chapelle-Onzerain (29 novembre)...................	92
48. Défense du pont de Varize (29 novembre)........................	92
49. Combat d'Etrépagny (nuit du 29 au 30 novembre)..............	92
50. Combat de Boiscommun (30 novembre)...........................	93
51. Combats de Terminiers et de Villepion (1er décembre).........	93
52. Combat de Bellegarde (1er décembre).............................	94
53. Bataille de Loigny (2 décembre)....................................	95
54. Combats d'Artenay, de Chevilly et de Cercottes (3 décembre)..	103
55. Bataille autour d'Orléans (4 décembre)............................	106
56. Combat de Buchy (4 décembre).....................................	110
57. Combat de Meung (6 décembre)....................................	110
58. Affaire de Sully-sur-Loire (6 décembre)...........................	111
59. Combats de Villorceau, Josnes, Cravant, Lorges et Beaugency (7, 8, 9, 10 et 11 décembre)....................................	111
60. Combats de Fréteval et de Morée (14 décembre)................	121
61. Prise de la ferme de la Thibaudière (15 décembre)..............	122
62. Combat de Vendôme (15 décembre)...............................	122
63. Aux avant-postes de Pezou (16 décembre).......................	123
64. Au château de la Tuilerie (16 décembre)..........................	123

TABLE DES MATIÈRES

		Pages.
65.	Combat de Morée (16 décembre)	123
66.	Combat de Droué (17 décembre)	123
67.	A Bernay (17 décembre)	124
68.	A Dreux (17 décembre)	124
69.	Combat de Monnaie (20 décembre)	124
70.	Affaire près de la Ferté-Bernard (21 décembre)	125
71.	Affaire de Nointot-Bolbec (24 décembre)	125
72.	Combat de Montoire (27 décembre)	126
73.	Combat de Saint-Quentin (27 décembre)	126
74.	Affaire d'Essertine (27 décembre)	126
75.	Dans une embuscade près de Montmirail (29 décembre)	126
76.	Affaire des Moulineaux (30 décembre)	127
77.	Combat de Châtillon-sur-Loire (31 décembre)	127
78.	Affaire de la Tuilerie (31 décembre)	127
79.	Affaire de Bourgtheroulde (31 décembre)	127
80.	Combat de Château-Robert (31 décembre)	128
81.	Combats de Vendôme, Bel-Air et Danzé (31 décembre)	128
82.	Affaire de Conflans-sur-Seine (Marne) (2 janvier 1871)	129
83.	Dans une reconnaissance sur Lancé (2 janvier)	129
84.	Combat de Robert-le-Diable et de Bourgtheroulde (4 janvier)	129
85.	Affaire de la Londe (4 janvier)	130
86.	Affaire des Roches (6 janvier)	130
87.	Affaire du Gué-du-Loir (6 janvier)	130
88.	Combat de la Fourche (6 janvier)	131
89.	Affaire de Lunay (6 janvier)	132
90.	Combat d'Epuisay (6 janvier)	132
91.	Combat d'Azay-Mazangé (6 janvier 1871)	132
92.	Affaire de la forêt de Vendôme (6 janvier)	133
93.	Combat de Villeporcher (7 janvier)	133
94.	Combat près de Nogent-le-Rotrou (7 janvier)	133
95.	Combat de Villechauve (7 janvier)	133
96.	Affaire près de Châteaurenault (7 janvier)	133
97.	Affaire en avant de Saint-Laurent (8 janvier)	134
98.	Combat de Bellême (8 janvier)	134
99.	Combat de Villechaumont (8 janvier)	134
100.	Combat de Vancé (8 janvier)	134
101.	Combat d'Ardenay (9 janvier)	134
102.	Combat de Duneau (9 janvier)	135
103.	Affaire de Brives (9 janvier)	135
104.	Affaire de Saint-Pierre-du-Lorouer (9 janvier)	135
105.	Affaire de Saint-Georges (9 janvier)	135
106.	Combats de Parigné-l'Evêque, de Changé et de Champagné (10 janv.)	136
107.	Bataille du Mans (11 et 12 janvier)	139
108.	Combat d'Yvré-l'Evêque (13 janvier)	147

	Pages.
109. Combats de Chassillé (13 et 14 janvier)............................	147
110. Combat de Beaumont-sur-Sarthe (14 janvier)......................	148
111. Combat de Sillé-le-Guillaume (15 janvier).........................	148
112. Affaire de Saint-Rémy-le-Guillaume (15 janvier)..................	148
113. Affaire de Nonneville (15 janvier)..................................	148
114. Affaire de Meslay (15 janvier)......................................	148
115. Combat d'Alençon (15 janvier).....................................	149
116. Combat de Saint-Jean-sur-Erve (15 janvier)......................	149
117. Affaire d'Avallon (16 janvier)......................................	150
118. Combat de Bolbec (17 janvier).....................................	150
119. Affaire de Saint-Romain (17 janvier)..............................	150
120. Affaire de Sainte-Mélaine, près Laval (18 janvier)...............	150
121. Affaire de La Flèche (21 janvier)..................................	151
122. Combat de Bernay (21 janvier)....................................	151
123. Surprise de la Roche-sur-Yonne et de Brienon (25 janvier).....	151
124. Reconnaissance sur Blois (27 janvier)............................	151
125. Combat du faubourg de Vienne (Blois) (28 janvier).............	152

III° Armées des Vosges et de l'Est.

1. Affaire de Celles (25 septembre 1870)............................	153
2. Combat de Raon-l'Etape (27 septembre).........................	153
3. Combat de la Bourgonce (6 octobre).............................	153
4. Combat de Rambervillers (9 octobre)............................	155
5. Combat d'Epinal (12 octobre).....................................	155
6. Reconnaissance près de Labat-Roche (15 octobre).............	156
7. Combat de Cussey-sur-l'Oignon (21 octobre)....................	156
8. Combat de Châtillon-le-Duc (22 octobre)........................	156
9. Combat d'Auxon-Dessus (22 octobre)............................	156
10. 2ᵉ combat de Cussey-sur-l'Oignon (23 octobre).................	157
11. Combat de Saint-Seine (27 octobre)..............................	157
12. Combat de Talmay (27 octobre)...................................	157
13. Affaire du Mont-Roland, près Dôle (29 octobre).................	158
14. Combat de Dijon (30 octobre).....................................	158
15. Combat de Germigney (5 novembre)..............................	159
16. Affaire de Mantoche (18 novembre)..............................	159
17. Combat de Chagny (20 novembre)................................	159
18. Combat de Vougeot (22 novembre)...............................	159
19. Combat d'Arnay-le-Duc (23 novembre)..........................	160
20. Affaire de Velars (25 novembre)..................................	160
21. Affaire d'Auxon-sur-Aube (25 novembre)........................	160
22. Combats de Pasques, Prenois et Hauteville (26 novembre)....	160
23. Combats de Talant, Pasques et Lantenay (27 novembre)......	161
24. Combat de Nuits (30 novembre)..................................	161
25. Combat d'Autun (1ᵉʳ décembre)..................................	162

TABLE DES MATIÈRES 241

Pages.
26. Combat de Châteauneuf (3 décembre).................... 163
27. Reconnaissance en avant d'Oiselay (11 décembre)........ 163
28. Reconnaissance près de Vierzon (13 décembre)........... 163
29. Bataille de Nuits (18 décembre)........................ 163
29 *bis*. Reconnaissance sur Montranbert (18 décembre)...... 165
30. Affaire de Crésancey (31 décembre)..................... 165
31. Affaire du village de Courceaux (2 janvier 1871)........ 166
32. Affaire d'Abbévillers (2 janvier)...................... 166
33. Combat de Lévrecy (5 janvier).......................... 166
34. Combat de Mont-Levernois (6 janvier)................... 166
35. Combat de Clerval (7 janvier).......................... 166
36. Bataille de Villersexel (9 janvier).................... 167
37. Affaire de Villers-la-Ville (9 janvier)................ 169
38. Combat d'Arcey-Sainte-Marie (13 janvier)............... 169
39. Combat de Croix (13 janvier)........................... 170
40. Bataille d'Héricourt (15, 16 et 17 janvier)............ 170
41. Combat d'Abbévillers (18 janvier)...................... 177
42. Combat de Vesoul (19 janvier).......................... 178
43. Combat de Dôle (21 janvier)............................ 178
44. Combats autour de Dijon (21, 22 et 23 janvier)......... 178
45. Combat de Clerval (23 janvier)......................... 181
46. Combat de Blamont (23 janvier)......................... 181
47. Combat de Vorges (26 janvier).......................... 181
48. Affaire de Chaffois (29 janvier)....................... 181
49. Affaire près de Pontarlier (29 janvier)................ 182
50. Affaire de Sombacourt (29 janvier)..................... 182
51. Combat de Vaux (31 janvier)............................ 182
52. Combat de la Cluse (1er et 2 février).................. 182

IVe Armée du Nord.

1. Affaire de Vouel près Saint-Quentin (20 novembre 1870).. 185
2. Reconnaissance sur Démuin (24 novembre)................. 185
3. Combat de Gentelles (26 novembre)....................... 185
4. Bataille de Villers-Bretonneux (27 novembre)............ 186
5. Surprise de Ham (nuit du 9 au 10 décembre).............. 188
6. Bataille de Pont-Noyelles (23 décembre)................. 188
7. Affaire de Nouzon (25 décembre)......................... 192
8. Affaire de Longpré (28 décembre)........................ 192
9. Combat d'Achiet-le-Grand-Béhagnies (2 janvier 1871)..... 192
10. Bataille de Bapaume (3 janvier)........................ 193
11. Affaire de Pozières (15 janvier)....................... 195
12. Combat de Masnières (15 janvier)....................... 195
13. Bataille de Saint-Quentin (19 janvier)................. 195

V° Défense des places.

	Pages.
1. Défense de la citadelle d'Amiens (du 28 au 30 novembre 1870)	205
2. Défense de Belfort (du 2 novembre 1870 au 16 février 1871)	205
3. Défense de Bitche (13 septembre)	209
4. Défense de Langres (du 7 novembre 1870 au 24 janvier 1871)	209
5. Défense de La Fère (25 novembre)	211
6. Défense de Longwy (22 novembre)	211
7. Défense de Mézières (du 13 novembre 1870 au 1er janvier 1871)	212
8. Défense de Montmédy (du 12 octobre au 18 novembre 1870)	212
9. Défense de Neuf-Brisach (du 1er septembre au 10 novembre)	213
10. Défense de Phalsbourg (25 novembre)	213
11. Défense de Salins (21 et 25 janvier 1871)	214
12. Défense de Soissons (du 24 septembre au 14 octobre 1870)	214
13. Défense de Thionville (du 20 septembre au 24 novembre 1870)	215
14. Défense de Verdun (du 24 août au 28 octobre 1870)	215
I. Récapitulation numérique des pertes en officiers	217
II. Liste supplémentaire	229
III. Addenda	231
IV. Errata	233

Paris et Limoges. — Imprimerie militaire Henri CHARLES-LAVAUZELLE.

Librairie Militaire Henri CHARLES-LAVAUZELLE
PARIS ET LIMOGES.

Guerre franco-allemande de 1870-71, par le commandant Ch. ROMAGNY, ancien professeur de tactique et d'histoire à l'Ecole militaire d'infanterie. — Gr. in-8° de 392 pages, avec un atlas de 30 cartes-croquis.... 7 50

La guerre franco-allemande de 1870-1871. Histoire politique, diplomatique et militaire, par A. WACHTER (édition remaniée et augmentée).

TOME I. — *De la déclaration de guerre à la chute de l'Empire.* — Fort vol. grand in-8° de 460 p.. 5 »

TOME II — *De la chute de l'Empire à l'armistice du 28 janvier 1871.* — Fort vol. grand in-8° de 492 p.. 5 »

ATLAS contenant 10 cartes grand format, en couleurs, des théâtres d'opérations.. 5 »

Correspondance militaire du maréchal de Moltke. GUERRE DE 1870-1871 *(seule traduction française autorisée.)*

1er VOLUME. — La guerre jusqu'à la bataille de Sedan. — Grand in-8° de xx 352 p., 3 croquis, 1 carte en noir et 1 fac-similé hors texte... 12 »

2e VOLUME. — Du 3 septembre 1870 au 27 janvier 1871. — Grand in-8° de xxvii 348 p.. 10 »

3e VOLUME. — L'armistice et la paix. Grand in-8° de xxii 316 p... 10 »

4e VOLUME. — Guerre de 1864. Grand in-8° de xiv 340 p........... 10 »

5e VOLUME. — Guerre de 1866. Grand in-8° de xxviii 530 p....... 16 »

Sans armée (1870-1871), *souvenirs d'un capitaine*, par le commandant KANAPPE. — Volume in-8° de 336 pages................................. 3 50

Les vaillantes chevauchées de la cavalerie française pendant la guerre franco-allemande de 1870-1871, par Louis YVERT. Ouvrage précédé d'une lettre autographe de M. le général DE GALLIFFET. — Volume in-8° de 224 pages.. 3 »

Sedan. — Le dernier coup de feu (3e bataillon du 3e régiment de marche). Un épisode de la belle résistance du 12e corps à la bataille de Sedan. — Brochure in-8° de 32 pages.. 1 »

La brigade Bellecourt à l'armée du Rhin (Des attaques en masse au ravin de la Cuve, à Vernéville, à Servigny), par le colonel DE COURSON DE LA VILLENEUVE, commandant le 13e d'infanterie. — Volume in-8° de 140 pages, avec 4 cartes.. 3 50

GUERRE DE 1870-1871. — Le combat de Peltre-sous-Metz (27 septembre 1870), par un officier de l'armée du Rhin. — Brochure in-8° de 34 pages, avec 1 carte hors texte.. 1 50

L'armée de Metz, 1870, par le colonel THOMAS. — Volume in-8° de 252 pages orné d'un portrait et de deux cartes, broché................... 3 »

Les combats autour de Metz en 1870 pendant le blocus et leurs enseignements tactiques, par le major Waldor DE HEUSCH, ancien professeur d'art et d'histoire militaires à l'Ecole militaire de Bruxelles. (Extrait de la *Revue de l'Armée Belge*). — In-18 de 96 p., 3 croquis h. texte......... 2 50

Le 4e corps de l'armée de Metz (19 juillet-27 octobre 1870), par le lieutenant-colonel breveté ROUSSET, professeur de tactique appliquée à l'Ecole supérieure de guerre. — Vol. grand in-8° de 384 pages avec un portrait en héliogravure du général de Ladmirault et cinq cartes h. texte...... 7 50

La défense nationale dans le Nord, en 1870-71, *Recueil méthodique de documents*, par Camille LÉVI, chef de bataillon breveté. — Vol. in-8° de 706 pages avec un croquis dans le texte et deux grandes cartes hors texte.. 7 50

Souvenirs personnels de Verdy du Vernois, au grand quartier général 1870-71, par SOUBISE. — Volume in-8° de 304 pages................ 5 »

La France et l'Allemagne devant le droit international pendant les opérations militaires de la guerre de 1870-71, par le lieutenant Amédée BRENET, des chasseurs alpins, docteur en droit, avec une préface du capitaine DANRIT. — Volume in-8° de 308 pages............... 7 »

Librairie Militaire Henri CHARLES-LAVAUZELLE

PARIS ET LIMOGES.

Guerre de 1870. — **La première armée de l'Est**, reconstitution exacte et détaillée de petits combats, avec cartes et croquis, par le commandant Xavier Euvrard, chef de bataillon breveté, professeur de tactique à l'École supérieure de guerre. — Volume grand in-8° de 268 p...... 6 »

Campagne de 1870-71. — **Le 13ᵉ corps dans les Ardennes et dans l'Aisne**, ses opérations et celles des corps allemands opposés. Étude faite par le capitaine breveté Vaimbois, de l'état-major de la 10ᵉ division d'infanterie. — Volume in-8° de 224 pages.................. 3 50

De Bourges à Villersexel (20 *décembre* 1870 — 10 *janvier* 1871), par Georges Guionic, chef de bataillon breveté au 69ᵉ régiment d'infanterie. — Volume in 8° de 268 pages avec 8 croquis et 1 carte d'ensemble..... 4 »

Journées critiques. — Crise de Vionville : *Actes d'initiative des commandants de corps d'armée, des états-majors et d'autres chefs en sous-ordre, dans les journées des 15 et 16 août 1870*, par le colonel Cardinal de Widdern, traduit de l'allemand par le commandant Richert. — Volume in-8° de 244 pages, avec 2 croquis dans le texte et 1 carte hors texte (70×66ᶜᵐ) des environs de Metz................................. 4 »

La défense de Belfort, écrite sous le contrôle de M. le colonel Denfert-Rochereau, par MM. Édouard Thiers, capitaine du génie, et S. de la Laurencie, capitaine d'artillerie, anciens élèves de l'École polytechnique, de la garnison de Belfort 5ᵉ édition). — Volume in-8° de 420 p., avec trois cartes et plans en couleurs hors texte......................... 7 50

Les défenseurs du fort d'Issy et le bombardement de Paris (1870-71), par le capitaine Gautereau, de l'artillerie territoriale, ancien caporal au 4ᵉ bataillon des gardes mobiles de la Seine. — Volume grand in-8° de 272 pages avec 12 gravures ou croquis........................... 7 50

Bitche et ses défenseurs (1870-1871). *Hommage au colonel Teyssier, souvenir à l'Alsace-Lorraine*, par Eugène Guesquin, ex-pharmacien, aide-major délégué de la ville de Bitche. — Vol. in 8° de 504 p., avec 77 photogravures dans le texte et une carte......................... 7 50

Le siège de Phalsbourg en 1870, par le lieut-colonel breveté Hollender. — Vol. in-8° de 114 p., avec 6 plans, croquis et grav. diverses. 2 50

L'ambulance de la division Abel Douay en 1870 (*Wissembourg-Reichshoffen*), par le docteur Paul Dauvé, médecin inspecteur du cadre de réserve. — Brochure in-8° de 28 pages......................... » 75

Le maréchal Bazaine pouvait-il, en 1870, sauver la France ? par Ch. Kuntz, major (H. S.), traduit par le colonel d'infanterie E. Girard. — Vol. in-8° de 248 p., avec une carte hors texte des environs de Metz.. 4 »

La légende de Moltke, par Karl Bleibtreu. Contribution critique à l'histoire de la guerre de 1870 ; traduit de l'allemand avec l'autorisation de l'auteur, par P.-A. Véling, capitaine au 26ᵉ bataillon de chasseurs. — Volume in-8° de 224 pages............................ 3 »

A l'armée du Rhin (1870-1871), *Lettres d'un officier*, par Hubert Klotz. — Brochure in-8° de 30 pages......................... » 75

Études de tactique appliquée. — **L'attaque de Saint-Privat** (18 août 1870), par Pierre Lehautcourt. — Volume in-8° de 112 pages, avec un croquis dans le texte................................... 2 50

Études de tactique appliquée. — **Bataille de Bapaume** (2 et 3 janvier 1871), par Pierre Lehautcourt. — Brochure in-8° de 68 pages.. 1 50

Étude de tactique d'infanterie. — **L'attaque du Calvaire à Froeschwiller** (*le régiment d'infanterie nᵒ 50 et la 18ᵉ brigade d'infanterie prussienne*), par R. T. — Volume in 8° de 224 pages, avec trois croquis dans le texte et une carte hors texte........................... 5 00

Campagne de 1870-1871. Souvenirs d'un officier de lanciers, par le commandant Urdy. — Volume in-8° de 232 pages............ 4 »

Le catalogue général de la Librairie militaire est envoyé gratuitement à toute personne qui en fait la demande à l'éditeur Henri CHARLES-LAVAUZELLE.

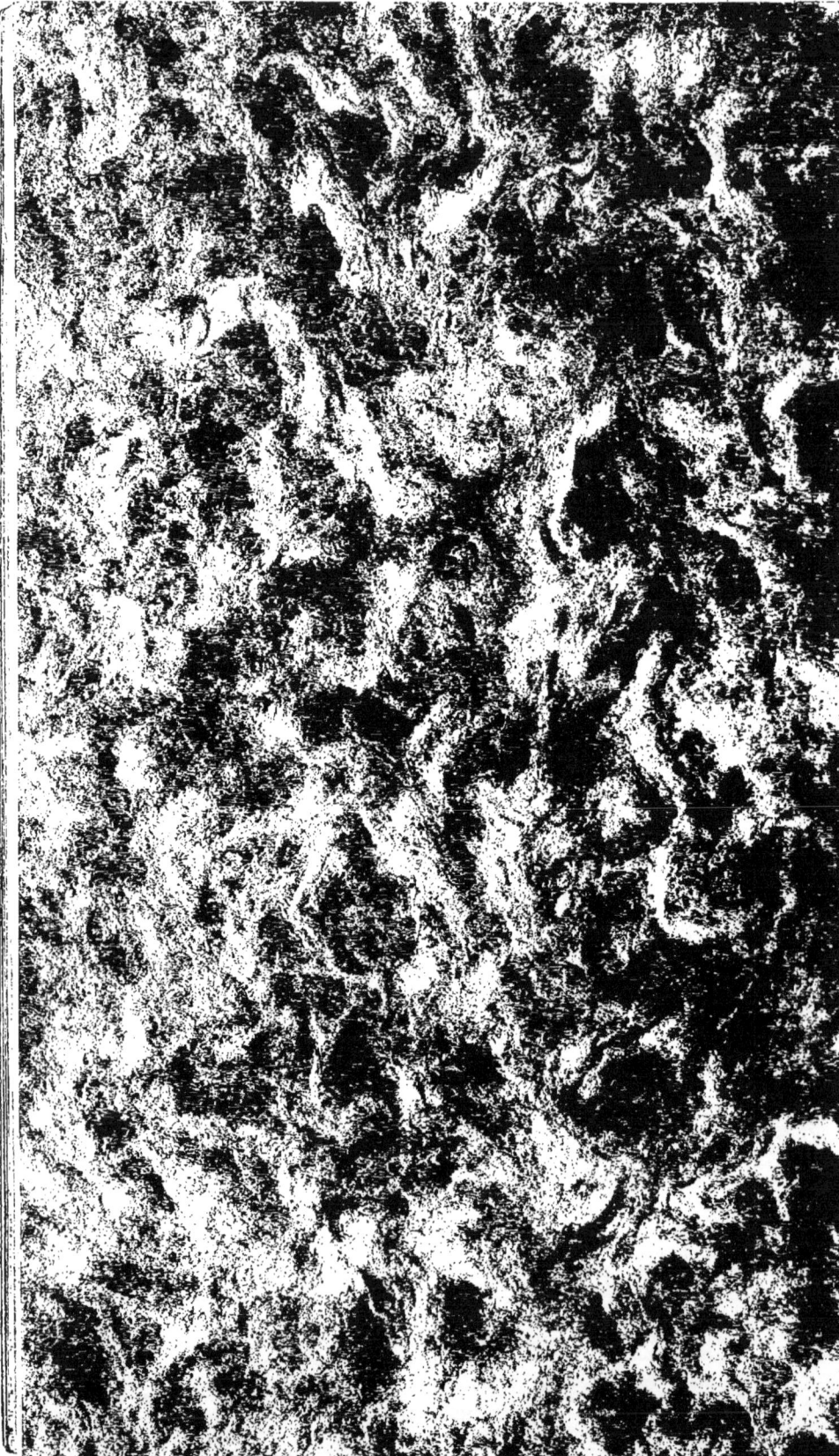

www.ingramcontent.com/pod-product-compliance
Lightning Source LLC
Chambersburg PA
CBHW050658170426
43200CB00008B/1337